邓小平的语言艺术

DENGXIAOPING
DE YUYAN YISHU

部卓绮 ◎著

中国文史出版社

图书在版编目（CIP）数据

邓小平的语言艺术/部卓绮著．—北京：中国文史出版社，2018. 5

ISBN 978 - 7 - 5205 - 0147 - 7

Ⅰ. ①邓…　Ⅱ. ①部…　Ⅲ. ①邓小平（1904—1997）—语言艺术　Ⅳ. ①A849. 18

中国版本图书馆 CIP 数据核字（2018）第 046129 号

责任编辑：窦忠如

出版发行：**中国文史出版社**

社　　址：北京市海淀区西八里庄 69 号院　　邮编：100142

电　　话：010 - 81136606　81136602　81136603（发行部）

传　　真：010 - 81136655

印　　装：河北京平诚乾印刷有限公司

经　　销：全国新华书店

开　　本：16

印　　张：22. 75　　　字数：180 千字

版　　次：2020 年 1 月北京第 1 版

印　　次：2024 年 9 月第 4 次印刷

定　　价：59. 00 元

前　言

语言是思想的直接现实。领袖人物的语言，特别是那些顺应历史潮流、指引时代发展方向、反映时代主旋律、回应时代最强音的语言，有着推动历史前进的巨大作用。他们使用的一些重要词语在社会上广为传播，维系着千千万万人的心，标志着一个崭新的时代，其中有不少已永载人类史册。

邓小平是伟大的马克思主义者，无产阶级革命家和军事家，我国改革开放的总设计师。邓小平理论是当代中国的马克思主义，是中国特色社会主义理论体系的组成部分，是马克思主义在中国发展的新阶段，是指导我们整个事业和各项工作的指针。邓小平写过许多精彩的文章，讲过许多精彩的讲话，这些文章和讲话不仅闪耀着思想的火花，同时也充满着语言的闪光。

在邓小平特殊的人生舞台上，他接触了各种各样的人，他的交谈对象既有并肩战友，也有竞争对手，还有亲朋故友，更有平民百姓。邓小平在与他们的交谈中，时而单刀直入，时而委婉含蓄，时而义正词严，时而幽默风趣，时而就事论事，时而驰骋古今……无论是在关系国计民生的大场合，还是日常居家的小天地；无论是面对叱咤世界的风云人物，还是普通百姓，邓小平总是能用他出众的口才，与对方融洽地交流沟通。可以说，邓小平的语言艺术，就如他的事业一样，是成功的范例。

邓小平的许多话早已在神州大地成为家喻户晓的警句，如今更是深入到我们的思想和灵魂。还是让我们好好欣赏他的“醒世恒言”——

“摸着石头过河”

“杀出一条血路来”

“发展才是硬道理”

“两手抓，两手都要硬”

“胆子更大一点，步子更快一点”

……

本书共分为六章，主要通过邓小平的文章、报告、演讲等，分别从政治、经济、军事、外交、科教和人生等方面，撷取了一些广为人知的邓小平的经典语言，并加以分析、评述，向世人展现作为影响世界的历史伟人邓小平所具有的气质、才干、品德、性格和魅力。

进入21世纪，随着我国改革开放的深入和社会主义市场经济的发展，人们的社交活动与日俱增，语言艺术也就越来越受到社会的关注和重视。民族的崛起、国家的振兴、个人的发展，都离不开成功地运用语言艺术。邓小平已经离开我们整整15年了，编辑此书既是深情缅怀这位伟人的丰功伟绩，同时也让我们从中欣赏到他那朴实、含蓄、诙谐、幽默的语言，深切感受到他的思想和哲理。

由于编写时间仓促，加之笔者的水平和能力有限，书中难免有错漏之处，诚请大家批评指正。

作者

2012年1月于北京

目 录

1977年7月31日，邓小平出席首都庆祝中国人民解放军建军50周年大会。

第一章

时代强音——邓小平谈政治

“我是桃花源中人，不知有汉，无论魏晋”

1975年，北京的夏季是火热的，芳菲正浓，万物争荣。

邓小平领导的全面整顿正如火如荼，气势磅礴。邓小平和他的战友横下一条决心，竭尽全力所要“扭转”的，不仅是严重混乱的社会和生产秩序，也不仅是“四人帮”趁机夺权的嚣张气焰，而且还是力图系统地纠正“文化大革命”的“左”倾错误。

7月17日，在中央转发国务院关于上半年工业生产情况的报告中，对于全国正在开始好转的经济形势有如下一段记载：

> 三月以来，工业生产和交通运输一月比一月好，原油、原煤、发电量、化肥、水泥、内燃机、纸及纸制品、铁路货运量等，五、六月份创造了历史上月产的最高水平，军工生产的情况也比较好。

偏离了正确航向的人民共和国的航船正在逐渐地掉转船体，逐渐地驶入正确航道……然而，随着整顿工作的深入发展，新一轮的斗争不可避免地日益迫近。

毛泽东自经历“九一三”事件的沉重打击后，身体一直不好，病情时轻时重。但是，无论在患病期间或休养期间，他仍然担负着决定党和国家大事的重任。

1975年，对于毛泽东来说，是一个不轻松的年份。下半年以后，他的病情逐渐加重，行动、说话都很困难。根据他的意见，毛远新奉调入京，担任他与外界沟通的联络员。

1975年1月，邓小平出任中共中央副主席、国务院副总理、中央军委副主席兼人民解放军总参谋长，主持中央工作，着手进行全面整顿。图为同年9月，邓小平在山西大寨虎头山上。

毛远新是毛泽东的侄子，“文化大革命”后期当上了辽宁省革命委员会副主任、沈阳军区副政委，深得江青赏识。他一到北京，立即和“四人帮”混在一起，成了江青等人欺上瞒下的工具。

此时的毛泽东把“文化大革命”视为他一生中所做的、可与建立新中国并列的两件大事之一，在全局上始终坚持“文化大革命”的方针政策，同时又迫切地想扭转“文化大革命”发动以来社会上出现的种种混乱现象，希望实现社会安定，加快经济发展。可是，“文化大革命”的“左”倾理论却与安定团结、经济发展存在着根本对立的矛盾。

毛泽东没有认识到自己思想上的深刻矛盾。他支持邓小平搞整顿，希望邓小平在不改变“文化大革命”基本方针的前提下实现安定团结，把国民经济搞上去。一旦这个前提条件不存在，他对邓小平的支持也将不复存在。

“四人帮”深知毛泽东对“文化大革命”的基本态度，他们又一次开始活动了。

这一次，打头阵的是毛远新。

9月底至11月初，毛远新先后几次以汇报工作、反映情况为名，在毛泽东面前攻击邓小平主持的全面整顿工作，造谣说："今年以来，在省里工作，感觉到一股风，主要是对'文化大革命'，……似乎比1972年批极'左'还凶些。我很注意小平同志的讲话，我感到一个问题，他很少讲'文化大革命'的成绩，很少提批刘少奇的修正主义路线。三项指示为纲，其实只剩下一项指示，即生产上去了。对'文化大革命'怎么看，成绩是七，还是错误是七，有分歧。"

10月中旬，已病入膏肓的康生挣扎着最后一次去见毛泽东，说："最近我一直考虑一个问题。主席亲自发动的这场'文化大革命'，是史无前例的一件大事。对于这样具有伟大历史意义的大革命，却有人想全盘否定它，反攻倒算。我斗胆说一句，邓小平才上台一年多时间，就辜负了主席期望。我担心现在的中央文革成员，今后都不是他的对手。我不是从个人出发，我活不了几天啦。完全是从主席亲自发动的'文化大革命'出发。"

毛远新、康生都是深得毛泽东信任、重用的人，他们的报告和意见有着相当重的分量，毛泽东不能不认真考虑。

尽管如此，一开始毛泽东还是很谨慎的，让毛远新去找邓小平、汪东兴、陈锡联谈一下，不要吞吞吐吐，开门见山把意见全讲出来。

毛远新向邓小平等人传达了毛泽东的最新指示：

"有两种态度，一个呢，是对'文化大革命'不满意，另一个呢，是要算账，算'文化大革命'的账。究竟是哪一种呢？"

邓小平没有认错。

11月2日，中央政治局召开会议，毛远新在讲话中否定全面整顿工作，遭到了邓小平的批驳。

第二天，毛远新向毛泽东作了颠倒黑白的汇报。

毛泽东听后很生气，不过仍然对邓小平抱有希望，指示在政治局内讨论对"文化大革命"的评价问题，希望能够统一认识。他还提出由邓小平主持对"文化大革命"作一个决议，总的评价是："基本正确，有所不是。三七开，七分成绩，三分错误。'文化大革命'犯了两个错误，一是打倒一切，二是全面内战。”

邓小平谢绝了。答复更是绝妙：由我主持写这个决议不适宜，我是桃花源中人，不知有汉，无论魏晋。

“桃花源中人，不知有汉，无论魏晋”，这个典故出自晋朝大诗人陶渊明的名篇《桃花源记》。

当时，毛泽东曾用这句话描绘刚获解放的老干部不了解“文化大革命”的情况。邓小平非常巧妙地借用了毛泽东说的这句话，比喻自己不了解情况，拒绝主持作关于“文化大革命”的决议。言辞虽然委婉，却是柔中寓刚。

邓小平的坚定态度加剧了他和毛泽东之间的分歧。

1975年冬，毛泽东从最初的支持邓小平主持中央日常工作，同“四人帮”斗争，进行全面整顿，转向了发动一场以否定邓小平的全面整顿、“保卫文化大革命的胜利成果”为主要内容的所谓“批邓、反击右倾翻案风”运动。

“继续批邓，一直批到真理出来”

“以子之矛，攻子之盾”，往往使对手的阴谋暴露无遗，置对手于狼狈不堪的境地。这是邓小平口才的突出特点之一，在他的谈话中不乏其例。

1976年秋，毛泽东逝世不久，“四人帮”横行霸道，企图篡夺国家大权，社会上到处可见“批邓”的标语口号。

就在这时，邓小平来到了广州市。广州军区司令员许世友亲自派了几十名便衣负责保护邓小平的安全。

一天，邓小平信步走进了一个农贸市场。

为了不打扰群众的正常生活秩序，邓小平特意把帽檐压得低低的，连眉毛都给遮住了。果然，市场里的人们谁也没有认出这个衣着朴素的小个子老头竟会是邓小平。

邓小平走到一处蔬菜摊前，只见摊档上的菜全是青黄色的，便问卖菜的职工：“怎么卖黄叶菜？”

这名职工根本没想到问话的是邓小平，便咬牙切齿地说：“还说黄叶菜？这样下去，树叶也没得吃！”

邓小平一言不发就走了。

在一个肉铺前，邓小平又站住了，往柜台上一看，案板上只有几斤老母猪肉，但柜台前却足足排了百八十人，售货员正小心翼翼地把猪肉切成小片，按票卖给市民。

邓小平又问：“这么几斤猪肉，排了这么多人，每人能有多少？后面的岂非没得吃？”

售货员抬头看了一眼邓小平，苦笑道：“你没看见连母猪也杀来卖了么！现在政府哪还管我们有没有肉吃！”

邓小平默默无言，正想走开，突然一阵风吹来，把他的帽子吹掉了。

排队的市民一看，咦！这不是邓小平吗？

“邓小平！”

“快来看邓小平！”

“邓小平还在！”

市民们纷纷涌了上来。

负责保护邓小平的便衣大吃一惊，连忙要邓小平迅速离场。

邓小平微笑着，十分幽默地说：“我没有干对不起他们的事，干嘛要溜走？”

说完，邓小平索性停了下来，向群众挥手致意。

群众把邓小平团团围住了，情不自禁地向他鼓起掌来。最后，有人提议要他讲几句话。

邓小平想了想说：“继续批邓，一直批到真理出来！”

粉碎“四人帮”前后，上海南京路上出现的“邓小平好”和要求邓小平复出的标语。

说完，邓小平就大踏步地走了。

邓小平的话语可谓力若千钧，同时也为广大民众传达出一种坚定的信心：真理在手，就没有什么可惧怕的。

“继续批邓，一直批到真理出来！”在这里，邓小平用的是典型的反话正说。试想，“批邓”能批出真理来吗？答案自然是不能！

对事物持有肯定的态度和情感，而不用肯定性语句来表达，让对方借助具体语境来体味说话人的真实思想，耐人寻味。这个机智而幽默的回答，充分展示了邓小平的语言艺术，令人回味无穷，不禁拍案叫绝。

果然，邓小平此话一出，立刻打动了在场所有人的心，大家都不由自主地为邓小平而热烈鼓掌、喝彩！

“毛泽东同志自己也没有说过‘凡是’”

1976年10月，“四人帮”被粉碎了，史无前例、给中国人民带来巨大灾难的“无产阶级文化大革命”终于结束了。

10月9日，叶剑英向华国锋建议：

“赶快让小平同志出来工作，恢复他原来的职务，我们在座的同志总不会怕他吧？”

李先念接口道：“同意！应该让小平同志尽快地出来工作。”

但华国锋没有表态。

作为党中央的主要领导人，华国锋在粉碎“四人帮”的斗争中起过重要作用，以后也做了些有益的工作，但他并没有从根本上认清“文化大革命”的“左”倾错误，因此也不可能依靠广大干部和群众把在“文化大革命”中被颠倒了的是非再拨乱反正过来。

1977年2月7日，“两报一刊”社论中提出“两个凡是”的错误思想：

> 凡是毛主席的决策，我们都坚决维护；凡是毛主席的指示，我们都始终不渝地遵循。

华国锋提出“两个凡是”，不是偶然的现象，而是有其深刻的思想根源和社会历史根源的。“两个凡是”是“文化大革命”遗毒的集中反映，其根本要害是阻挠邓小平出来工作。

3月，在中央工作会议上，要求邓小平出来工作的呼声日益高涨。而华国锋仍然为邓小平出来工作设置障碍：“邓小平出来工作要等到水到渠成，瓜熟蒂落。”

按照“两个凡是”的思想，实际上就是把中国社会的发展固定在当时的历史阶段，束缚住人们的思想。因而，一开始就遭到了许多同志的强烈反对。

密切关注斗争动向的邓小平，尚未复出即率先挑战“两个凡是”。

4月7日，邓小平明确表示：“两个凡是”不行！我出不出来没有关系，但是天安门事件是革命行动。

三天后，邓小平在致华国锋、叶剑英及中共中央的信中提出：

“我们必须世世代代地用准确的完整的毛泽东思想来指导我们全党、全军和全国人民，把党和社会主义的事业，把国际共产主义运动的事业，胜利地推向前进。”

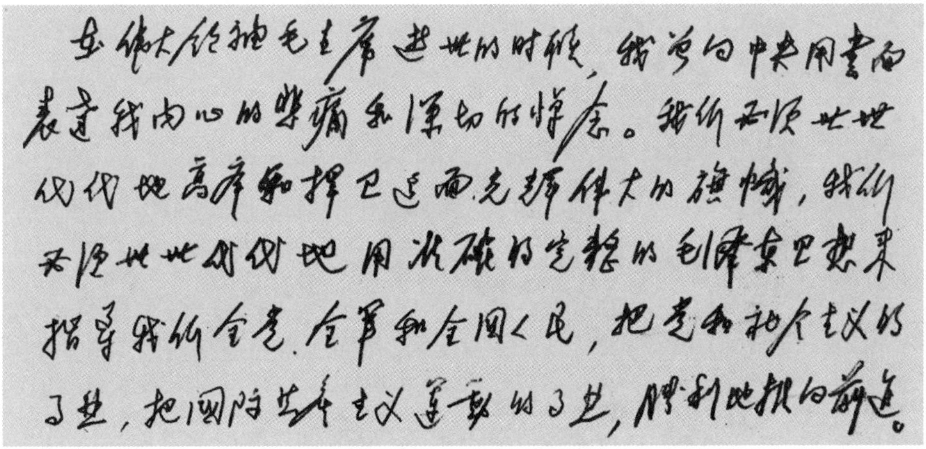
在伟大的领袖毛主席逝世的时候，我曾向中央用书面表达我内心的悲痛和深切的悼念。我们必须世世代代地高举和捍卫这面光辉伟大的旗帜，我们必须世世代代地用准确的完整的毛泽东思想来指导我们全党、全军和全国人民，把党和社会主义的事业，把国际共产主义运动的事业，胜利地推向前进。

邓小平写给中共中央的信

这里所用的“准确的”、“完整的”这样的字句，既是针对“四人帮”歪曲、割裂毛泽东思想造成的混乱，也是针对“两个凡是”的思想禁锢而言的。邓小平以巧妙的用语高高举起了毛泽东思想的伟大旗帜。

后来，邓小平在十届三中全会上又解释说：

> 我说要用准确的完整的毛泽东思想作指导的意思是，要对毛泽东思想有一个完整的准确的认识，要善于学习、掌握和运用毛泽东的体系来指导我们各项工作。只有这样，才不至于割裂、歪曲毛泽东思想，损害毛泽东思想。[①]

① 《邓小平文选》，第2卷，第42页，人民出版社，1994年第2版。

在这里，邓小平又进一步提出了“毛泽东思想体系”这个与“两个凡是”相对立的科学概念。

用完整、准确地理解毛泽东思想和毛泽东思想体系来纠正“两个凡是”的错误，是邓小平的创举，是关系全局的科学命题，是党在指导思想上拨乱反正的伟大开端。它促使人们认真思索毛泽东思想体系与毛泽东个别论断以及所犯错误之间的根本区别，划清毛泽东思想体系与“两个凡是”错误方针的界限。

华国锋、邓小平、叶剑英在一起

5月3日，中共中央向全党转发了邓小平4月10日的信，肯定了邓小平的正确意见。

24日，邓小平在会见王震、邓力群时，开门见山地说：

前些日子，中央办公厅两位负责同志来看我，我对他们讲，“两个凡是”不行。按照“两个凡是”，就说不通为我平反的问题，也说不通肯定1976年广大群众在天安门广场的活动“合乎情理”的问题。[1]

在这次谈话中，邓小平充分展示了他出众的语言艺术和逻辑思维能力，采取了“以子之矛，攻子之盾”的方式，针对当时喧嚣一时的“两个凡是”的错误思想进行了有力的驳斥：

把毛泽东同志在这个问题上讲的移到另外的问题上，在这个地点讲的移到另外的地点，在这个时间讲的移到另外的时间，在这个条件下讲的移到另外的条件下，这样做，不行嘛！毛泽东同志自己多次说过，他有些话讲错了。他说，一个人只要做工作，没有不犯错误的。又说，马恩列斯都犯过错误，如果不犯错误，为什么他们的手稿常常改了又改呢？改了又改就是因为原来有些观点不完全正确，不那么完备、准确嘛。毛泽东同志说，他自己也犯过错误。一个人能够“三七开”就很好了，很不错了，我死了，如果后人能够给我以“三七开”的估计，我就很高兴、很满意了。这是一个重要的理论问题，是个是否坚持历史唯物主义的问题。彻底的唯物主义者，应该像毛泽东同志说的那样对待这个问题。马克思、恩格斯没有说过“凡是”，列宁、斯大林没有说过“凡是”，毛泽东同志自己也没有说过“凡是”。[2]

邓小平的上述讲话从不同的角度对“两个凡是”的思想提出了尖锐的批评，同时科学地阐述了马克思主义的辩证唯物主义思想原则，在党内成为解放思想的先导，产生了很大的反响。他的理论勇气和远见卓识拉开了实践标准的大讨论。此后，聂荣臻、徐向前、陈云也发表文章，提出要恢复和发扬党的实事求是的优良传统和作风，向“两个凡是”的思想禁锢发出了直接冲击。

这年7月，在全党和全国人民的千呼万唤声中，邓小平第三次复出。

---

① 《邓小平文选》，第2卷，第38页，人民出版社，1994年第2版。

② 同上，第38～39页。

“《实践是检验真理的唯一标准》这篇文章，是马克思主义的”

1978年5月10日，《实践是检验真理的唯一标准》一文首先刊登在中央党校主办的内部刊物《理论动态》上。

这篇光辉的理论文章是在当时主持中央党校日常工作的胡耀邦的直接组织下，历时七个月、十易其稿而成的。文章阐述了马克思主义的实践第一的观点，认为“实践不仅是检验真理的标准，而且是唯一的标准”。

11日，这篇文章以特约评论员署名在《光明日报》正式发表，新华社播发了全文。随后，《人民日报》、《解放军报》进行了转载。

这篇文章的发表，立即引起了各方的极大关注，遭到了“凡是派”们“究竟是砍旗还是举旗”的严厉指责和政治高压。

真理标准问题的提出，是对“两个凡是”思想禁锢发起的又一次强烈冲击，其争论的焦点是：坚持实事求是、实践标准还是固守“两个凡是”。

在这场关系到党的思想路线的原则分歧的争论中，邓小平坚定支持开展真理标准问题的讨论，并进一步从理论上批评了“两个凡是”的错误思想。

19日，邓小平对文化部负责人说：《光明日报》的文章符合马克思主义，扳不倒嘛。

6月2日，邓小平在全军政治工作会议上作了重要讲话，精辟地阐述了毛泽东实事求是的思想，反复强调理论联系实践，理论受实践的检验，乃是马列主义、毛泽东思想的最基本的道理，以及如何对待马克思列宁主义、毛泽东思想的问题，并再次批评了“两个凡是”的观点，指出：

> 毛泽东同志从参加共产主义运动、缔造我们党的最初年代开始，就一直提倡和实行对于社会客观情况的调查研究，就一直同理论脱离实际、一切只从主观愿望出发、一切只从本本和上级指示出发而不联系具体实际的错误倾向作坚决的斗争。[①]

第二天，《人民日报》和《解放军报》以“邓副主席精辟阐述毛主席实事求是光辉思想”的通栏标题，对这一讲话作了报道。

在邓小平旗帜鲜明地公开支持下，这场思想解放运动得以进一步发展。

然而，斗争并没有就此结束。当时党中央的主要负责人继续对讨论进行施压。

在这场生死存亡的理论较量的关键时刻，邓小平依然站在斗争的最前沿。

7月22日，邓小平在同胡耀邦谈话时指出：《实践是检验真理的唯一标准》这篇文章，是马克思主义的。争论不可避免，争得好，根源就是“两个凡是”。

8月19日，邓小平提出了理论问题关系到能不能实现四个现代化的观点，再次明确表态：我是同意《实践是检验真理的唯一标准》这篇文章的观点的。

9月，邓小平结束在朝鲜的访问后，视察了东北三省和天津等地。一路上，他对“两个凡是”进行了有力的抨击，反复阐述解放思想的重大意义，强调要完整准确掌握毛泽东思想。

在邓小平的推动下，沈阳军区和中共辽宁省委立即展开真理标准问题大讨论，在各级领导班子中掀起了解放思想的高潮。

在此背景下，中共中央政治局常委开会讨论真理标准问题和其他问题，认为《光明日报》和《人民日报》登载的这篇文章的观点是马克思主义的，主题是好的。由此推动了政局变化，全国绝大多数省、市、自治区主要领导人和各大军区负责人均纷纷撰文或发表谈话，肯定和支持“实践是检验真理的唯一标准”的观点。这种表态已超出学术理论的范畴，而是

① 《邓小平文选》，第2卷，第114～115页，人民出版社，1994年第2版。

对重大政治原则问题的表态，它削弱了“凡是派”的力量，使政治天平倒向了实事求是派。

1978年岁末，中央工作会议在北京召开。在分组讨论中，与会代表对“两个凡是”和真理标准问题展开了热烈讨论。

代表们在全面了解了“两个凡是”方针提出的经过和关于真理标准讨论的由来和发展后，对主张“两个凡是”、反对实践标准的同志进行了严肃批评。华国锋就“两个凡是”和真理标准讨论问题作了检讨和说明，标志着围绕着“两个凡是”和实践标准的斗争，以实事求是派的胜利而告基本结束。

12月13日，邓小平在中央工作会议闭幕会上作《解放思想，实事求是，团结一致向前看》的讲话，就关于真理标准问题讨论作了科学总结：

> 一个党，一个国家，一个民族，如果一切从本本出发，思想僵化，迷信盛行，那它就不能前进，它的生机就停止了，就要亡党亡国。……关于真理标准问题的争论，的确是个思想路线问题，是个政治问题，是个关系到党和国家的前途和命运的问题。[①]

关于真理标准问题的讨论，是新中国成立以来思想理论战线上一场规模甚大、影响深远的斗争，也是我党自延安整风运动以来又一次马克思主义的教育运动和思想解放运动。它冲破了长期以来“左”倾错误思想的束缚，开始把人们从多年盛行的教条主义和个人崇拜的精神枷锁中解放出来，重新确立并丰富、发展了马克思主义实事求是的思想路线，有力地推动了各条战线实际工作的拨乱反正，并为按正确方向探索有中国特色社会主义建设道路奠定了思想基础，为邓小平成为党的第二代领导集体的核心创造了思想条件。

邓小平亲自发动、有力推动这场思想解放运动，显示出他作为一个伟大的马克思主义政治家驾驭全局的远见卓识和政治魄力。也正是以此为契机，以党的十一届三中全会为开端，邓小平领导的引导中国走向新的辉煌的第二次革命开始了。

---

① 《邓小平文选》，第2卷，第143页，人民出版社，1994年第2版。

“我们的社会主义制度还处在初级阶段”

“初级阶段的社会主义”是对社会主义发展阶段理论的重大突破。这个新理论的产生，从最初提出新的概念、新的判断，到初步形成比较系统的理论，经历了从党的十一届三中全会到党的十三大的历程。

十一届三中全会后不久，针对粉碎“四人帮”之初在建设问题上再次冒头的急于求成的倾向，邓小平指出：底子薄，人口多，耕地少，80%的人口是农民，这个现实情况应该是我们制定建设蓝图的出发点。

1980年4月21日，邓小平在会见阿尔及利亚民族解放阵线代表团时，指出：

> 现在我们正在总结建国30年的经验。总起来说，第一，不要离开现实和超越阶段采取一些“左”的办法，这样是搞不成社会主义的。我们过去就是吃“左”的亏。第二，不管你搞什么，一定要有利于发展生产力。①

这是邓小平关于社会主义初级阶段思想的初步酝酿。

经过这些思想酝酿，在邓小平主持下制定的《关于建国以来党的若干历史问题的决议》，提出了“我们的社会主义制度还是处于初级的阶段”的科学判断。这在党的文件中是第一次。

党的十二大报告再一次确认了“我国的社会主义社会现在还处在初级发展阶段”的论断，并从两个文明关系的角度，把“物质文明还不发达”作为这个阶段的根本特征。

十二大以后，随着全面改革的开展，我们对社会主义商品经济和社会

---

① 《邓小平文选》，第2卷，第312页，人民出版社，1994年第2版。

主义精神文明的认识逐步深化，奠定了社会主义初级阶段理论的基础。

1987年4月26日，邓小平在会见捷克斯洛伐克总理什特劳加尔时，指出：

搞社会主义，一定要使生产力发达，贫穷不是社会主义。我们坚持社会主义，要建设对资本主义具有优越性的社会主义，首先必须摆脱贫穷。现在虽说我们也在搞社会主义，但事实上不够格。只有到了下世纪中叶，达到中等发达国家的水平，才能说真的搞了社会主义，才能理直气壮地说社会主义优于资本主义。现在我们正在向这个路上走。[①]

在这里，邓小平实际上精辟地阐明了社会主义初级阶段的本质和社会主义初级阶段理论的要旨。

8月29日，党的十三大召开前夕，邓小平在会见意大利共产党领导机构成员、意大利众议院议长利昂妮尔德·约蒂时，提出了“社会主义新级阶段”的理论：

你们到农村去看了一下吗？我们真正的变化还是在农村，有些变化出乎我们的预料。农村实行承包责任制后，剩下的劳动力怎么办，我们原来没有想到很好的出路。长期以来，我们百分之七十至八十的农村劳动力被束缚在土地上，农村每人平均只有一两亩土地，多数人连温饱都谈不上。一搞改革和开放，一搞承包责任制，经营农业的人就减少了。剩下的人怎么办？十年的经验证明，只要调动基层和农民的积极性，发展多种经营，发展新型的乡镇企业，这个问题就能解决。乡镇企业容纳了百分之五十的农村剩余劳动力。那不是我们领导出的主意，而是基层农业单位和农民自己创造的。把权力下放给基层和人民，在农村就是下放给农民，这就是最大的民主。我们讲社会主义民主，这就是一个重要内容。同时，乡镇企业反过来对农业又有很大帮助，促进了

① 《邓小平文选》，第3卷，第225页，人民出版社，1993年第1版。

农业的发展。[①]

用“吗”的问句，顺手拈来，看似平常，实际很有讲究。语言学家王力先生曾讲过：

“用‘吗’字发问，虽然可用‘是的’或‘不是的’答复，但在发问人的心目中，总是倾向于‘是的’；如果发问的人表示纯粹的怀疑，不偏向于‘是的’，也不偏向于‘不是的’，就不用‘吗’字，只用并行的话发问。”

很显然，邓小平是知道意大利客人已经到我国农村去参观过，农村改革的情况，他们是看到的。所以问“去看了一下吗”而没有问“你们到农村去参观过没有”，可见“吗”的问句用得恰如其分，而且对增强文章的表现力很有作用。一方面避免了语气的单调，使之有跌宕起伏；同时引发谈话对方的注意和思索，使谈话气氛更为自然亲切。也许客人就会答上几句，说说自己深刻的印象。即使未答上话，客人脑子中也会浮现出参观的印象，甚至美好的印象。这就为下文作了很好的铺垫，更能收到好的效果。

“我们真正的变化还是农村，有些变化出乎我们的预料。”这样的结论，通过一个设问和一系列论述，就可能变成“共识”。可见这一问非同一般，于自然中见精妙。

接着，邓小平侃侃而谈：

> 我们党的十三大要阐述中国社会主义是处在一个什么阶段，就是处在初级阶段，是初级阶段的社会主义。社会主义本身是共产主义的初级阶段，而我们中国又处在社会主义的初级阶段，就是不发达的阶段。一切都要从这个实际出发，根据这个实际来制订规划。[②]

关于一切从社会主义初级阶段的实际出发的谈话，标志着邓小平关于

① 《邓小平文选》，第3卷，第251～252页，人民出版社，1993年第1版。

② 同上，第252页。

社会主义初级阶段的思想从最初的酝酿进入系统的展开。

在随后召开的党的十三大报告中，第一次比较系统地阐述了我国社会主义初级阶段的理论，标志着我党关于社会主义初级阶段理论的确立。

“我们不会像赫鲁晓夫对待斯大林那样对待毛主席”

1980年7月，中共中央发出了一道引起轰动效应的指示。在这个关于“少宣传个人”的指示中专门有这么一条：

“毛主席像、语录和诗词在公共场所挂得太多，这是政治上不庄重的表现，有碍国际观瞻，今后要逐步减少到必要的限度。”

就在文件发出的当天，人民大会堂前开来了两辆吊车，将悬挂在那里的巨幅毛泽东像取下。这一行动立即引起了围观群众的强烈反应，纷纷对此发表议论。此后，从北京到全国各地采取一致行动，拆除了许多的毛泽东塑像和语录牌。自然，这个举动引起了国外舆论的广泛关注。

奥琳埃娜·法拉奇女士是一位擅长捕捉时机采访新闻的意大利记者兼作家，足迹遍及世界五大洲，采访过数十位政坛首脑和风云人物，素以提问尖锐、言辞泼辣而著称。中共中央的指示发出不久，法拉奇便出现在北京。善抓重大新闻的法拉奇果然名不虚传，中国正在采取的行动显然使她极为感兴趣。

当时党内党外、国内国外都关心中国共产党对毛泽东和“文化大革命”的评价问题。邓小平决定立即着手对毛泽东和“文化大革命”作出权威性的评价。从1980年3月到1981年6月，他先后10多次召集历史决议起草组开会，发表了许多重要指示。

在《决议》即将给省军级以上高级干部进行讨论之际，有必要使国内外对中共评价毛泽东和毛泽东思想的基本立场、观点有所了解，绝不能使形式上拆除毛主席像和语录牌，成为所谓“非毛化”的证据。因此，邓小平决定会见这位意大利女记者，借她的笔向外界宣传。

1980年8月21日、23日，邓小平同法拉奇进行了两次谈话。内容涉及面很广，重点和核心是关于中国的国内问题。

法拉奇果然名不虚传，没有更多的客套寒暄，而是单刀直入，谈话一开始就抓住毛主席像和语录牌一事提了个很尖锐的问题：

"天安门上的毛主席像，是否要永远保留下去？"

邓小平的回答明快、干脆：

邓小平在中共中央十一届六中全会上。这次会议通过了由他主持起草的《关于建国以来党的若干历史问题的决议》。

永远要保留下去。过去毛主席像挂得太多，到处都挂，并不是一件严肃的事情，也并不能表明对毛主席的尊重。尽管毛主席过去有段时间也犯了错误，但他终究是中国共产党、中华人民共和国的主要缔造者。拿他的功和过来说，错误毕竟是第二位的。他为中国人民做的事情是不能抹杀的。从我们中国人民的感情来说，我们永远把他作为我们党和国家的缔造者来纪念。[1]

法拉奇坚决地将问题引向尖锐：

① 《邓小平文选》，第2卷，第344页，人民出版社，1994年第2版。

“对西方人来说，我们有很多问题不理解。中国人民在讲到‘四人帮’时，把很多错误都归咎于‘四人帮’，但他们伸出的却是五个手指。”

邓小平神情庄重地说：

> 毛主席的错误和林彪、“四人帮”问题的性质是不同的。毛主席一生中大部分时间是做了非常好的事情的，他多次从危机中把党和国家挽救过来。没有毛主席，至少我们中国人民还要在黑暗中摸索更长的时间。毛主席最伟大的功绩是把马列主义的原理同中国革命的实际结合起来，指出了中国夺取革命胜利的道路。应该说，在六十年代以前或五十年代后期以前，他的许多思想给我们带来了胜利，他提出的一些根本的原理是非常正确的。他创造性地把马列主义运用到中国革命的各个方面，包括哲学、政治、军事、文艺和其他领域，都有创造性的见解。但是很不幸，他在一生的后期，特别在“文化大革命”中是犯了错误的，而且错误不小，给我们党、国家和人民带来许多不幸。你知道，我们党在延安时期，把毛主席各方面的思想概括为毛泽东思想，把它作为我们党的指导思想。正是因为我们遵循毛泽东思想，才取得了革命的伟大胜利。当然，毛泽东思想不是毛泽东同志一个人的创造，包括老一辈革命家都参与了毛泽东思想的建立和发展。主要是毛泽东同志的思想。但是，由于胜利，他不够谨慎了，在他晚年有些不健康的因素、不健康的思想逐渐露头，主要是一些“左”的思想。有相当部分违背了他原来的思想，违背了他原来十分好的正确主张，包括他的工作作风。这时，他接触实际少了。他在生前没有把过去良好的作风，比如说民主集中制、群众路线，很好地贯彻下去，没有制定也没有形成良好的制度。这不仅是毛泽东同志本人的缺点，我们这些老一辈的革命家，包括我，也是有责任的。我们党的政治生活、国家的政治生活有些不正常了，家长制或家长作风发展起来了，颂扬个人的东西多了，整个政治生活不那么健康，以致最后导致了“文化大革命”。“文化大革命”是错误的。[1]

① 《邓小平文选》，第2卷，第344～345页，人民出版社，1994年第2版。

机敏过人的法拉奇见几次发问都未能满足她的好奇心，便连珠炮似的提出了一串问题：

“大跃进难道不是错误？照搬苏联的模式难道不是错误？对过去这段错误要追溯到何时？”

邓小平沉着应答，始终不乱方寸：

> 错误是从五十年代后期开始的。比如说，大跃进是不正确的。这个责任不仅仅是毛主席一个人的，我们这些人脑子都发热了。完全违背客观规律，企图一下子把经济搞上去。主观愿望违背客观规律，肯定要受损失。但大跃进本身的主要责任还是毛主席的。当时，经过几个月的时间，毛主席首先很快地发觉了这些错误，提出改正这些错误。由于其他因素，这个改正没有贯彻下去。一九六二年，毛主席对这些问题进行了自我批评。但毕竟对这些教训总结不够，导致爆发了“文化大革命”。①

法拉奇继续发问：

“你们对‘四人帮’进行审判的时候，以及你们开下一届党代会时，在何种程度上会牵涉到毛主席？”

邓小平对这次谈话显然早已成竹在胸，并不想躲避法拉奇的暗示，所以就直截了当地说：

> 我们要对毛主席一生的功过作客观的评价。我们将肯定毛主席的功绩是第一位的，他的错误是第二位的。我们要实事求是地讲毛主席后期的错误。我们还要继续坚持毛泽东思想。毛泽东思想是毛主席一生中正确的部分。毛泽东思想不仅过去引导我们取得革命胜利，现在和将来还应该是中国党和国家的宝贵财富。所以，我们不但要把毛主席的像永远挂在天安门前，作为我们国家的象征，要把毛主席作为我们党和国家的缔造者来纪念，而且还要坚持毛泽东思想。我们不会像赫鲁晓夫对待斯大林那样对待毛主席。②

---

① 《邓小平文选》，第2卷，第346页，人民出版社，1994年第2版。

② 同上，第347页。

“文化大革命”中，毛泽东在天安门接见红卫兵

法拉奇当然知道苏联“非斯大林化”的由来和后果。

那是1956年2月24日，一个寒气逼人的不眠之夜，苏共二十大举行重要会议。苏共领导人赫鲁晓夫作了题为《关于个人崇拜及其后果》的报告，尖锐地揭露了斯大林的严重错误以及对他的个人崇拜所造成的严重后果。

报告中，赫鲁晓夫指控斯大林为“暴君”，说他在一系列大清洗中，处决或逼死了布哈林、季诺维也夫、加米涅夫等上千名十月革命时的老布尔什维克，屠杀了包括有“红色拿破仑”之称的图哈切夫斯基元帅在内的数百名红军高级将领，杀害了十几万工程技术人员和干部，数百万人被流放，上千万人遭株连……斯大林简直就是十恶不赦的罪人。

随后，斯大林的遗体被迁出列宁墓，以他的名字命名的城市更改了名称。一个曾经被苏联人民引以为荣的显赫人物，顷刻间坠入了十八层地狱。苏共大搞“非斯大林化”，还要中共与之保持一致，不要在公开场合悬挂斯大林像。

中共拒绝了，毛泽东回答：

"我们天安门前挂斯大林像，是符合全世界劳动人民愿望的。赫鲁晓夫把斯大林搞得那么不像样子，我们不赞成。……斯大林的成绩是主要的，缺点、错误是次要的。"

毛泽东对斯大林的评价和做法，也为中共日后处理类似的问题提供了参考。邓小平在评价毛泽东的问题上，更是把公允、客观和科学放在首位。

法拉奇进一步问道：

"据说，毛主席经常抱怨你不太听他的话，不喜欢你，这是否是真的？"

邓小平很坦然地答道：

> 毛主席说我不听他的话是有过的。但也不是只指我一个人，对其他领导人也有这样的情况。这也反映毛主席后期有些不健康的思想，就是说，有家长制这些封建主义性质的东西。他不容易听进不同的意见。毛主席批评的事不能说都是不对的。但有不少正确的意见，不仅是我的，其他同志的在内，他不大听得进了。民主集中制被破坏了，集体领导被破坏了。否则，就不能理解为什么会爆发"文化大革命"。[①]

随后，邓小平又主动告诉法拉奇：

> 粉碎"四人帮"后，建毛主席纪念堂，应该说，那是违反毛主席自己的意愿的。五十年代，毛主席提议所有的人身后都火化，只留骨灰，不留遗体，并且不建坟墓。毛主席是第一个签名的。我们都签了名。中央的高级干部、全国的高级干部差不多都签了名。[②]

"那么毛主席纪念堂不久是否将要拆掉？"法拉奇一下子又兴奋起来，紧追不舍地发问。

---

① 《邓小平文选》，第2卷，第347～348页，人民出版社，1994年第2版。

② 同上，第350页。

邓小平摇了摇头：

> 我不赞成把它改掉。已经有了的把它改变，就不见得妥当。建是不妥当的，如果改变，人们就要议论纷纷。现在世界上都在猜测我们要毁掉纪念堂。我们没有这个想法。[①]

法拉奇见邓小平滴水不漏，就转移话题，问道：

“四个现代化将使外国资本进入中国，这样不可避免地引起私人投资问题。这是否会在中国形成小资本主义？”

此问的真实意图在于，如果出了资本主义，也就说明你事实上在搞“非毛化”。问题同样十分尖锐。

邓小平回答得更巧妙：

> 归根到底，我们的建设方针还是毛主席过去制定的自力更生为主、争取外援为辅的方针。不管怎样开放，不管外资进来多少，它占的份额还是很小的，影响不了我们社会主义的公有制。吸收外国资金、外国技术，甚至包括外国在中国建厂，可以作为我们发展社会主义社会生产力的补充。当然，会带来一些资本主义的腐朽的东西。我们意识到了这个问题，但这不可怕。[②]

法拉奇又问：

“为什么你想辞去副总理职务？”

邓小平从容不迫地回答：

“不但我辞职，我们老一代的都不兼职了。……我们这些老同志摆在那里，他们也不好工作。我们存在一个领导层需要逐渐年轻化的问题。我们需要带个头。”[③]

当邓小平说到周恩来、刘少奇、朱德等老一辈无产阶级革命家也对毛

---

① 《邓小平文选》，第2卷，第350页，人民出版社，1994年第2版。

② 同上，第351页。

③ 同①。

泽东思想作出了贡献时，法拉奇追问：

“你为什么不提自己的名字？”

邓小平坦然答道：

“我算不了什么。当然我总是做了点事情的，革命者还能不做事？”①

江青，这位西方人眼中的“毛泽东夫人”、“文化大革命”的所谓“旗手”，那时已经作为“四人帮”的头头，被“粉碎”了。但西方人的猎奇心理使他们对她倾注了浓厚的兴趣。

这次，法拉奇也没有“忘记”她，问邓小平：

“你说‘四人帮’是少数，全国很多人反对他们。他们这些少数人怎么可以控制中国，甚至整老一辈的革命家？是否他们当中有一个是毛主席的夫人，他们的关系太好，他们不敢动她？”

邓小平答道：

“有这个因素。我说过，毛主席是犯了错误的，其中包括起用他们。但应该说，他们也是有一帮的，特别是利用一些年轻人没有知识，拉帮结派，有相当的基础。”②

法拉奇又问：

“是否毛主席对江青的错误视而不见？江青是否像慈禧一样的人？”

邓小平平静地回答：

“江青本人是打着毛主席的旗帜干坏事的。……江青打着毛主席的旗帜搞，毛主席干预不力，这点，毛主席是有责任的。江青坏透了。怎么给‘四人帮’定罪都不过分。‘四人帮’伤害了成千上万的人。”③

法拉奇又问：

“对江青你觉得应该怎么评价，给她打多少分？”

“零分以下。”邓小平不假思索，颇为轻蔑地答道。

法拉奇顺势问道：

“你对自己怎么评价？”

---

① 《邓小平文选》，第2卷，第352页，人民出版社，1994年第2版。

② 同①。

③ 同①。

这时，谈话虽已接近尾声，邓小平的思维仍是那样明晰和机敏，胆大而又心细：

我自己能够对半开就不错了。但有一点可以讲，我一生问心无愧。你一定要记下我的话，我是犯了不少错误的，包括毛泽东同志犯的有些错误，我也有份，只是可以说，也是好心犯的错误。不犯错误的人没有。不能把过去的错误都算成是毛主席一个人的。所以我们对毛主席的评价要非常客观，第一他是有功的，第二才是过。毛主席的许多好的思想，我们要继承下来，他的错误也要讲清楚。①

两次采访总共四小时。对于法拉奇的问题，“邓小平时而发笑，时而愤怒地给予反驳”。

8月28日，意大利报纸刊登了这次谈话的内容，立即在全世界引起强烈反响。各国报纸纷纷转载，发表评论：

“邓小平第一次宣布，在明年的党代会上，将不会像批判斯大林那样，全面批判毛泽东。但是总结大跃进以后的总路线，今后的中国将与毛路线诀别，进行四个现代化。”

由中国共产党的领导人向外国记者讲解今后党的路线，被认为是“极为例外”的事，是“非常年代的一个非常举动”。国际舆论对这位中国历史大转折关头的掌舵人予以很高的评价。

后来，意大利共产党总书记纳塔访问中国，笑谈间邓小平提及当年他与法拉奇的交锋。

回首往事，邓小平无比欣慰：

“她问了许多难回答的问题。我总算通过了考试。”

---

① 《邓小平文选》，第2卷，第353页，人民出版社，1994年第2版。

“概括起来，就是东西南北四个字”

20世纪80年代中期，邓小平透过国际政治、经济、社会制度、意识形态等的差异，从错综复杂、瞬息万变的诸多矛盾中，得出了世界的主要倾向不再是战争，“和平与发展是当今世界两大问题”这一科学论断。

1985年3月4日，在会见日本商工会议所访华团时，邓小平进一步作出高度概括：

现在世界上真正大的问题，带全球性的战略问题，一个是和平问题，一个是经济问题或者说发展问题。和平问题是东西问题，发展问题是南北问题。概括起来，就是东西南北四个字。南北问题是核心问题。欧美国家和日本是发达国家，继续发展下去，面临的是什么问题？你们的资本要找出路，贸易要找出路，市场要找出路，不解决这个问题，你们的发展总是要受到限制的。我过去跟很多日本朋友谈这个问题，跟欧洲朋友、美国朋友也谈这个问题，他们脑子里也是装了这个问题。现在世界人口是四十几亿，第三世界人口大约占世界人口的四分之三。其余四分之一的人口在发达国家，包括苏联，东欧（东欧不能算很发达），西欧，北美，日本，大洋洲的澳大利亚、新西兰，共十一二亿人口。很难说这十一二亿人口的继续发展能够建筑在三十多亿人口的继续贫困的基础上。当然，第三世界有一部分国家开始好起来，但还不能说已经发达了，而大部分国家仍处于极其贫困的状态，他们的经济问题不解决，第三世界的发展，发达国家的继续发展，都不容易。中国这么一个大的第三世界国家，对外贸易额去年才刚刚达到五百亿美元。如果对外贸易额翻一番，达到一千亿美元，国际上的市场不就扩大了吗？如果翻两番，达到两千亿美元，中国同国际上交往的范围不就更大了吗？贸易总是一进一出的，如果达到翻两番，中国容纳资金、商品的能力就大了。一些发达国家担心，如果中国发展起来，货物出口多了，会不会影响发达国家的商品输出？是存在一个竞争问题。但是，发达国家技术领先，高档的东西多，怕什么！总之，南方得不到适当的发展，北方的资本和商品出路就有限得很，如果南方继续贫困下去，北方就可能没有出路。[①]

邓小平是善于驾驭语言的高手，常常用极普通的词语对复杂的问题进行巧妙的概括。在这里，他用“东西南北”这个连小学生都熟知的概念，概括出当今世界“和平与发展”的两大主题，准确地把握了当代世界的基本矛盾，把如此前无古人、影响深远的思想见解，用人们熟知的、有切身体验的生活事实加以类比，把一个高深的、抽象的理论用明白、通俗的语言表述出来，形象生动，贴切自然，其口才之高深，用词之巧妙，令人叹为观止，耳目一新，细细品味，又令人拍案叫绝。

① 《邓小平文选》，第3卷，第105～106页，人民出版社，1993年第1版。

“相信这个决议能够经得住历史考验”

1976年9月9日，一代伟人毛泽东撒手人寰，给历史留下了深深的烙印。

毛泽东那伟岸的身躯、极富魅力的湖南声音，曾让亿万人民如痴如醉；在那火热的岁月里，他无疑是神的化身，所以，“凡是派”将毛泽东奉为神灵也就具有广泛的社会基础。同时，毛泽东的失误，共和国所经历的灾难，也导致否定毛泽东的倾向。

的确，在真理标准的讨论中，坚持“两个凡是”观点的人指责邓小平是要丢刀子、砍旗帜，否定毛泽东和毛泽东思想。

就在这时，以西单“民主墙”事件为代表的资产阶级自由化思潮在国内许多大中城市蔓延。有些人甚至到政府机关门前静坐绝食，高呼否定毛泽东的口号，要求“坚决彻底批判中国共产党”。

这引起了邓小平的警觉：毛泽东评价已和集中领导的稳固连为一体，因而必须慎之又慎。

“四人帮”垮台了，“两个凡是”被真理标准大讨论的巨浪冲倒在地，晚年毛泽东的一个个观点被驳正，晚年毛泽东定的一个个铁案被平反。敏感的西方观察家认为：中国正在“非毛化”，“大陆批毛，势在必行。”

事实显然并非如此，1979年3月9日，《人民日报》刊出文章，首次试图明确界定评价毛泽东的基本走向：

“中国现在所做的不是非毛化，而是非神化。”

如何看待“文化大革命”，如何评价毛泽东的功过，如何科学地认识和评价毛泽东思想成为决定我党能否从危机和徘徊中走出来，开创新局面的关键。这是一个不能绕过的难题！

对这样一个历史难题，邓小平自有主见。

1977年，邓小平复出前后，明确提出必须世世代代用准确的完整的毛泽东思想作指导，毛泽东思想是个科学体系。这些思想实际上奠定了科学评价毛泽东思想的基调。

1978年9月，邓小平在“北方谈话”中多次阐明，要真正地高举毛泽东思想的旗帜。

11月25日至27日，邓小平连续三天在不同场合都谈道：

“我们一定要高举毛主席的伟大旗帜。毛主席的伟大功勋是不可磨灭的。外国人问我，对毛主席的评价，可不可以像对斯大林评价那样三七开？我肯定地回答，不能这样讲。党中央、中国人民永远不会干赫鲁晓夫那样的事。”

1978年，邓小平视察大庆。

邓小平这些经过深思熟虑的思想在1978年岁末的中央工作会议闭幕会上的讲话中正式表达出来：

毛泽东同志在长期革命斗争中立下的伟大功勋是永远不可磨灭的。回想在一九二七年革命失败以后，如果没有毛泽东同志的卓越领导，中国革命有极大的可能到现在还没有胜利，那样，中国各族人民就还处在帝国主义、封建主义、官僚资本主义的反动统治之下，我们党就还在黑暗中苦斗。所以说没有毛主席就没有新中国，这丝毫不是什么夸张。……毛泽东思想永远是我们全党、全军、全国各族人民的最宝贵的精神财富。我们要完整地准确地理解和掌握毛泽东思想的科学原理，并在新的历史条件下加以发展。①

邓小平的意见也得到了全党的赞同，写入了全会公报。

1979年1月，邓小平在会见美国时代出版公司总编辑多诺万时，针对国际上“非毛化”的议论，明确指出：有许多事情毛主席生前没有条件提出来。我们现在提出来，这本身不是“非毛化”。

当时党内党外、国内国外都关心共产党对毛泽东和“文化大革命”的评价问题。邓小平决定立即着手对毛泽东和“文化大革命”作权威性的评价。正如他日后多次所说，一切都很清楚，人们“都在等。从国内来说，党内党外都在等，你不拿出一个东西来，重大的问题就没有一个统一的看法。国际上也在等。人们看中国，怀疑我们安定团结的局面，其中也包括这个文件拿得出来拿不出来，早拿出来晚拿出来。所以，不能再晚了，晚了不利。”②

从1980年3月到1981年6月，邓小平先后10多次召集历史决议起草组开会，发表了许多重要指示。

中心的意思应该是三条。第一，确立毛泽东同志的历史地位，坚持和发展毛泽东思想。这是最核心的一条。不仅今天，而且今后，我们都要高举毛泽东思想的旗帜。十一届五中全会为刘少奇平反的决定传达下去以后，一部分人思想相当混乱。有的反对给刘少奇同志平反，认为这样做违反了毛泽东思想；有的则认为，既然给刘少奇同志平反，就说明毛泽东思想错了。这两种看法都是不对的。必须澄清这些混乱思想。对毛泽东同志、毛泽东思想的评价问题，党内党外和国内国外都很关心，不但全党同志，而且各方面的朋友都在注意我们怎么说。……第二，对建国

---

① 《邓小平文选》，第2卷，第148～149页，人民出版社，1994年第2版。

② 同上，第305-306页。

三十年来历史上的大事，哪些是正确的，哪些是错误的，要进行实事求是的分析，包括一些负责同志的功过是非，要做出公正的评价。第三，通过这个决议对过去的事情做个基本的总结。还是过去的话，这个总结宜粗不宜细。总结过去是为了引导大家团结一致向前看。争取在决议通过以后，党内、人民中间思想得到明确，认识得到一致，历史上重大问题的议论到此基本结束。①

邓小平同时也指出，“文化大革命”的10年，毛泽东是犯了错误的。在讲到毛泽东、毛泽东思想的时候，要对这一时期的错误进行实事求是的分析。

邓小平强调说：

“总的要求，或者说总的原则、总的指导思想，就是这么三条。其中最重要、最根本、最关键的，还是第一条。”②

针对有些同志在有些问题上的错误意见，邓小平指出：对毛泽东的评价，对毛泽东思想的阐述，不只是个理论问题，尤其是个政治问题，是国际国内的很大政治问题。

4月1日，邓小平对决议稿的框架结构做了设计：

“整个设计，可不可以考虑，先有个前言，回顾一下建国以前新民主主义革命这一段，话不要太多。然后，建国以来十七年一段，‘文化大革命’一段，毛泽东思想一段，最后有个结语。”③

在这次谈话中，邓小平还谈了对建国后17年历史的看法，指出：

建国后十七年这一段，有曲折，有错误，基本方面还是对的。社会主义革命搞得好，转入社会主义建设以后，毛泽东同志也有好文章、好思想。讲错误，不应该只讲毛泽东同志，中央许多负责同志都有错误。……在这些问题上要公正，不要造成一种印象，别人都正确，只有一个人犯错误。这不符合事实。中央犯

① 《邓小平文选》，第2卷，第291～292页，人民出版社，1994年第2版。

② 同上，第293页。

③ 同上，第296页。

错误，不是一个人负责，是集体负责。[1]

邓小平再次强调：

“决议中最核心、最根本的问题，还是坚持和发展毛泽东思想。党内党外、国内国外都需要我们对这一问题加以论证，加以阐述，加以概括。”[2]

1981年6月，邓小平在中共中央十一届六中全会上，会议审议和通过了《关于建国以来党的若干历史问题的决议》，实事求是地评价了毛泽东在中国革命中的历史地位。

6月，决议草稿出来了。邓小平仔细看完会议草稿后，感到整个文件写得太沉闷，不像一个决议，没有很好地体现原来设想的要确立毛泽东的历史地位，坚持和发展毛泽东思想。因此，邓小平提出这个决议草稿不行，要重新来，重点放在毛泽东思想是什么，毛泽东正确的东西是什么。

邓小平指出，错误的东西要批评，但是要很恰当。单单讲毛泽东本人的错误不能解决问题，最重要的是一个制度问题，一些制度不好，把他推

① 《邓小平文选》，第2卷，第296页，人民出版社，1994年第2版。

② 同上。

向了反面。

1980年10月，中共中央组织4000名高级干部讨论决议草稿。讨论中对于草稿中历史地、科学地评价毛泽东与毛泽东思想，出现了明显的争议。

针对各种不同意见，10月25日，邓小平在同中央负责同志谈话时进一步全面阐述了正确评价毛泽东的功过和对待毛泽东思想的问题，指出：关于毛泽东功过的评价和毛泽东思想，写不写、怎么写，的确是个非常重要的问题。不提毛泽东思想，对毛泽东的功过评价不恰当，老工人通不过，土改时候的贫下中农通不过，同他们相联系的一大批干部也通不过。

在这里，邓小平特别强调：

> 毛泽东思想这个旗帜丢不得。丢掉了这个旗帜，实际上就否定了我们党的光辉历史。……对毛泽东同志的评价，对毛泽东思想的阐述，不是仅仅涉及毛泽东同志个人的问题，这同我们党、我们国家的整个历史是分不开的。要看到这个全局。这是我们从决议起草工作开始的时候就反复强调的。决议稿中阐述毛泽东思想的这一部分不能不要。这不只是个理论问题，尤其是个政治问题，是国际国内的很大的政治问题。如果不写或写不好这个部分，整个决议都不如不做。……不写或不坚持毛泽东思想，我们要犯历史性的大错误。……对于错误，包括毛泽东同志的错误，一定要毫不含糊地进行批评，但是一定要实事求是，分析各种不同的情况，不能把所有的问题都归结到个人品质上。毛泽东同志不是孤立的个人，他直到去世，一直是我们党的领袖。对于毛泽东同志的错误，不能写过头。写过头，给毛泽东同志抹黑，也就是给我们党、我们国家抹黑。这是违背历史事实的。[①]

历史决议在邓小平的精心指导下顺利进行。

1981年5月19日，邓小平在中央政治局扩大会议上的讲话中，回顾了决议的起草过程，评价这个稿子是根据一开始就提出的三项基本要求写的。现在的稿子，是合乎三项基本要求的。

---

① 《邓小平文选》，第2卷，第298～302页，人民出版社，1994年第2版。

6月，中共十一届六中全会正式通过《关于建国以来党的若干历史问题的决议》，标志着党指导思想上拨乱反正的胜利完成。

对此，邓小平非常满意，在全会闭幕会上满怀信心地指出：相信这个决议能够经得住历史考验。

这样，"非毛化"的嘈杂声不知不觉地就烟消云散了。在十年内乱结束又历经两年徘徊之后，在短短的两年多时间里，就形成了这样一个决议，使一系列重大而又复杂的问题得到圆满解决，这是极不寻常、极其难得的。

邓小平与叶剑英、徐向前、张爱萍在一起。

邓小平并没有因为毛泽东在"文化大革命"中对他批判和剥夺他的权力而产生不满或怨恨，在批评和纠正毛泽东的错误时，没有像赫鲁晓夫对待斯大林那样全面否定毛泽东，而是以无产阶级政治家的宽阔胸怀和历史唯物主义的科学态度，客观、公正地评价毛泽东的历史功过。

《关于建国以来党的若干历史问题的决议》是全党意志和智慧的结晶，更凝聚着邓小平的心血和胆识，充分体现了他彻底的实事求是精神和高超的领导艺术。

“这样搞下去，要损害毛泽东思想”

1977年8月，中国共产党第十一次全国代表大会在北京召开。

华国锋作政治报告，虽然宣布“文化大革命”已经结束，并重申了在本世纪内把我国建设成为社会主义现代化强国的任务，但仍然宣称，“文化大革命”这种政治性质的大革命今后还要进行多次。

这无疑在表明：要转换政治格局，彻底突破“两个凡是”的思想禁锢，需要一场大的舆论发动。

1978年9月，邓小平结束朝鲜访问后，又视察东北三省和天津等地。

一路上，他对“两个凡是”进行了抨击，反复阐述解放思想的重大意义，强调要完整准确地掌握毛泽东思想。

9月16日，邓小平在听取中共吉林省委常委汇报工作时，指出：怎样高举毛泽东思想旗帜，是个大问题。

接着，邓小平一展其出众的口才，接连提问：什么叫高举？怎么样高举？

与会者都在聚精会神地等邓小平作出解释。

谁知，邓小平吸了口烟，环顾一下众人，又提出了两个问题：

“大家知道，有一种议论，叫做‘两个凡是’，不是很出名吗？凡是毛泽东同志圈阅的文件都不能动，凡是毛泽东同志做过的、说过的都不能动。这是不是叫高举毛泽东思想的旗帜呢？”[①]

在这里，邓小平所提的第一个设问，是明知故问，即把自己和对方都明确的问题故意提出来，以取得无可辩驳的说理效果。这也是邓小平常用的说理的方法之一。

而第二个设问，则是否定式的反问，是“以其人之道还治其人之

① 《邓小平文选》，第2卷，第126页，人民出版社，1994年第2版。

1978年9月，邓小平在李德生等人的陪同下参观工厂。

身”。因为从表面上看，“两个凡是”好像是在高举毛泽东思想的大旗，而其实质又是什么？

邓小平马上给予了肯定的回答：不是！这样搞下去，要损害毛泽东思想。

这段话虽简短，也无任何华丽的辞藻，却意味深长，说理性极强。

第二天上午，在沈阳听取中共辽宁省委常委汇报工作时，邓小平继续批判“两个凡是”，提出要正确对待毛泽东思想，不恢复毛泽东树立的实事求是的优良传统和作风，四个现代化就没有希望。

同日，邓小平对沈阳军区司令员李德生幽默而诙谐地说：

“我是到处点火，在这里点了一把火，在广州也点了一把火，在成都也点了一把火。”

邓小平这三把火使理论星火蔓延全国，形成了一场全民讨论热潮，真正成为一场名副其实的思想解放运动，从而为历史转折的实现奠定了坚实的社会思想基础。

“两手抓，两手都要硬”

邓小平虽然没有写过专门的辩证法著作，但他的谈吐中无不充满了辩证的哲思。“两手抓，两手都要硬”就是要求我们以辩证的观点来处理各种问题。

“两手抓，两手都要硬”，是社会主义精神文明建设的基本经验，是邓小平提出的一项长期战略方针，是治国兴邦的金玉良言。

改革开放以来，建设有中国特色的社会主义，毫无疑问要搞好经济建设，大力发展生产力，但光有这个还不行，还必须搞好精神文明建设，包括打击各种经济犯罪、惩治腐败、端正党风和社会风气、健全民主法制等。这是关系到社会主义事业兴衰成败的大问题。但是人们往往忽视后者。如何才能将这一重要思想在广大干部和人民群众中树立起来呢？邓小平在许多场合都讲过这样的话：

“一手抓物质文明，一手抓精神文明。”

“一手抓经济工作，一手抓思想政治工作。”

“一手抓改革开放，一手抓打击经济犯罪和其他犯罪活动。”

“一手抓改革开放，一手抓惩治腐败，包括纠正不正之风。”

“一手抓建设，一手抓法制”

“一手抓引进，一手抓抵制。”

这一系列“两手抓”的方针，看起来讲得很普通，很平常，但内容深刻，表述有力，在通俗与直白之中包含了深刻的哲理，体现了唯物辩证法的基本原则，要求人们全面地观察、分析和处理问题，不能搞片面性、绝对化，不能顾此失彼。

“两手抓，两手都要硬”内容上抓住了两个文明的辩证关系及发展规律；表述上用了通俗易懂的比喻——“两手抓”。

人谁没有两只手？两只手互相配合比一只手强更是再简单不过的道理

1980年夏，邓小平视察四川农村。

了。“两手抓”就是既要抓“矛”又要抓“盾”，读起来朗朗上口，便于记忆，的确不失为好口才。

邓小平把如此前无古人、影响深远的思想见解，用人们熟知的、有切身体验的生活事实加以类比，把一个高深的、抽象的理论用明白、通俗的语言表述出来，难怪一经提出，便在广大群众中迅速传开。

“一手抓物质文明，一手抓精神文明”，是邓小平“两手抓”思想的核心，是建设中国特色社会主义的一个重要指导思想和科学的领导方法、工作方法。

邓小平认为，有中国特色的社会主义是两个文明协调发展，共同进步的社会。物质文明建设是精神文明建设和一切社会事业发展的基础和前提，经济建设在现代化建设中必须始终处于中心地位。全面发展的社会主义社会不但要有高度的物质文明，还必须要有高度的精神文明。所以，邓小平一直非常关注和重视社会主义精神文明建设，提出了比较系统的关于社会主义精神文明建设的理论。

党的十二届六中全会以后，全党对精神文明建设的重要性有了进一步的认识，精神文明建设也取得了一定的成效。但是，由于种种客观的和主观的原因，“一手软”、“一手硬”的问题还突出地存在着，精神文明建设仍没有摆在应有的位置，某些方面甚至出现了恶化的趋势。尤为重要的是，有些人的思想不断腐化、堕落，安于享受、奢侈，被资产阶级的糖衣炮弹所打中。

邓小平从政治家的高瞻远瞩出发，敏锐地觉察到党从以阶级斗争为主转向以经济建设为主必定引起人们思想的变化，如何继续保持党的纯洁和战斗性，邓小平陷入了深深的思索之中。

1989年3月23日，邓小平在会见乌干达总统穆塞韦尼时，指出：要保持艰苦奋斗的传统，只有坚持这个传统，才能抗住腐败现象。

不久，邓小平再次向全党提出了艰苦奋斗和“两手都要抓”的问题，指出：

> 十年最大的失误是教育，这里我主要是讲思想政治教育，不单纯是对学校、青年学生，是泛指对人民的教育。对于艰苦创业，对于中国是个什么样的国家，将要变成一个什么样的国家，这种教育都很少，这是我们很大的失误。……八十年代初建立经济特区时，我与广东同志谈，要两手抓，一手要抓改革开放，一手要抓严厉打击经济犯罪，包括抓思想政治工作。就是两点论。①

根据邓小平的这一重要意见，党的十三届四中全会以来，党中央采取切实措施不断加强思想政治工作，全面贯彻“两手抓”的方针，大力加强精神文明建设，初步扭转了对精神文明建设重视不够、措施不力的状况。

“一手抓改革开放，一手抓打击各种犯罪活动”，是邓小平“两手抓”思想的一个重要方面。

20世纪80年代初，改革开放在中国全面展开，极大地推动了国民经济的发展。然而，各种社会丑恶现象也沉渣泛起，经济、刑事犯罪案件显著增加，社会秩序和经济秩序受到了极大冲击。对此，邓小平号召全党提高警惕，采取有力措施坚决打击，以保证改革开放的顺利进行。

为了打击日益猖獗的经济领域中的犯罪活动，1982年4月10日，在中共中央政治局讨论《中共中央　国务院关于打击经济领域中严重犯罪活动的决定》的会议上，邓小平坚决地说：

“打击经济犯罪活动的斗争，是我们坚持社会主义道路和实现四个现代化的一个保证。这是一个经常性的斗争，经常性的工作。否则，社会主义道路怎么坚持呀？如果不搞这个斗争，四个现代化建设，对外开放和对内搞活经济的政策，就要失败。所以，我们要有两手，一手就是坚持对外

① 《邓小平文选》，第3卷，第306页，人民出版社，1993年第1版。

开放和对内搞活经济的政策，一手就是坚决打击经济犯罪活动。”[①]

随后，邓小平又开始部署严厉打击刑事犯罪活动的斗争。1983年8月，中共中央作出《关于严厉打击刑事犯罪活动的决定》，指出打击刑事犯罪活动已成为政治领域中的一场严重的敌我斗争。1983年和1984年，公安部门先后开展了两次“严打”战役，查处了一大批案件，收到了较好的社会效果。

然而，由于一些地区和部门的领导干部满足于已经取得的成绩和经济建设的发展，放松了对各种犯罪活动的警惕和打击，致使各种犯罪活动仍在增加：党内不正之风没有得到有效的遏制，以致出现了日趋严重的腐败现象。

对此，邓小平强调要严厉惩治：一手抓改革开放，一手抓惩治腐败，这两件事结合起来，对照起来，就可以使我们的政策更加明朗，更能获得人心。

总而言之，上述一系列“两手抓”，都是“两个文明，两手抓”的具体化和展开，都体现了实现物质文明与精神文明的协调发展，促进社会全面进步的思想。这些“两手抓”不仅具有深刻的思想性，同时也是真正一流的口才。

1992年年初邓小平南行时，又谆谆告诫：

> 要坚持两手抓，一手抓改革开放，一手抓打击各种犯罪活动。这两只手都要硬。打击各种犯罪活动，扫除各种丑恶现象，手软不得。广东二十年赶上亚洲“四小龙”，不仅经济要上去，社会秩序、社会风气也要搞好，两个文明建设都要超过他们，这才是有中国特色的社会主义。新加坡的社会秩序算是好的，他们管得严，我们应当借鉴他们的经验，而且比他们管得更好。开放以后，一些腐朽的东西也跟着进来了，中国的一些地方也出现了丑恶的现象，如吸毒、嫖娼、经济犯罪等。要注意很好地抓，坚决取缔和打击，绝不能任其发展。新中国成立以后，只花了三年时间，这些东西就一扫而光。吸鸦片烟、吃白面，世界上谁能消

① 《邓小平文选》，第2卷，第404页，人民出版社，1994年第2版。

灭得了？国民党办不到，资本主义办不到。事实证明，共产党能够消灭丑恶的东西。在整个改革开放过程中都要反对腐败。对干部和共产党员来说，廉政建设要作为大事来抓。还是要靠法制，搞法制靠得住些。总之，只要我们的生产力发展，保持一定的经济增长速度，坚持两手抓，社会主义精神文明建设就可以搞上去。[①]

在这里，邓小平本着“譬喻以说理”的原则，运用浅显的比喻来说明深刻的道理，易为人民所接受，且寓意深远，耐人寻味。一开头观点鲜明：要坚持两手抓，接着阐明两手抓的具体内容，然后强调两手都要硬。随后又从反面强调手软不得，并列举了广东要赶上“四小龙”的例子，具体说明两个文明建设都要搞好，指出“这才是有中国特色的社会主义”。

今天，我们的耳边经常听到这句话，它以最浅显的方式告诉了我们无数深刻的道理。

1992年，邓小平在深圳视察。

① 《邓小平文选》，第3卷，第378～379页，人民出版社，1993年第1版。

“基本路线要管一百年，动摇不得”

党的十一届三中全会后，邓小平在全面开展社会主义经济建设中，领导全党制定了一系列的方针政策，其中最根本的就是“一个中心、两个基本点”，即“坚持以经济建设为中心，坚持改革开放”。这是经过长期探索、付出巨大艰辛才找到的建设有中国特色社会主义唯一正确的道路。

1992年1月18日至2月21日，邓小平先后视察了武昌、深圳、珠海、上海等地。在这次震动神州大地的旅行中，邓小平就如何长期坚持基本路线，提出了“一百年不动摇”的思想。

邓小平语重心长地说：

1992年1月，邓小平视察南方时到达武昌。

要坚持党的十一届三中全会以来的路线、方针、政策，关键是坚持“一个中心、两个基本点”。不坚持社会主义，不改革开放，不发展经济，不改善人民生活，只能是死路一条。基本路线要管一百年，动摇不得。只有坚持这条路线，人民才会相信你，拥护你。谁要改变三中全会以来的路线、方针、政策，老百姓不答应，谁就会被打倒。[①]

邓小平既是一位伟大的政治家，又是一位语出惊人的语言大师。这段话讲得坚定有力，字字句句都蕴涵着钢铁般的意志。

“不坚持改革开放，不发展经济，不改善人民生活，只能是死路一条。”在这里，邓小平巧妙地运用“大言之”、“极言之”的手法，说明了不坚持“一个中心、两个基本点”路线可能带来的严重后果。令人在震惊之余，深深体会到坚持基本路线的重要性。

“基本路线要管一百年，动摇不得。”邓小平在这里运用了“虚指”概念。“一百年”看似是个实数，具体数，实则不然。因为人的一辈子不过百岁，与一个人的寿命相比，“一百年”的确很长。邓小平借“一百年”而言其时间长，其真实的意思是：基本路线要长期管用，长期坚持。

细细推敲“一百年不动摇”这句话，我们会感到这要比直截了当地说“基本路线要长期管用，要长期坚持”更具有震撼力，更能使人警醒、催人振奋。

“谁要改变三中全会以来的路线、方针、政策，老百姓不答应，谁就会被打倒。”邓小平说的这句话更是威力无比。试想，谁敢冒天下之大不韪，冒着被老百姓打倒的后果而改变基本路线呢？没有，肯定没有！换言之，基本路线不能改变，必须要坚持。这才是邓小平的话外之意。

这段著名的讲话，既是我们国家和人民的行动指南，又是邓小平口才欣赏中的经典之作，通过“大言之”、“极言之”的手法，将“坚持基本路线”的必要性和长期性表现得淋漓尽致，值得我们好好品味与体会。

---

① 《邓小平文选》，第3卷，第371页，人民出版社，1993年第1版。

“建设有中国特色的社会主义”

1982年9月1日，邓小平在中国共产党第十二次全国代表大会的开幕词中，对社会主义探索的历程和成果进行了高度概括，作出了“建设有中国特色的社会主义”的科学论断。

众所周知，在科学社会主义学说史上，马克思和恩格斯创立了科学社会主义理论。但由于当时历史条件的限制，无法进行必要的实践，所以他们没有明确地提出上述命题，只是做了具有重要价值的预言。

1872年，马克思、恩格斯在为《共产党宣言》德文版所写的序言中指出：科学社会主义基本原理的实际运用，正如《共产党宣言》中所说的，随时随地都要以当时历史条件为转移。

列宁不但发展了马克思主义的有关原理，提出了诸如“一国首先胜利”论和“新经济政策”等著名思路，创建了世界上第一个社会主义国家，而且经典性地预言，一切民族都将走向社会主义，“但是一切民族的走法却不完全一样”，“每个民族都会有自己的特点”。历史证明，这一思路不仅适合于社会主义革命，而且适合于社会主义建设。

以毛泽东为代表的中国共产党人早在新民主主义革命时期就认识到：必须把马克思主义普遍原理与中国具体实际结合起来，从而走出了一条适合中国情况的、并最终将革命引向胜利的民主革命道路。新中国成立后，中国共产党人又把科学社会主义的有关原理运用于中国的实际，走出了一条具有中国特色的社会主义改造道路，取得了胜利，同时在社会主义建设方面始终在探索中前进，并且取得了重大成就和经验。遗憾的是，由于多方面的原因，在较长时期内并没有找到适合自己情况的正确道路。粉碎“四人帮”以后，特别是党的十一届三中全会以后，这方面的探索重新走上了正轨。

实现现代化和民族富强，是近代以来先进中国人的执著追求和广大人民群众的热切渴望，这也是邓小平一生所追求的目标。少年时代，他抱着实业救国的理想，赴法勤工俭学，其目的就是追寻中国的现代化。

邓小平笑看世界风云。

60多年后，邓小平曾回忆：我们看到中国当时是个弱国，我们要使她强大。我们认为要达到这一目的，只有使她走上现代化的道路，所以我们去西方学习。

此后，无论是在艰苦的革命年代，或是在火热的建设岁月，邓小平同现代化结下了难解之缘。

在新的历史时期，邓小平在推进拨乱反正和改革起步的过程中，认真反思历史经验教训，深刻洞察当代中国国情，放眼世界发展大势，积极探索中国现代化发展的新道路。

邓小平的中国式现代化思想在全面整顿时期萌生以后，在新的历史时期，他又进一步沿着从中国实际出发的思路，设计中国现代化发展的蓝图。

由于现代化是一股世界性潮流，而中国的现代化又是后发式、外生型现代化，处于赶超世界先进水平发展态势。所以，邓小平提出的中国式现代化又是以世界现代化发展水平为参照系的。

1978年，邓小平刚刚复出便频频走出国门，考察世界发展的大趋势。

这一年，邓小平先后出访了日本、朝鲜、泰国、马来西亚、新加坡等许多国家，1979年初又访问了美国，这些外事活动使邓小平大开了眼界，又使他清楚地认识到了中国与世界的距离。

10月24日，在参观了日本日产汽车公司后，邓小平深有感触地说了一句话：我懂得什么是现代化了。

在会见联邦德国新闻代表团时，邓小平痛切而诚恳地表示：我们同发达国家相比较，经济上的差距很大。我们的四个现代化，要在本世纪末达到你们现在的水平已不容易，要达到你们22年后的水平就更难了。

那么，中国的现代化究竟怎么搞？要达到什么水平呢？

富有现实主义精神的邓小平，认真反思历史，正视客观现实，放眼世界大势，终于提出了一个新的发展思路：中国式现代化。

循此思路，邓小平对20世纪末中国发展目标作出了新的定位。

1979年3月30日，邓小平在党的理论工作务虚会上作题为《坚持四项基本原则》的讲话，对所面临的基本国情进行了深刻分析，并在此基础上，第一次提出了“中国式现代化”的新概念，强调指出：“中国式的现代化，必须从中国的特点出发。”[①]

这一崭新的命题的提出，是中国式的社会主义现代化合乎逻辑的发展，在科学社会主义的发展史上，特别是在我党关于中国社会主义建设的探索史上，具有重要的意义，为我党根据我国的国情，确定现代化建设的具体道路和方针政策，建设有中国特色的社会主义指明了方向。

中国式的现代化，就是中国国情条件下的现代化建设，它不仅意味着要从中国的国情实际出发，进行现代化建设，同时也表明，这个现代化的目标也具有中国的特点，必须切合实际，不能期望太高。

事实上，邓小平在提出“中国式的现代化”这一概念时，就明确指出了这一点。

1979年3月，邓小平在中央政治局会议上指出，到本世纪末，我国大概只能达到世界发达国家70年代的水平，人均收入不可能很高。这对当时普遍存在的高指标、高计划、急于求成、盲目乐观的状况而言，无疑是一支清醒剂。

其后，邓小平对这一说法又做了进一步阐明。同年12月，邓小平在会见日本首相大平正芳时，指出：

“我们要实现的四个现代化，是中国式的四个现代化。我们的四个现代化的概念，不是像你们那样的现代化的概念，而是‘小康之家’。”[②]

就在这次谈话中，邓小平第一次提出了“到本世纪末，人均国民生产总值比1980年翻两番，达到1000美元”的目标。后来，考虑到人口增长因

① 《邓小平文选》，第2卷，第164页，人民出版社，1994年第2版。

② 同上，第237页。

素，人均国民生产总值又被调整为800多美元，从而确定了到本世纪末中国式现代化的基本目标。

1981年6月，党的十一届六中全会通过了《关于建国以来党的若干历史问题的决议》，系统地总结了新中国成立以来社会主义建设正反两方面的历史经验，包括三中全会以来社会主义现代化建设的新的经验，明确指出，我们党已经逐步确立了一条适合我国国情的社会主义现代化建设的正确道路。

1982年9月1日，举世瞩目的中国共产党第十二次全国代表大会在北京召开。在开幕式上，邓小平致辞：

> 我们的现代化建设，必须从中国的实际出发。无论是革命还是建设，都要注意学习和借鉴外国经验。但是，照抄照搬别国经验、别国模式，从来不能得到成功。这方面我们有过不少教训。把马克思主义的普遍真理同我国的具体实际结合起来，走自己的道路，建设有中国特色的社会主义，这就是我们总结长期历史经验得出的基本结论。[①]

自此，“建设有中国特色的社会主义”这一命题正式提出，不仅标志着我国经济工作指导思想的根本转变，更重要的是，它体现了我们党对于建设社会主义的探索有了显著的进步。它是在正确总结了几十年来中国社会主义建设的历史经验，又实事求是地研究了国际共产主义运动的经验教训，特别是吸取了十一届三中全会以来的探索成果的基础上产生的。

在这里，邓小平用他出众的口才阐明：我们党并没有因为在社会主义建设中走自己的路曾误入歧途就灰心丧气，放弃独立自主的原则，一味地模仿别人，照抄别人的模式，恰恰相反，我们党不仅继续走着自己的路，而且通过总结经验教训和不断探索，已经开始找到并走上了适合自己情况的正确的社会主义建设道路。

由此开始，随着改革开放事业的深入发展，邓小平理论开始进入全面创新、拓展时期，社会主义现代化建设也进入了一个新的全面开创的阶段。

---

① 《邓小平文选》，第3卷，第3页，人民出版社，1993年第1版。

“和平和发展是当代世界的两大问题”

邓小平根据世界形势的新变化，从20世纪70年代末起，改变了毛泽东关于“战争与革命是世界主要倾向”的判断，于80年代中期提出了“和平和发展是当代世界的两大问题”的新判断。

在总结历史经验教训的基础上，邓小平深切感到新中国成立后党的认识依然停留在战争年代和革命时代，没有给予建设和发展以足够的重视，这是导致我们过高估计战争迫近的危险，长期处于盘马弯弓箭不发的临战状态的一个原因。同时，邓小平痛感“贫穷不是社会主义”，而中国要发展又离不开和平的国际环境的保障。因此，和平与发展首先是中国的需要，是摆在中国人民面前的重大历史课题。

当邓小平带着这样的认识，把眼光投向外部世界时，发现和平与发展不仅是中国等少数国家的选择，而是一个世界性的命题，已经成为全球所面临的重大问题。

1984年5月29日，邓小平在会见巴西总统菲格雷多时，指出：

> 现在世界上问题很多，有两个比较突出。一是和平问题。现在有核武器，一旦发生战争，核武器就会给人类带来巨大的损失。要争取和平就必须反对霸权主义，反对强权政治。二是南北问题。这个问题在目前十分突出。发达国家越来越富，相对的是发展中国家越来越穷。南北问题不解决，就会对世界经济的发展带来障碍。解决这个问题当然要靠南北对话，我们主张南北对话。不过，单靠南北对话还不行，还要加强第三世界国家之间的合作，也就是南南合作。第三世界国家相互交流，相互学习，相互合作，可以解决许多问题，前景是很好的。发达国家应该清楚地看到，第三世界国家经济不发展，发达国家的经济也不可能得

到较大的发展。[①]

鉴于和平与发展问题的全球性和战略性，邓小平进一步提出：应当把和平与发展提高到关系全人类的高度来认识。和平与发展共同影响人类前途，二者是密切联系的。发展需要和平，和平离不开发展。

对发展问题，邓小平认为，要促进发展，就必须解决南北矛盾：资本主义发达国家所取得的“发达”，总是带有对穷国、不发达国家的剥削关系。这个关系使得富的国家越富，穷的国家越穷。

1992年2月，邓小平在南方谈话中又一次指出：

“世界和平与发展这两大问题，至今一个也没有解决。”[②]

“和平问题没有解决”，是指国际形势仍然动荡不安，天下并不太平。“发展问题没有解决”，是指冷战后的发展问题更加严峻和突出。

同时，邓小平强调，两极格局终结后，和平与发展之所以仍然是当代世界的两大主题，还因为和平与发展的机遇始终存在着。

1992年，邓小平在南行中发表重要讲话。

邓小平用他与众不同的语言艺术，高度概括了当代世界的两大主题：和平与发展，并进行了精辟的论证。这种概括，从错综复杂、扑朔迷离的国际关系中把握住了最基本的关系和基本矛盾，是对毛泽东“三个世界”理论的丰富和发展。

① 《邓小平文选》，第3卷，第56页，人民出版社，1993年第1版。

② 同上，第383页。

“学马列要精，要管用的”

1992年1月18日，已是88岁高龄的邓小平毅然第二次南下，先后视察了武昌、深圳、珠海、上海等地。

邓小平是伟大的马克思主义者、无产阶级革命家，他的语言所表现出来的洞察的睿智，思想的深邃，是惊人的。在这次震动神州大地的旅行中，邓小平妙语连出，讲了许多影响中国命运的惊世骇俗之言。

对于学习马克思主义理论的根本方法和最终目的，邓小平用最通俗最精练的语言进行了阐述：

> 学马列要精，要管用的。长篇的东西是少数搞专业的人读的，群众怎么读？要求都读大本子，那是形式主义的，办不到。我的入门老师是《共产党宣言》和《共产主义ABC》。最近，有的外国人议论，马克思主义是打不倒的。打不倒，并不是因为大本子多，而是因为马克思主义的真理颠扑不破。实事求是是马克思主义的精髓。要提倡这个，不要提倡本本。我们改革开放的成功，不是靠本本，而是靠实践，靠实事求是。农村搞家庭联产承包，这个发明权是农民的。农村改革中的好多东西，都是基层创造出来，我们把它拿来加工提高作为全国的指导。实践是检验真理的唯一标准。我读的书并不多，就是一条，相信毛主席讲的实事求是。过去我们打仗靠这个，现在搞建设、搞改革也靠这个。我们讲了一辈子马克思主义，其实马克思主义并不玄奥。马克思主义是很朴实的东西，很朴实的道理。[①]

①　《邓小平文选》，第3卷，第382页，人民出版社，1993年第1版。

邓小平一上来就阐明论点："学习马列要精，要管用的"。

"精"，是指要抓住精华；"管用"，是指对实际起指导作用，用了见效。"精"和"管用"都是极平凡普通的语言，然而这些话语平凡中可见质朴，质朴中可见深奥。这也是邓小平语言的一大特色：准确精练，新鲜有力。

"长篇的东西是少数搞专业的人读的，群众怎么读？"邓小平很自然地提出了一个问题，引起人们的兴趣，都想知道邓小平的答案。

"要求都读大本子，那是形式主义的，办不到。"邓小平首先给出了一个否定的答案。然后，邓小平没有进行正面回答，而是以自己的经验启发人们：我的入门老师是《共产党宣言》和《共产主义ABC》。这实际上就已给出了实际答案：群众学马列，要学短篇的、基本的和最有用的。

在汉语丰富的词汇宝库中，结构整齐、含义精妙的成语，像一串串闪闪发光的珍宝，一旦为高手巧用，便大放异彩。邓小平是一位语言高手，在这里他用"颠扑不破"这个成语，回答了"为什么马克思主义是打不倒的"。

随后，邓小平指出实事求是是马克思主义的精髓，强调我们要依靠这个，提倡这个。最后，邓小平给大家下了一个结论：其实马克思主义并不玄奥。马克思主义是很朴实的东西，很朴实的道理。指出这个道理，有利于人们破除对马克思主义理论的迷信。只有这样，人们才能更好地学习它、应用它。

在这段讲话中，邓小平用朴素而实在的话语，向人们娓娓道出了一个无可辩驳的事实——"学习马列要精，要管用的"。

这是哲人思想的结晶。这种语言，使人明显地感到：在它的真理性面前，在它的说服力面前，不能不思考，不能不信服。

“改革也是解放生产力”

邓小平是当代伟大的马克思主义者，他不仅坚持马克思主义基本原则，而且善于将这些原则同革命和建设的实际联系起来，创造性地应用和发展马克思主义。在1992年年初的南行中，邓小平妙语连出，讲了许多影响中国命运的惊世骇俗之言。

“改革也是解放生产力”就是其中一例。

> 革命是解放生产力，改革也是解放生产力。推翻帝国主义、封建主义、官僚资本主义的反动统治，使中国人民的生产力获得解放，这是革命，所以革命是解放生产力。社会主义基本制度确立以后，还要从根本上改变束缚生产力发展的经济体制，建立起充满生机和活力的社会主义经济体制，促进生产力的发展，这是改革，所以改革也是解放生产力。过去，只讲在社会主义条件下发展生产力，没有讲还要通过改革解放生产力，不完全。应该把解放生产力和发展生产力两个讲全了。①

这段讲话，看似平淡无奇，细细分析，却见其匠心独运之处。

在这里，邓小平充分展示了他的语言特点：言简意赅，逻辑性和严谨性极强。首先提出论点——革命是解放生产力，改革也是解放生产力；然后一连用两个“这是……所以……”的句式，阐明论点；最后进一步指出过去观点是不完整的，现在应该讲全了，即“改革也是解放生产力”。结论的得出是顺理成章、水到渠成的，即言之有物、言之有据、言之有理。这也是邓小平语言带普遍性的特点。

---

① 《邓小平文选》，第3卷，第370页，人民出版社，1993年第1版。

1992年2月，邓小平参观上海南浦大桥。

这段话内涵深刻，论证严谨，语言新鲜，表述简练。“革命是解放生产力”是马克思主义的一个基本观点，“改革也是解放生产力”是邓小平的创新。这个副词“也”，使前后两句话紧密地联系起来，表明后者是前者的继承和发展，从而使全句变成崭新的语言。

在这次南方谈话中，邓小平专门就“形式主义”现象泛滥进行了批评：

> 现在有一个问题，就是形式主义多。电视一打开，尽是会议。会议多，文章太长，讲话也太长，而且内容重复，新的语言并不很多。重复的话要讲，但要精简。形式主义也是官僚主义。要腾出时间来多办实事，多做少说。毛主席不开长会，文章短而精，讲话也很精练。周总理四届人大的报告，毛主席指定我负责起草，要求不得超过五千字，我完成了任务。五千字，不是也很管用吗？我建议抓一下这个问题。[①]

客观世界里，任何事物都相比较而存在，相比较而显示其特征。邓小平率先垂范，讲话和文章中总是充满着新鲜的语言，令人听后顿开茅塞，耳目一新。这种马克思主义的优良文风，值得我们很好地学习。

① 《邓小平文选》，第3卷，第381～382页，人民出版社，1993年第1版。

在抗日前线的邓小平

第二章

开拓创新——邓小平谈经济

“不吃食堂也是社会主义”

20世纪50年代末至60年代初，“共产风”的势头刮得很猛，但实际上是违背了实际情况，违背了经济发展规律。

1961年1月，中共中央召开八届九中全会。鉴于国民经济比例关系严重失调，会议通过了国民经济的“调整、巩固、充实、提高”的八字方针。由此，国民经济进入了调整时期。

调整的首要问题是理顺农村生产关系，恢复和发展农业生产。

4月，邓小平和彭真深入到北京郊区的顺义和怀柔进行调查研究。15日，邓小平在顺义县北小营召开的上辇大队、北小营大队、仇家店大队支部书记和生产队长参加的座谈会上，反复询问干部：公共食堂是好吃，还是不好吃？

因为公共食堂是党中央制定的政策，在场的大多数人自然都不敢说不好吃，便违心地找出一些吃食堂也不错的理由。而实际情况却是当时公共食堂继续办下去已面临着十分困难的境地。

陪同邓小平一起来视察的卓琳在上辇村孙旺家住了一个星期，了解到许多真实情况，就告诉邓小平：上辇吃食堂是假的，由食堂分粮食，社员自己回家做饭吃才是真的。

邓小平听后很高兴，对上辇村的干部说：你们村的干部对共产风、平调风顶得好，锅、碗、瓢、盆没有被刮跑，锁没有砸，门没有拆，是很好的事，而且你们村把生产搞上去了，粮食单产1959年达到540多斤，比1958年提高60多斤。副业收入3万多元。社员生活水平提高了，对国家的贡献也大了。你们的好经验应该总结一下，推广下去。

邓小平不怕意见不同，不怕观点、立场不同，就怕不说真话，不说实话。因此，他喜欢说真话的人，厌恶说假话的人。这几乎成为他性格的一个方面了。邓小平语言的感人力量，是多方面因素促成的，其中“诚”

邓小平在农村视察

字，是一个重要方面。

针对当时农民意见较大的公共食堂，邓小平语出惊人，明确指出：吃食堂光荣，不吃食堂也光荣。吃不吃食堂要由群众决定。

这句饱含深情的话，并非邓小平一时冲动。因为在邓小平心目中，人民是一切的母亲。

在牛栏山公社白庙村考察食堂时，邓小平看到食堂停火，一片荒凉景象。在深入农户访问时，邓小平看到一位老大娘喂养羊，猪圈却空着，便关切地问道：

“老人家，您养羊，为什么不养猪？”

大娘自然不知道这个微服私访的小个子中年人是谁，一边继续忙着喂羊，一边生气地说：

“还养猪，人还没吃的呢！”

经过深入的调查了解，邓小平感觉到问题十分严重，因此在召开的社队干部大会上明确表态：吃食堂是社会主义，不吃食堂也是社会主义。以前不管是中央哪个文件上说的，也不管是哪个领导说的，都以我现在说的为准。根据群众的意见，决定食堂的去留。

在听取县委书记汇报当前工作时，邓小平指示：现在食堂是过渡时期，可以自由一下，不愿意在食堂入伙的就可以不摊工分了，还要很好地研究一下食堂种的菜、养的猪对不入食堂的户怎样分配的问题。

在公社、管理区、大队干部座谈会上，一些干部反映：有些群众愿意办农忙季节食堂，冬闲时自己回家做饭吃。

邓小平表示同意：这样也可以，一年农忙六个月吃公共食堂．农闲时自己回家做饭吃，还可以解决社员冬天烧炕取暖的问题，能节省一些煤。

邓小平的指示像暖流，温暖了干部群众的心。因为他说出了干部群众心里想说而不敢说的话。

会后，大家立即按照邓小平的指示精神行动起来。仅上辇村，第二天就有250多户退出了食堂。

邓小平办事实事求是，心里只装着人民。正因为如此，他的语言才会具有强大的折服力，而且说出的话不仅非凡，同时也很自信。

在顺义视察工作期间，邓小平还考察了手工业、家庭副业和集市贸易的发展情况。他以坚定的语气指出：不是国家统购统销的商品都可以拿到自由市场上来卖，把集市贸易繁荣起来。市场上的物品增多，市场也就活跃了，社会生活也就方便多了。农民的收入增加，对国家的贡献也大了。自由市场上商品价格一稳定，人心也就安定，政治影响也好。

邓小平的指示归根到底是把生产发展起来，用经济的办法，而不是单纯用政治的办法。要把各种各样的手工业和家庭副业统统恢复起来，把集市贸易繁荣起来。

邓小平一贯坚持尊重群众的意愿，坚持实事求是原则。在谈到社队规模时，又强调：要根据群众的要求，把社队的规模早些定下来。要把一切利害矛盾都摆出来，让群众充分讨论，最后定出一个妥善的解决办法。

当谈到手工业没依靠、原料没人供、产品没人销等问题时，邓小平指示：目前的主要问题是把县和基层的供销社恢复建立起来。县供销社搞几个人，只搞供销，不搞商店，有些人可以归队。农村基层供销社先把机构搞起来，再建立各种制度和章程。供销社的首要任务是组织生产，要把手工业专管起来，一个行业一个行业地抓。柳条现在就可以插。把现在的苇地经营好，想方设法解决原料问题。你们不能培植荆条，可以搞柳条，可以和别处换。你们要有这些人吃这个饭，干这个事。县供销社和商业系统，要认真研究怎样管理自由市场，调剂商品价格问题。

在谈到手工业人员的问题时，邓小平指出：要把他们的积极性调动起来，组织好，有人关心他们，帮助他们搞原料、搞销路，定出合理价格。要对他们不断加强政治思想教育。

邓小平还特别指出发展家庭副业问题：社员的家庭副业不能丢，应该是六畜兴旺，尤其是养猪很重要。你们县是一个传统的养猪县，社员喜欢养猪，而且有丰富的经验。若是把这个传统丢了很可惜。一头猪不仅能赚20多元钱，肥料还能养二三亩地，不施化肥，也能增产，社会效益就高了。你们县土地、水利条件比较好，就是肥料问题制约了粮食生产的发展。多养猪、养好猪，社员的收入增加了，粮食生产也搞上去了，你们要抓住春天这个大好时机，尽快地把养猪事业发展起来，既满足了城乡人民的生活需要，又能增加农民的收入，这是件好事。

在谈到分配问题时，邓小平讲：要认真执行“按劳分配，多劳多得”的分配原则。要克服分配上的平均主义，一定要实行定额包工，多劳多得是天经地义的事。

要心系民众，讲话才能句句实在，妙语如珠。邓小平怀有的一颗爱民平常心，非常了解人民的疾苦，因此他的语言才能够在平常中见出不平常的东西。

“黄猫、黑猫，只要捉住老鼠就是好猫”

在邓小平的语言中最富有哲理的恐怕就要数他那句名扬海内外的“猫论”——“黄猫、黑猫，只要捉住老鼠就是好猫”。

这句话是刘伯承元帅在打仗时最爱说的一句话，言简意赅，生动形象，颇具说服力。其道理即在打仗时不应拘泥于教条．应因地制宜，灵活多变地安排战略战术，一切视情况而定，以打胜仗为最终目的。

“猫论”在革命战争时期为刘伯承这样的大军事家发现，也并非偶然。因为在土地革命战争年代，有不少党和红军的高级领导人教条得很，认为只有怎样怎样打才是“百分之百的布尔什维克”，即使打输了，把红军全部拼光，把根据地全部打完，也仍然是“百分之百的布尔什维克”；

刘伯承在干部大会上讲话

1962年2月，邓小平在扩大的中共中央工作会议（即七千人大会）上讲话。

如果不是像他们所说的那样打，即便胜利了，也不行，也要受到处分，有的还要被“肃反”，甚至被枪毙。

邓小平对刘帅常说的这句四川家乡话倍感亲切，十分理解，非常赞同。邓小平第一次被打倒，实际上就是因为主张“打赢算数”，反对按照“本本”去打。这与他的后两次被打倒，在思想路线上是相同的。

“猫论”虽然只是一句俗话，但它涉及了根本性的认识论问题，思想路线问题，也就是实事求是还是本本主义、教条主义、主观主义的问题。

作为一名成熟的高级领导人，邓小平深知自己言论的重大社会影响，所以对于“猫论”的引用十分慎重。

20世纪60年代以前，在正式的公开场合上，邓小平始终没有提过“猫论”。到了60年代前期，他也只在一些范围很小的会议上，为了形象地表达自己在一个具体问题上的看法，偶尔引用过几次“猫论”。

60年代初的大跃进、人民公社犯了刮“共产风”和平均主义的错误，把生产关系搞乱了，全国的经济，尤其是农业经济损失最重。“七千人大会”后，经济关系的调整又有了进一步的发展。这时，各种形式的包产到户在许多地方都自发地搞了起来。

1962年初夏，包产到户问题引起了中央高层的争论。邓小平和刘少奇、邓子恢、陈云等领导人持与毛泽东相左的意见，支持搞包产到户。

作为党的总书记和国务院副总理的邓小平果敢地提出了自己的看法，认为调整农业生产关系，目的是发展农村生产力，所以不能在生产形式上简单划一，必须实事求是，从实际出发。

7月2日，中央书记处讨论农业问题时，邓小平指出：

“现在是，所有形式中，农业是单干搞得好。不管是黄猫、黑猫，在过渡时期，哪一种方法有利于恢复农业，就用哪一种方法。”

五天后，即7月7日，邓小平在接见中国共产主义青年团三届七中全会全体同志时就恢复经济作了重要讲话，再一次提出了“猫论”。

> 生产关系究竟以什么形式为最好，恐怕要采取这样一种态度，就是哪种形式在哪个地方能够比较容易比较快地恢复和发展农业生产，就采取哪种形式；群众愿意采取哪种形式，就应该采取哪种形式，不合法的使它合法起来。这都是些初步意见，还没有作最后决定，以后可能不算数。刘伯承同志经常讲一句四川话：“黄猫、黑猫，只要捉住老鼠就是好猫。”这是说的打仗。我们之所以能够打败蒋介石，就是不讲老规矩，不按老路子打，一切看情况，打赢算数。现在要恢复农业生产，也要看情况，就是在生产关系上不能完全采取一种固定不变的形式，看用哪种形式能够调动群众的积极性就采用哪种形式。现在看来，不论工业还是农业，非退一步不能前进。你不承认这个退？农业不是在退？公社不是在退？公社核算退为大队核算，大队核算又退为生产队核算，退了才能前进。目前，要注意充分地调动群众的积极性，发挥他们的潜力。第一步恢复粮食，第二步恢复经济作物，同时把农具和牲畜慢慢地恢复起来。这是一个生产关系的调整，是对我们的考验。当然，我们全党应该有一个统一的主意，应该有一个主见。比如说，要尽量保持以生产队为基本核算单位，就得说服群众，加强干部。这是一种可能。还有一种可能，就是有些包产到户的，要使他们合法化。这都是些想法，究竟采取什么措施，我们全党在考虑，中央在考虑。现在要冷静地考虑这些问题。过去就是对这些问题考虑得不够，轻易地实行全国统一。有

些做法应该充分地照顾不同地区的不同条件和特殊情况，我们没有照顾，太轻易下决心，太轻易普及。过去我也讲过，我们的运动太多，统统是运动，而且统统是全国性的，看来这是搞不通的。有的应该搞运动，比如土改运动，但是也有个阶段的不同和方法的不同啊。①

在这里，邓小平提出了两条标准：第一，“哪种形式在哪个地方能够比较容易比较快地恢复和发展农业生产，就采取哪种形式”；第二，“群众愿意采取哪种形式，就采取哪种形式，不合法的使它合法起来。”

这两条标准其实就是两个硬道理，与“猫论”有异曲同工之妙。后来邓小平将其概括为“发展才是硬道理”。

在这次讲话中，邓小平还从变革农村生产关系，解放和发展生产力的角度提出问题：

农业本身的问题，现在看来，主要还得从生产关系上解决。这就是要调动农民的积极性。现在全国也还有个别的农村人民公社实行公社所有制，群众不愿意拆散，能够保持的就让它保持好啦，也有以生产大队为核算单位的，比较多的是以生产队为核算单位。有些以生产队为核算单位的地方，现在出现了一些新的情况，如实行“包产到户”、“责任到田”、“五统一”等等。以各种形式包产到户的恐怕不只是百分之二十，这是一个很大的问题。怎么解答这个问题，中央准备在八月会议上研究一下。现在“百家争鸣”。这样的问题应该“百家争鸣”，大家出主意，最后找出个办法来。②

通观邓小平讲话的历史背景和全文，“猫论”的提出无疑充分显示了邓小平实事求是、面向实际的求实精神和科学态度，其深层内涵则反映了他对人民公社化运动这场生产关系的急遽变革和“大跃进”式的社会主义

① 《邓小平文选》，第1卷，第323～324页，人民出版社，1994年第2版。

② 同上，第323页。

20世纪60年代，邓小平与陈毅、彭真、杨尚昆、李富春在一起。

建设方式的深刻反思。

邓小平提出“猫论”时还声明，这只是初步意见，可能不算数，中央准备在八月会议上研究一下。邓小平的担心是有依据的，因为他清楚地知道毛泽东在这个问题上的意见和毛泽东在决策上的影响力。

原团中央书记处书记胡克实曾回忆道：第二天晚上，邓小平给胡耀邦打电话，说他昨天讲的有两句话不要传达。就说主席在北戴河召集他们几个人谈了谈，小平同志也参加了，主席就讲，现在，有一股分田到户，包产到户的风。

尽管邓小平曾交代过他的话不要再传达了，但是“黄猫、黑猫，只要捉住老鼠就是好猫”这句话却不胫而走，并被讹传为“白猫、黑猫”，广为流传。

20世纪60年代邓小平被打成“党内第二号走资派”，70年代变成“不肯改悔的走资派”，“猫论”都是他的主要“罪状”之一。海内外对此做出过各种各样的分析和评论。有人将“猫论”作实用主义的解释，甚至上升到哲学高度，加以歪曲，这都是完全错误的。

"猫论"最初的目的是为了解决农村生产形式的选择问题，后来它的内涵更加扩大了，也更加丰富了．渐渐上升为一个哲理性的问题，那就是一切都要讲实际，要看"硬道理"，要务实，切忌务虚。

从根本上讲，"猫论"与邓小平对发展生产力、解放生产力、社会主义的本质、革命和改革开放的本质等论述是一致的。"猫论"就是一种本质论，就是经济建设中心论，就是"发展才是硬道理"，就是"学马列要精，要管用的"，就是理论联系实际，就是"实践是检验真理的唯一标准"，就是实事求是。

"猫论"这句朴实的话语给我们以深刻的启示。而深刻的启示又一定要以生动形象的语言表达出来，因为只有这样才能被广大人民群众所接受、所理解。如果一个思想或一个哲理说得过于专业性、学术性，大多数人就不太好理解了。

因此，可以这么说，一个人的语言是相当重要的，只有语言好，思想才能生辉，才能被人们喜闻乐见。而"猫论"是真正堪称一流语言的范本。它在最为形象的层面上为我们道出了一个颠扑不破的真理。那就是猫捉老鼠是天经地义的事，而猫的颜色是根本没有挑剔的必要。从此，"猫论"以它简洁明快不可抗拒的哲学力量和逻辑力量为我们开启了解放思想、改革开放的大门，同时也宣告了实践是检验真理的唯一标准这一至深道理。

1962年2月，邓小平在海南岛兴隆农场。

1985年6月29日，邓小平在会见阿尔及利亚民族解放阵线党代表团时讲过：

"搞社会主义，中心任务是发展社会生产力。一切有利于发展社会生产力的方法，包括利用外资和引进技术，我们都采用。”[①]

“猫论”是大白话，但寓意深刻，使中国广大平民百姓和很多国外人士认识了邓小平，更加钦佩邓小平。随着时间的推移，“猫论”已愈发显示出它的意义。这个意义甚至超越了国界，还引起了国际范围内的有关人士的首肯与研究。外国学者在评述邓小平时，几乎都会相当突出地谈到“猫论”。

日本著名中国学专家竹内实曾说：猫这句名言，就是在我们日本也广为流传。

曾经因撰写《长征——一个前所未闻的故事》一书而在中国名声大噪的美国作家、《纽约时报》记者索尔兹伯里对“猫论”也做过一番精辟的解释：为了使中国在2000年达到技术合理化，准备采纳不管哪里来的技术、办法、发明创造和意见。如果这样做要放弃毛的蓝蚂蚁式的公社而代之以个人耕作和个人收益的办法好，那就这样做吧。

“猫论”并不涉及主义之争，而只是一个形式问题、手段问题、方法问题，即只要有利于经济发展，什么样的生产关系形式、手段、方法都可以用，就像只要能捉住老鼠，白猫、黄猫、黑猫、花猫都是好猫一样。把形式问题上升到主义问题，在认识论上，就是用形式来判断主义，而不是从本质上来分辨主义。也就是没有抓住实质性的问题。新中国30年没解决温饱问题，思想根源就在这里。改革开放阻力重重，根源也在这里。邓小平的成功和伟大，也就是他死死抓住解放生产力，发展生产力这一社会主义建设时期的本质问题、中心问题。

“猫论”形象生动，贴切自然，从此成为邓小平人生哲理的一个重点，同时对我们的人生也有很大的启发。我们在一边欣赏这句话的同时，也欣赏到了邓小平的人生智慧。

---

① 《邓小平文选》，第3卷，第130页，人民出版社，1993年第1版。

“老老实实地承认落后才有希望”

1978年10月22日至29日，邓小平出访日本。

10月24日，邓小平在日本众参两院议长举行欢迎宴会前，同日本在野党领导人进行交谈时说：日本早有蓬莱国之称，听说有长生不老药，这次访问的目的是：第一交换中日友好条约批准本；第二对日本老朋友表示感谢；第三寻找“长生不老药”。

邓小平对我国古代的典故具有极其深厚的偏爱。在这里，他用“徐福东渡蓬莱求长生不老药”的典故，以典喻今，曲折委婉地表达了想把日本发展科学技术的先进经验作为礼物带回国的期望。一种思古图变的情怀尽在其中，从而使这种期待因被赋予了历史的寄予与重托而变得更加丰厚与深沉，情感也更加真挚。

邓小平的话音刚落，会场里响起了热烈的掌声和笑声。

1978年2月，邓小平出访日本。

当天下午，邓小平参观了日产汽车公司。车体车间的自动化程度高达96%，其中最为引人注目的是48个机器人依次排开分段焊接车体。邓小平非常感兴趣，边点头边仔细看。在组装车间里，传送带以每分钟2.1米的速度运转，各个汽车配件在这里依次完成。邓小平将身子探出所乘坐的电动汽车，认真地观看着。

陪同参观的日方人士介绍，日产汽车公司人均年产量为94辆汽车。而当时中国的最大的汽车生产企业——第一汽车制造厂，人均年产量为1辆。

参观过程中，邓小平深有感触地对日产汽车公司董事长川又克二说：我懂得什么是现代化了。欢迎工业发达国家，特别是日本产业界的朋友对中国的现代化进行合作。

10月26日，邓小平参观了新日钢铁公司君津钢铁厂。

参观时，邓小平对日方陪同人员说：能不能帮我们搞一个比这个还好的钢铁厂。

邓小平这里指的是上海宝山钢铁公司，这个公司引进的技术就是新日钢铁公司的技术。

日方人士说：当然可以。

参观完毕后，邓小平对新日钢铁公司董事长、日中经济协会会长稻山嘉宽说：我们管理能力差，想学习。如果在管理方面不教我们就不好办了。咱们订一个君子协定，如果在管理方面上海搞不好，那不是学生的责任，而是教师不好。

稻山当即表示，一定要帮助中国把宝钢办得比君津钢铁厂更好。

在大阪，邓小平参观了松下彩色电视机的生产线。他向松下幸之助等日本著名企业家表示，值得我国学习的东西很多，希望松下老先生和各位给予援助。

松下回答：我们什么都传给你们。

周围人对此报以热烈的掌声。

此次访问日本对邓小平震动很大，他在东京至京都的新干线列车上发表感想：有一种被人从后面鞭打，被人追赶的感觉，我们现在需要的是快跑。

邓小平十分坦诚地对各国记者们说：“本来长得很丑，却按美人那样打扮是不行的。丑陋是不能掩盖的，老老实实地承认落后才有希望。”[①]

① 《邓小平与外国首脑及记者会谈录》，台海出版社，2011年第2版。

“贫穷不是社会主义”

粉碎“四人帮”后，中国进入了一个新的历史时期。当时，国内各方面的情况都是很严峻的，经济、文化及各项社会事业发展缓慢，已经远远不能满足人民群众日益增长的物质文化需要，矛盾越来越突出。

以农业和农村为例：与1956年相比，1978年我国的粮食总产量虽然增长了6%，人口数量却增加了50%。而1978年全国粮食征购数量只相当于20世纪50年代初期的平均值，人均占有粮食不足300斤。更为严重的是，农业劳动生产率十分低下。全国4亿多劳动力中，有3亿人搞农业生产，人均产粮数只有美国的1／71，有2亿农业人口的年均收入还不到40元。实际上，他们连温饱问题都没有解决。

1981年8月，邓小平在新疆石河子垦区视察棉花生产。

我国是农业大国，农村人口占全国总人口的80%。农业作为我国国民经济的基础，农业和农村的这种状况必然牵动和影响着全国的其他行业和其他部门。不仅农业形势严峻，当时整个国民经济形势也十分严峻。这种严峻用一个冷酷的字眼来形容就是——“贫穷”。

与此同时，来自国际社会，尤其是我国周边国家和地区的挑战也相当严峻。20世纪60年代以来，多数资本主义国家相继进入经济高速增长期。日本在短短十几年的时间里，一跃成为世界经济大国。被称为“亚洲四小龙”的韩国、新加坡、中国的台湾和香港，更是以其经济腾飞令世人瞩目。

这时，摆在中国人民面前的首要问题是：中国的社会主义道路应该怎样走下去？

没有现成的答案。全党、全国人民都在苦苦地求索，邓小平也在深深思考。

与当时有些人的思考不同的是，邓小平没有到某些本本、经典或以往的经验和固定的模式中去寻找答案，而是按照他一贯的风格，实事求是地考察问题，从了解中国的现实状况入手，依靠广大群众的实践来获取治国良方。

对于我国贫穷落后的状况，邓小平深有感触：

> 我们在一个长时期里忽视了发展社会主义社会的生产力。从一九五七年起，我们的生产力的发展非常缓慢。拿农村来说，到一九六六年的十年间，农民的收入没有增长多少。虽然有一些地区的农民生活比较宽裕，但是多数地区的农民还处在贫困状态。当然，同旧中国相比，还是进步了。如果按照社会主义的标准来要求，这是很不够的。①

然而，当时有许多人包括一些党政领导干部在内却不是这样看形势的。他们的观念仍然被主观主义、教条主义和“左”的错误所禁锢，思想僵化，不能做到实事求是地观察问题和认识问题。他们的行动依旧热衷于

---

① 《邓小平文选》，第3卷，第137～138页，人民出版社，1993年第1版。

计划经济体制下和“以阶级斗争为纲”条件下的那一套做法。在他们看来，物质文化的发达、人民生活的富裕只能导致资本主义，越穷才越革命。正是在这种“左”的思想干扰下，在过去相当长的时间里，人们不敢追求富裕，机械地、形而上学地把富裕同社会主义对立起来，使人们对社会主义的认识产生了极大的偏差。

1979年7月29日，邓小平在接见中共海军委员会常委扩大会议全体同志时，针对人们回避、不敢追求富裕的态度，从思想路线和政治路线的高度、从社会主义事业能否坚持到底的深度告诫全党，必须十分重视贫穷与富裕的问题：

> “四人帮”提出宁要穷的社会主义，不要富的资本主义，社会主义如果老是穷的，它就站不住。我们在国际阶级斗争中要坚持马克思主义，坚持社会主义，就要表现出马克思主义的思想

1979年8月，邓小平视察北海舰队某部。

优越于其他的思想，社会主义制度优越于资本主义制度。不解放思想，不实事求是，不从实际出发，理论与实践不相结合，不可能有现在的一套方针、政策，不可能把人民的积极性统统调动起来，也就不可能搞好现代化建设，显示出社会主义制度的优越性。①

1984年6月30日，邓小平在会见第二次中日民间人士会议日方委员会代表团时，深刻指出：

人们提出这样一个问题，如果中国不搞社会主义，而走资本主义道路，中国人民是不是也能站起来，中国是不是也能翻身？让我们看看历史吧。国民党搞了二十几年，中国还是半殖民地半封建社会，证明资本主义道路在中国是不能成功的。中国共产党人坚持马克思主义，坚持把马克思主义同中国实际结合起来的毛泽东思想，走自己的道路，也就是农村包围城市的道路，把中国革命搞成功了。如果我们不是马克思主义者，没有对马克思主义的充分信仰，或者不是把马克思主义同中国自己的实际相结合，走自己的道路，中国革命就搞不成功，中国现在还会是四分五裂，没有独立，也没有统一。对马克思主义的信仰，是中国革命胜利的一种精神动力。建国以后，我们从旧中国接受下来的是一个烂摊子，工业几乎等于零，粮食也不够吃，通货恶性膨胀，经济十分混乱。我们解决吃饭问题，就业问题，稳定物价和财经统一问题，国民经济很快得到恢复，在这个基础上进行了大规模经济建设。靠的是什么？靠的是马克思主义，是社会主义。人们说，你们搞什么社会主义！我们说，中国搞资本主义不行，必须搞社会主义。如果不搞社会主义，而走资本主义道路，中国的混乱状态就不能结束，贫困落后的状态就不能改变。所以，我们多次重申，要坚持马克思主义，坚持走社会主义道路。但是，马克思主义必须是同中国实际相结合的马克思主义，社会主义必须是

① 《邓小平文选》，第2卷，第191页，人民出版社，1994年第2版。

切合中国实际的有中国特色的社会主义。[①]

在这里，邓小平以自问自答的形式，用雄辩的事实阐明“中国必须走社会主义道路”的道理。话语深入浅出，令人折服。

接着，邓小平话锋一转，进而提出了两个问题，进一步阐明了“贫穷不是社会主义”的真知灼见：

什么叫社会主义，什么叫马克思主义？我们过去对这个问题的认识不是完全清醒的。马克思主义最注重发展生产力。我们讲社会主义是共产主义的初级阶段，共产主义的高级阶段要实行各尽所能、按需分配，这就要求社会生产力高度发展，社会物质财富极大丰富。所以社会主义阶段的最根本任务就是发展生产力，

1985年8月21日，邓小平会见来访的坦桑尼亚总统尼雷尔。

① 《邓小平文选》，第3卷，第62～63页，人民出版社，1993年第1版。

> 社会主义的优越性归根到底要体现在它的生产力比资本主义发展得更快一些、更高一些，并且在发展生产力的基础上不断改善人民的物质文化生活。如果说我们建国以后有缺点，那就是对发展生产力有某种忽略。社会主义要消灭贫穷。贫穷不是社会主义，更不是共产主义。[①]

1985年4月15日，邓小平在会见坦桑尼亚联合共和国副总统姆维尼时，再一次明确指出：

> 马克思主义的基本原则就是要发展生产力。马克思主义的最高目的就是要实现共产主义，而共产主义是建立在生产力高度发展的基础上的。社会主义是共产主义的第一阶段，是一个很长的历史阶段。社会主义的首要任务是发展生产力，逐步提高人民的物质和文化生活水平。从一九五八年到一九七八年这二十年的经验告诉我们：贫穷不是社会主义，社会主义要消灭贫穷。不发展生产力，不提高人民的生活水平，不能说是符合社会主义要求的。[②]

这样，“贫穷不是社会主义”的观点，就成为邓小平“富民强国”新思路的思想起点。

“贫穷不是社会主义”是我们在新的历史条件下实行改革开放，建设有中国特色社会主义的理论“支点”。而“社会主义要消灭贫穷”的主张，则成为邓小平“富民强国”新思路的政策起点。也可以说，它是我们在新的历史条件下实行改革开放，建设有中国特色社会主义的实践“开端”。

---

① 《邓小平文选》，第3卷，第63～64页，人民出版社，1993年第1版。

② 同上，第116页。

“发展才是硬道理”

邓小平既是一位伟大的政治家，也是一位语出惊人的语言大师。他讲起话来总是那么清清楚楚、明明白白，态度鲜明、口气坚决，果敢有力、爽快利落，而且充满了一种鼓舞人心的力量和罕见的雄才大略，是非常富有感染力的。

1992年1月18日到2月21日，邓小平先后视察了武昌、深圳、珠海、上海等地。在这次意义非凡的南行中，邓小平妙语连出，讲了许多影响中国命运的惊世骇俗之言。

要坚持党的十一届三中全会以来的路线、方针、政策，关键是坚持“一个中心、两个基本点”。不坚持社会主义，不改革开

1992年，邓小平在深圳视察。

放，不发展经济，不改善人民生活，只能是死路一条。基本路线要管一百年，动摇不得。只有坚持这条路线，人民才会相信你，拥护你。谁要改变三中全会以来的路线、方针、政策，老百姓不答应，谁就会被打倒。……

改革开放迈不开步子，不敢闯，说来说去就是怕资本主义的东西多了，走了资本主义道路。要害是姓“资”还是姓“社”的问题。判断的标准，应该主要看是否有利于发展社会主义社会的生产力，是否有利于增强社会主义国家的综合国力，是否有利于提高人民的生活水平。……

计划多一点还是市场多一点，不是社会主义与资本主义的本质区别。计划经济不等于社会主义，资本主义也有计划；市场经济不等于资本主义，社会主义也有市场。计划和市场都是经济手段。社会主义的本质，是解放生产力，发展生产力，消灭剥削，消除两极分化，最终达到共同富裕。就是要对大家讲这个道理。证券、股市，这些东西究竟好不好，有没有危险，是不是资本主义独有的东西，社会主义能不能用？允许看，但要坚决地试。看对了，搞一两年对了，放开；错了，纠正，关了就是了。关，也可以快关，也可以慢关，也可以留一点尾巴。怕什么，坚持这种态度就不要紧，就不会犯大错误。总之，社会主义要赢得与资本主义相比较的优势，就必须大胆吸收和借鉴人类社会创造的一切文明成果，吸收和借鉴当今世界各国包括资本主义发达国家的一切反映现代社会化生产规律的先进经营方式、管理方法。

走社会主义道路，就是要逐步实现共同富裕。共同富裕的构想是这样提出的：一部分地区有条件先发展起来，一部分地区发展慢点，先发展起来的地区带动后发展的地区，最终达到共同富裕。如果富的愈来愈富，穷的愈来愈穷，两极分化就会产生，而社会主义制度就应该而且能够避免两极分化。解决的办法之一，就是先富起来的地区多交点利税，支持贫困地区的发展。

对改革开放，一开始就有不同意见，这是正常的。不只是经济特区问题，更大的问题是农村改革，搞农村家庭联产承包，废除人民公社制度。开始的时候只有三分之一的省干起来，第二年超过三分之二，第三年才差不多全部跟上，这是就全国范围讲的。开始搞并不踊跃呀，好多人在看。我们的政策就是允许看。允许看，比强制好得多。我们推行三中全会以来的路线、方针、政策，不搞强迫，不搞运动，愿意干就干，干多少是多少，这样慢慢就跟上来了。不搞争论，是我的一个发明。不争论，是为了争取时间干。一争论就复杂了，把时间都争掉了，什么也干不成。不争论，大胆地试，大胆地闯。农村改革是如此，城市改革也应如此。

现在，有右的东西影响我们，也有“左”的东西影响我们，但根深蒂固的还是“左”的东西。有些理论家、政治家，拿大帽子吓唬人的，不是右，而是“左”。“左”带有革命的色彩，好像越“左”越革命。“左”的东西在我们党的历史上可怕呀！一个好好的东西，一下子被他搞掉了。右可以葬送社会主义，“左”也可以葬送社会主义。中国要警惕右，但主要是防止“左”。右的东西有，动乱就是右的！“左”的东西也有。把改革开放说成是引进和发展资本主义，认为和平演变的主要危险来自经济领域，这些就是“左”，我们必须保持清醒的头脑，这样就不会犯大错误，出现问题也容易纠正和改正。

抓住时机，发展自己，关键是发展经济。现在，周边一些国家和地区经济发展比我们快，如果我们不发展或发展得太慢，老百姓一比较就有问题了。所以，能发展就不要阻挡，有条件的地方要尽可能搞快点，只要是讲效益，讲质量，搞外向型经济，就没有什么可以担心的。低速度就等于停步，甚至等于后退。要抓住机会，现在就是好机会。我就担心丧失机会。不抓呀，看到的机会就丢掉了，时间一晃就过去了。……

发展才是硬道理。这个问题要搞清楚。如果分析不当，造成误解，就会变得谨小慎微，不敢解放思想，不敢放开手脚，结果是丧失时机，犹如逆水行舟，不进则退。……[①]

---

① 《邓小平文选》，第3卷，第370～377页，人民出版社，1993年第1版。

1992年，邓小平在珠海视察。

在这篇著名的长篇谈话中，邓小平语言里的天才之光频频闪烁，比比皆是。一些崭新的提法相当精彩，十分具有个人风格。比如："基本路线要管一百年"、"三个有利于"（即"是否有利于发展社会主义社会的生产力，是否有利于增强社会主义国家的综合国力，是否有利于提高人民的生活水平"）、"不搞争论"、"中国要警惕右，但主要是防止'左'"、"发展才是硬道理"、"隔几年上一个台阶"，等等，都是既简洁明了，又抓住了要害。这些生动风趣的话语，放射着哲理的光彩，像春天原野上风姿各异的花朵，都反映出太阳的光辉一样。

聆听这样的谈话，可以启迪智慧，可以学习机智，可以提高思辨能力，可以看得更深更远。邓小平的语言，具有一种不可抗拒的魅力，这就是重要原因之一。

邓小平的谈话还具有无与伦比的深度。高瞻远瞩的眼光、雄才大略的见识在谈话中一一体现出来，用博大精深来形容他的讲话是毫不夸张的。他的讲话像一阵浩荡的春风吹过大地，又像平地的一声惊雷震撼着亿万人心，而这一切都显示了其语言的卓越和超凡。

这篇著名的讲话，既是我们国家和人民的行动指南，又是邓小平语言欣赏中的经典之作，值得我们好好品味与细心体会。

“杀出一条血路来”

经济特区是随着国际贸易和资本主义对外经济关系的发展而发展起来的。第二次世界大战以后，以经济特区形式作为加强国际合作的手段，日益成为世界经济的普遍现象。实践证明，经济特区的建设对发展中国家和发达国家的经济发展具有同等重要的意义。

党的十一届三中全会后，对外开放政策已经确定，怎样才能加快对外经济技术的步伐？采用什么政策才能更有效地把国外的先进技术、设备、经济和资金引进来呢？寻找突破口，成为摆在全党面前的首要课题。全党上下为此都在认真而努力地探索着。

1978年4月，国家计委和外贸部组织了港澳经济贸易考察组，对香港、澳门做了实地调查研究。

长期处于封闭状态，对外界感知甚少的考察团成员一踏上香港，无不为繁荣发达的香港经济所震动。港澳爱国华侨强烈要求祖国尽快对外开放，充分利用港资发展经济的呼吁，更使考察团成员产生了强烈的紧迫感和危机感。实地考察和深入交流，使大家产生了共识：香港一没有耕地，二没有原料资源，就是靠先进国家的技术、设备、资金，很快使自己获得了发展，我们为什么不学香港？

5月31日，考察组回到北京后，立即向中央递交了一份《港澳经济考察报告》。其中提出把靠近港澳的广东宝安、珠海划成出口基地，力争经三五年努力，把两地建设成具有相当水平的对外生产基地、加工基地和吸引港澳客人的游览区。

这份报告引起了中央有关领导同志的极大关注。6月3日，中央政治局常委及有关的领导同志专门听取了考察团的汇报，表示基本同意《报告》的精神和建议，并指示从中央到广东省的有关部门，“说干就干，把它办起来”。

1984年，邓小平、杨尚昆在珠海视察。

广东省毗邻港澳地区，地理位置优越，利用香港的资金、技术发展经济，具有得天独厚的优势。早在1956年，新中国大规模经济建设展开不久，广东省有关领导就提出过这方面的动议。但随之而来的反右斗争扩大化，自然使这一合理化建议夭折了。就这样，一次难得的历史机遇擦身而过，广东失去了一次飞跃的机会，中国也失去了一次发展的机会。而就在这期间，香港的经济却取得了长足的进步，开始了持续的繁荣，成为全世界金融贸易的中心。

历史并不吝啬。当时间车轮运转到20世纪70年代末，这一次，精明的广东人再也不肯错过时机了。

1979年年初，广东省委在传达党的十一届三中全会精神期间，就开始筹划利用邻近香港、澳门的有利条件，加快发展经济的设想。会后，他们向中央提交了一份香港厂商要求到广州开设工厂的材料。

没过多久，邓小平亲自作出批示：这种事，我看广东可以放手干。

这充分显示了中央关于广东可以先走一步的意向，给了广东很大的鼓舞。

4月，中央工作会议在北京召开。会议主要讨论调整国民经济等问题，提出了对国民经济实行“调整、改革、整顿、提高”的八字方针。

会议期间，当时的广东省委主要领导人习仲勋、杨尚昆、王全国等，专门向邓小平汇报了广东发展经济的调查：希望中央下放若干权力，让广东在对外经济活动中有必要的自主权；同时按照国际惯例，允许在毗邻港澳的深圳、珠海和重要的侨乡汕头举办出口加工区，以吸引外商来广东投资设厂。

邓小平对广东省委领导人谈起了办特区的设想，说出一席惊天动地的话：可以划一块地方，叫特区。过去陕甘宁就是特区嘛。中央没有钱，你们自己去搞，杀出一条血路来！

这席话不仅显示出邓小平思想的深刻，而且也显示他语言的魅力，用语十分坚定有力。仅用“杀出一条血路来！”就给人以“力拔山兮气盖世”的力量。

“杀出一条血路来”，创办特区，这标志着我国的对外开放政策迈出了实质性的第一步。

根据邓小平的倡议，中共中央和国务院派谷牧带领工作组赴广东、福建考察，研究兴办经济特区事宜。

很快，广东、福建省委分别于6月6日和9日写出了关于对外经济活动实行特殊政策和灵活措施的报告，呈送党中央。

7月15日，中共中央和国务院正式批准广东、福建两省在深圳、珠海、汕头、厦门试办特区，当时称“出口特区”。

1980年5月，中共中央和国务院发出文件，正式定名为“经济特区”。

8月26日，第五届人大常委会通过批准了我国第一个关于特区的法令——《中华人民共和国广东省经济特区条例》，完成了立法程序。

深圳经济特区诞生了，成为改革开放的一面旗帜，也实现了邓小平的总体战略构思，即对外开放与对内搞活这一经济策略。由此，中国打开了对外开放的突破口，迈开了走向世界的第一步。

在邓小平建设有中国特色的社会主义思想以及石破天惊的“杀出一条血路来！”的感召下，中国人民开始了改革开放时期的新长征。

血路开始杀出来了！

自从1979年7月中共中央正式批准建立经济特区以后，特区的发展可谓一日千里，特别是深圳特区的变化更为显著。

深圳经济特区是从一个极其落后的边陲小镇起步的。1979年前的深圳，是广东省最落后的地方之一。当时还属宝安县的深圳，只有20多家生产小家具、小五金和加工农副产品的小工厂，非但不能盈利，反而靠国家财政补贴；商业也非常落后，全年的社会商品零售额在不到1亿元人民币的水平上徘徊；道路、通讯、电力等基础设施都很落后，全县只有一座五层高的旅馆大楼。

为了彻底改变这种落后的面貌，深圳市委、市政府根据中共中央和国务院有关指示，在多方听取内地和香港专家意见的基础上，制定了《深圳经济特区社会发展规划》，确定了“规划一片，开发一片，收益一片”的建设方针。到1983年，深圳已同外商签订了2500多个经济合作协议，成交额达18亿美元。

与此同时，内地的一些部门和企业为了通过特区获取经济技术、信息，开拓国际市场，也纷纷与深圳特区进行经济技术联合。这种外引内联的方式，有力地推动了特区社会生产力的发展。1983年与1978年相比，深圳特区的工农业总产值增长11倍，财政收入也增长10倍多，外汇收入增长2倍。深圳各地区的飞速发展，引起了世界的瞩目，连一向自负的美国人也赞誉深圳为“一夜崛起之城”。珠海、汕头、厦门特区的建设同样也取得了巨大的进步。

经济特区几年来取得的巨大成就，向全世界展现了中国人民改革开放的雄心壮志，同时也为我国进一步对外开放提供了有益的经验。

血路终于杀出来了，而且杀出了一条通向世界经济大舞台的血路！

1985年8月1日，邓小平在会见竹入义胜率领的日本公明党第13次访华代表团时，谈到了经济特区问题：

“前不久我对一位外国客人说，深圳是个试验，外面就有人议论，说什么中国的政策是不是又要改变，是不是我否定了原来关于经济特区的判断。所以，现在我要肯定两句话：第一句话是，建立经济特区的政策是正确的；第二句话是，经济特区还是一个试验。这两句话并不矛盾。我们的整个开放政策也是一个试验，从世界的角度上来讲，也是一个大试

1984年，邓小平为深圳特区题词。

验。”①

最后，邓小平充满信心地说：

“中国的对外开放政策是坚定不移的，但在开放过程中要小心谨慎。我们取得了一些成绩，但一定要保持谦逊态度。”

竹入义胜由衷地表示：你的话非常明确，全世界的人听了以后都会放心的。

果不其然，深圳在短短的几年里实现了经济腾飞，而且还为我国经济体制改革提供了样板。20世纪80年代人们争相去深圳取经，这一切犹如70年代去大寨取经那样。

继1984年邓小平作了第一次深圳之行后，又于1992年作了第二次深圳之行。在第二次深圳之行期间，邓小平发表了震撼国内外的“南方讲话”。其中最为有名的话就是：

“改革开放胆子要大一些，敢于试验，不能像小脚女人一样。”

邓小平在如此高龄还能说出这番如此有青春朝气的话，是十分令人敬佩的。他头脑清晰、思路敏捷，语句在稳重中兼具一股激情，表现出一个真正伟大革命家的胸襟与胆识，的确难能可贵，不禁使人想起三国时期政治家、军事家和诗人曹操的名言：

“老骥伏枥，志在千里；烈士暮年，壮心不已。”

由此可见，邓小平的语言、思想和激情与古今中外大英雄的心是相通的。尤其是邓小平这句“杀出一条血路来！”已成为这个时代的旷世名言，以及所有经济战线上的先锋战士的共同口号。

---

① 《邓小平文选》，第3卷，第133页，人民出版社，1993年第1版。

“关起门来搞建设是不行的，发展不起来”

第二次世界大战后，随着世界新技术革命的兴起，国际间的经济技术联系以前所未有的广度和深度蓬勃发展，经济生活的国际化和全球化形成了一股势不可当的时代潮流，各国之间的联系越来越紧密。对此，有人形象地比喻：地球变成了小村庄，彼此都在拆篱笆墙。

旋转的世界经济舞台展示了开放世界的绚丽多彩。然而，新中国成立后，由于帝国主义的封锁、禁运、扼制等多种因素的制约和影响，特别是由于“左”的错误的影响，我国长期处于闭关和半闭关状态，错失了腾飞的良机，经济发展长期处于低水平自我循环状态，与世界先进国家的差距愈来愈大。

1960年，中国的社会总产值与日本大体相等；到了1980年，只有日本的1/4；又过了5年，即1985年，又下降到日本的1/5。1979年，我国出口额占世界出口总额的8‰，而1980年美国出口额占世界出口总额的11.1%。

这一组组数据刺痛着中国现代化建设总设计师邓小平的心，他决定要改变这种封闭落后状态。

1977年9月10日，邓小平曾对来访的美国客人说：对外贸易是随着我们经济发展而发展的。我们历来提倡自力更生，但并不是什么东西都自己搞。世界上先进的东西是人类的共同成果。

1978年是邓小平推动历史大转折的一年。在这一年，邓小平频频走出国门，先后出访缅甸、尼泊尔、朝鲜、日本、泰国、马来西亚、新加坡等周边国家，亲自考察世界科技、经济发展的大趋势，探索我国对外开放的新路子。

中国与世界、历史与现实的鲜明反差，强烈地刺激着国人，也给邓小平留下了深刻印象。他利用各种机会，在不同的场合里，阐述对外开放思想。

1978年11月，邓小平出访泰国。

同年3月，邓小平在全国科学大会上指出：

“认识落后，才能去改变落后。学习先进，才有可能赶超先进。提高我国的科学技术水平，当然必须依靠我们自己努力，必须发展我们自己的创造，必须坚持独立自主、自力更生的方针。但是，独立自主不是闭关自守，自力更生不是盲目排外。科学技术是人类共同创造的财富。任何一个民族、一个国家，都需要学习别的民族、别的国家的长处，学习人家的先进科学技术。”[①]

9月12日，邓小平对朝鲜劳动党中央委员会总书记、朝鲜国家主席金日成感慨道：最近我们的同志出去看了一下，越看越感到我们落后。什么叫现代化？50年代一个样，60年代不一样了，70年代就更不一样了。

10月10日，邓小平在会见德意志联邦共和国新闻代表团时意味深长地说：

“现在是我们向世界先进国家学习的时候了。……要实现四个现代化，就要善于学习，大量取得国际上的帮助。要引进国际上的先进技术、先进装备，作为我们发展的起点。”[②]

面对实现四个现代化的历史重任，邓小平经过睿智思索，向全国人民发出了历史性的告诫：

“现在的世界是开放的世界。……三十几年的经验教训告诉我们，关起门来搞建设是不行的，发展不起来。”[③]“经验证明，关起门来搞建设

① 《邓小平文选》，第2卷，第91页，人民出版社，1994年第2版。

② 同上，第132−133页。

③ 《邓小平文选》，第3卷，第64页，人民出版社，1993年第1版。

是不能成功的，中国的发展离不开世界。”[①]

这些论述，初步奠定了我国实行对外开放的理论基石。

同年年底召开的党的十一届三中全会正式提出了中国将“在自力更生的基础上积极发展同世界各国平等互利的经济合作，努力采用世界先进技术和先进装备”的指导方针。虽然这时并未使用“对外开放”的表达术语，但这仍然标志着中国长期以来封闭半封闭状态的彻底结束和对外开放决策的确立。从此，中国走入了对外开放的新时代。

时隔不久，邓小平正式出访美国。这是自中华人民共和国成立后，中国领导人第一次踏上了大洋彼岸这个世界头号资本主义国家的国土。

邓小平访美的目的除了同卡特总统就紧迫的国际局势交换意见外，就是要全面推进中美在经济、文化、科技等方面的交流与合作，为中国刚刚兴起的改革开放事业创造良好的外部条件。

当时的新加坡总理李光耀看到邓小平访美的电视报道后，感慨地说：我感到中国的大门再也关不上了。

1979年4月，邓小平在中央工作会议期间提出建立经济特区的建议。

5月16日，邓小平在会见日本时事通讯社代表团时又第一次明确使用“开放”一词，并准确阐述开放的内容：

“所谓开放，是指大量吸收外国资金和技术来加速我国的四个现代化建设，……我们除了吸收国际资金、先进技术外，还要学习国际上的管理经验。”[②]

1978年，邓小平出访美国，与美国总统卡特会见。

11月26日，邓小平在会见美国不列颠百科全书出版公司编委会副

① 《邓小平文选》，第3卷，第78页，人民出版社，1994年第2版。

② 《邓小平与外国首脑及记者会谈录》，台海出版社，2011年第1版。

主席吉布尼和加拿大麦吉尔大学东亚研究所主任林光达时，提出了“社会主义也可以搞市场经济”的著名论断，并明确指出：

“实现四个现代化必须有一个正确的开放的对外政策。”[①]

1980年8月21日，邓小平在接受意大利女记者奥琳埃娜·法拉奇的采访时，十分巧妙地回答了法拉奇所提出的一系列敏感问题。

法拉奇问：你是否认为资本主义并不是都是坏的？

邓小平答得十分巧妙，充分显示了他作为一代政治家的语言艺术：

> 要弄清什么是资本主义。资本主义要比封建主义优越。有些东西并不能说是资本主义的。比如说，技术问题是科学，生产管理是科学，在任何社会，对任何国家都是有用的。我们学习先进的技术、先进的科学、先进的管理来为社会主义服务，而这些东西本身并没有阶级性。[②]

科学技术本身并没有阶级性，邓小平的这些思想闪烁着马克思主义辩证法的光辉和无产阶级政治家的恢弘的气度。这也表明，邓小平推进对外开放有明确的思想作指导，因而其决心是坚定不移的。

同年12月25日，邓小平在中共中央工作会议上阐述经济调整方针时强调，经济调整是为了更好地开放，因此，“要继续在独立自主、自力更生的前提下，执行一系列已定的对外开放的经济政策”。[③]

在这里，邓小平第一次使用了“对外开放”一词。

由于邓小平的积极倡导，他的对外开放思想也得到了党和国家的确认。1982年，对外开放作为一项长期的基本国策写入新宪法。

邓小平提出对外开放的战略思想，是依据中国社会发展的历史经验、现实国情和国际经济技术发展的必然趋势所提出的一项基本国策。

1984年10月22日，邓小平在中央顾问委员会第三次会议上指出：

> 如果从明朝中叶开始算起，到鸦片战争，有三百多年的闭关

① 《邓小平文选》，第2卷，第233页，人民出版社，1994年第2版。

② 同上，第351页。

③ 同上，第363页。

自守，如果从康熙算起，也有近二百年。长期闭关自守，把中国搞得贫穷落后，愚昧无知。中华人民共和国成立以后，第一个五年计划时期是对外开放的，不过那时只能是对苏联东欧开放。以后关起门来，成就也有一些，总的说来没有多大发展。当然这有内外许多因素，包括我们的错误。历史经验教训说明，不开放不行。开放伤害不了我们。①

1984年2月，邓小平与福建省委书记项南研究厦门经济特区规划图

邓小平还敏锐地洞察到世界经济关系变化的趋势和特点，指出：现在的世界是开放的世界。随着生产力和科学技术的进一步发展，国际间的经济交往就更加密切，任何一个国家都不可能拥有本国所需要的所有技术、资源、资金等，“任何一个国家要发展，孤立起来，闭关自守是不可能的。”

进入80年代后，西方主要工业国家经济继续滞胀，资金、技术、人才等都急于寻求新的市场。国际竞争加剧，特别是新技术革命的浪潮席卷全球。为此，邓小平又大声疾呼：必须加快对外开放的步伐！否则，我们与发达国家的差距就会越拉越大。

正是在邓小平的大力倡导下，中国人民果敢地走上了对外开放的道路。

---

① 《邓小平文选》，第3卷，第90页，人民出版社，1993年第1版。

“有了粮食，就有了一切”

毛泽东曾说过：邓小平，人才难得。

的确如此，邓小平不但政治觉悟高，而且在经济建设方面更是一个卓越的人才。我们都知道邓小平是改革开放的总设计师，其实他在战争年代就表现出过人的经济才华。

1943年7月2日，邓小平在《解放日报》上发表《太行区的经济建设》一文。在这篇文章中，我们听到了他最早的有关经济建设的声音：

> 敌后抗战是一个极复杂、极艰难的斗争，我们已经胜利地度过了整整的六年，并且已经奠定了继续坚持争取最后胜利的基础。以八路军这样恶劣的武器，四年来没有得到一个铜板一颗子弹的接济，而能战胜各种困难，与强大的敌人进行短兵相接的斗争，这不能不是一个奇迹。究竟它的秘诀在什么地方呢？如人所共知的，我们有一个毛泽东的战略战术指导原则。依据这个原则，从无数的战斗中，才创立、保卫与巩固了各个抗日根据地，才钳制了日寇在华总兵力的一半，减轻了大后方正面作战的负担。如人所共知的，我们同敌人进行了严重的政治、文化和反特务的斗争，大大地发扬了根据地和敌占区人民的抗日积极性，坚定了人民的民族自尊心和自信心。然而，还有如人所共知的，就是我们在敌后还在极端困难的条件下，进行了经济战线的斗争，而且获得了不小的胜利。也正是因为有了这一经济战线的胜利，我们才有可能坚持敌后抗战六年之久，并且还能继续坚持下去。[①]

① 《邓小平文选》，第1卷，第77页，人民出版社，1994年第2版。

在这段论述中，邓小平运用了他极好的语言艺术。上来先谈困难，然后话锋一转，再来一个设问句，也就是我们克服并战胜了困难，那么秘诀何在呢？这一问句一下子就把读者的心勾起来了。

这时，邓小平从容不迫地娓娓道来。他谈了两个原因：一个是毛泽东正确的指导原则，另一个就是坚持了经济战线上的斗争。

接着，邓小平强调指出：

> 敌后的经济战线斗争的尖锐程度，绝不亚于军事战线。敌人对我们的经济进攻，是与军事、政治、特务的进攻密切结合着的，是极其残暴的。在敌占区，敌人实行了无穷尽的人力、物力的掠夺。人民的负担超过了全部收入的二倍到三倍，粮食、金钱没有了，还不得不以家具折价缴纳负担。而人力的掠夺尤是惊人，大批壮丁被捉走服役，支差难以数计。据敌酋宣布："华北封锁沟的长径等于长城的六倍，环绕地球一周的四分之一"。这都是敌占区人民的血汗堆积起来的。因此，形成了敌占区连年的歉收和今年严重的灾荒。而敌人又利用这个灾荒挑拨人民到根据地抢粮，企图形成抗日根据地与敌占区中国人之间的严重对立。对抗日根据地，敌人实行了一面封锁一面掠夺的政策，封锁我们的必需物资，吸收我们的有用物资（如粮食），不断地对边地蚕食和在每次"扫荡"时大肆抢掠摧毁——杀人、捉壮丁、烧房子、毁农具、抢耕畜、烧粮食、损毁青苗。敌人极尽残暴之能事，其目的则在于"毁灭抗战生存力"。在敌人这样的摧残之下，人民创伤极其深重，如不采取有效办法，一旦人民元气耗尽，一旦军需民食没有保证，敌后抗战的坚持是不能设想的。太行区就在这样的警惕下，加强了对于经济战线的注意。[①]

然后，邓小平转而再谈敌后经济战线的内容：

> 敌后的经济战线，包含了两个不能分离的环节，一是对敌展

① 《邓小平文选》，第1卷，第77～78页，人民出版社，1994年第2版。

抗日战争时期，朱德、刘伯承、邓小平等率部深入敌后，创建和保卫了太行抗日根据地。图为油画——巍巍太行

开经济斗争，一是在根据地展开经济建设。没有对敌斗争，谈不上根据地建设，没有根据地建设，更谈不上对敌斗争。我们各种具体的经济政策，都是照顾了这两方面而订出的。抗战初期，我党中央和毛泽东同志就提出了“自给自足、自力更生”的经济建设方向，六年来我们就在这个方向下进行我们的建设的工作。经过了无数曲折，遇到过不少的困难，到现在，我们才摸索出了一条道路，这条道路使我们不仅保障了抗战的需要，保护了人民的利益，打击了敌人的掠夺计划，而且为反攻和战后建设做了不少的准备。[①]

“那么，究竟我们做了些什么，并且获得了什么经验和教训呢？”这时，邓小平又提出了一个重大问题。自然，这一次还是由他自己来解答：

首先，我们确定了发展生产是经济建设的基础，也是打破敌人封锁、建设自给自足经济的基础，而发展农业和手工业，则是

① 《邓小平文选》，第1卷，第78～79页，人民出版社，1994年第2版。

生产的重心。经验告诉我们：谁有了粮食，谁就有了一切。战时粮食普遍缺乏。我们处在农村只能以农业生产为主。敌人在城市最缺乏的是粮食的供给，我们有了粮食，不但军民食用无缺，而且可以掌握住粮食和其他农业副产物去同敌人斗争，并能换得一切必需的东西。①

其中，邓小平说出了一句至理名言，至今仍是我国经济建设的重点——谁有了粮食、谁就有了一切。

这句话看似平凡，却力重千钧。邓小平以如此肯定的语气说出这句话，可见他本人对这句话的分量的看重。

毛泽东后来也说过类似的话：一个粮食，一个钢铁，有了这两个东西，一切问题都好办了。

邓小平一下就抓到了经济建设的核心，真可以说是直接点中了要害。

抗日战争时期，毛泽东号召全军开展大生产运动。图为毛泽东在延安开荒。

① 《邓小平文选》，第1卷，第79页，人民出版社，1994年第2版。

接着，邓小平层层推进：

只有农业的生产，才能给手工业以原料，使手工业发展有了基础；而手工业的发展，正可以推动农业的生产，正可以抵制敌货的大量倾销，实现自给自足的经济。

发展生产，不能是一个空洞的口号，而需要正确的政策和精细的组织工作。我们的减租减息和交租交息的政策，给发展生产开辟了一条广阔的道路。凡是减了租息的地方，广大劳动人民的抗战热情和生产积极性都大大增强了。而在减租减息之外，政府还规定必须交租交息。以减租减息交租交息政策稳定各阶层的关系，加强各阶层的团结，号召各阶层人民努力生产积蓄，由自给自足向着丰衣足食的道路前进。为了达到这个目的，政府还颁布了重要法令，规定“存粮存款不负担”，“雇工工资一半不负担”，“羊群不负担”，“负担照抗战后平年应产粮计算，多收产粮归人民自己”等等，并奖励劳动英雄和“吴满有运动”的参加者，这就是在限制封建剥削下促进国民经济发展的方针。这也正是孙中山先生给我们指示出的道路。我们的工商业政策，给了发展农业和手工业以很大的便利，政府规定的工业负担是最轻的，因而手工业，特别是家庭纺织业，近年来有了相当的发展。较大工业的建设，则因为游击战争的环境的限制，几乎是不可能的。[①]

邓小平的语言还有一大特点就是朴实无华，有时甚至很具体，但绝不空泛。在谈到发展生产时，邓小平讲得也十分细致：

在生产的组织与领导方面，抗日民主政府与群众团体曾经尽了很大的努力。我们的军队也积极地参加了这个战线，给人民以不少的鼓舞和帮助。农业生产是贯穿于全年而又富于季节性的事情，严格说来，无所谓农闲时间。犁地、选种、下种、选苗、锄草、夏

① 《邓小平文选》，第1卷，第79～80页，人民出版社，1994年第2版。

收、秋收，还要适时地积肥、施肥（第二年的肥料头一年六月就要开始准备）——我们在春耕、秋耕、夏收、秋收的时候，都做了巨大的工作。我们发动人民的生产热忱，反对懒汉，组织劳动力并实行调剂，改良种子，解决牲畜农具的需要，发动儿童拾粪，号召妇女参加生产，调解租佃关系和主雇关系，以及发动植树、修渠、打井、造水车等事业，所有这些，无一不是非常具体的工作。同时政府每年还举办了数百万元到千万元的低利和无利的贷款。凡是于人民有利的事情，无不尽力提倡与实行。正因为我们注意了生产的组织与领导，人民许多困难被克服了，“增加生产、改善生活、准备反攻”的口号，响遍了太行山的每个角落，获得了生产战线上年复一年的胜利。我们的军队，除了自己生产解决一部分军费之外，每到农忙时候，漫山遍野，都是穿着军服的人，同老百姓在一块劳作。而且恰恰在这样的季节，正是敌人向根据地进行带摧毁性的蚕食和“扫荡”的时候。所以军队不但要帮助人民生产，还要同民兵一块保护人民的耕种收割，这正是军民能够打成一片的理由，也正

八路军在南泥湾开荒生产

是我们军队之所以被称为人民子弟兵的理由。[1]

从这一大段话中，可以看出邓小平对于农业生产非常熟悉。他转而谈起了手工业的发展问题：

手工业的发展还是不够的，但就现有的成绩已经大大地减少了敌占区货物的输入。这里没有外来的洋油、香烟、肥皂和奢侈品，自制的香烟等已够本区供给有余，且有部分的出品，如布匹、毛巾等棉织物和纸张，能够往外运销。我们所缺少的是食盐和火柴，来源虽并不困难，但现在也正逐渐制造火镰作为火柴的代用品。[2]

邓小平在经济建设方面的确是一个难得的人才。在当时，他已注意并提到了“税收贸易政策”的关键是“对外管理对内自由”的原则。同时，他还强调了“货币政策的原则，是打击伪钞保护法币”。

在全面论述了太行山区的经济建设后，邓小平做了经验总结：

抗日战争时期，八路军官兵在大生产运动中自己动手纺纱

① 《邓小平文选》，第1卷，第80～81页，人民出版社，1994年第2版。

② 同上。

第一，敌后的一切离不开对敌的尖锐斗争，我们每一点经济建设的果实，都是用血换来的。第二，没有正确的政策，就谈不上经济建设；而这些政策的订定，必须以人民福利和抗战需要为出发点。第三，任何一个经济建设的事业，没有广大人民自愿地积极地参加，都是得不到结果的。第四，将大批的得力干部分配到经济战线上去，帮助他们积累经验，才能使经济建设获得保障。[①]

最后，邓小平指出了今后的工作方向：

今后斗争更加残酷，抗战胜利还要经历一个相当的过程。毛泽东同志告诉我们：战争、生产、教育，是敌后的三大任务。我们一切为着战争的胜利，生产正所以保障战争的胜利，教育则为战争、生产而服务，把三者密切地结合起来，就是不可战胜的力量。所以，百倍地加强经济建设的领导，应该是今后始终贯彻的方向。[②]

---

① 《邓小平文选》，第1卷，第85页，人民出版社，1994年第2版。

② 同上。

“社会主义为什么不可以搞市场经济”

粉碎“四人帮”后，面对过去长期违反客观经济规律所造成的恶果，邓小平提出要按经济规律办事，用经济办法管理经济。

中国的改革是前无古人的事业，是一场伟大的试验。在改革之初，人们对改革的目标并不是十分清楚。改革是一个实践的过程，一个探求的过程，一个由浅入深、由表及里的过程。在这个过程中，没有现成的经验，而且荆棘丛生，充满了“雷区”、“禁区”。但是，不改革就没有出路，只能“大胆地试”、“大胆地闯”，“走一步，看一步”，“摸着石头过河”，去寻找新的目标模式。

改革从哪里来？又向何处去？这都回避不了计划与市场的问题。传统的观念统治了中国几十年，改革每每遇到这个问题，就会令人们望而却步，步履维艰。

俗话说：不破不立。不告别过去，就不能走向未来。改革解放和发展了生产力，也解放了人们的思想。当改革的实践把中国进一步推向市场经济的大潮时，人们开始醒悟，终于走出传统观念所造成的思想误区，从而拥有了一片蔚蓝的天空。

在经过十多年的艰辛探索之后，中国人民终于认清了社会主义市场经济体制就是改革的目标模式。这一目标模式的选择确实是来之不易的。

长期以来，在人们的头脑中形成了一个传统观念，就是市场经济是资本主义特有的东西，计划经济才是社会主义经济的基本特征，搞社会主义只能实行指令性的高度集权管理的计划经济。

新中国成立后，中国共产党人接受了苏联的经济理论，照搬了苏联的经济模式。第一个五年计划后期，对个体经济和资本主义工商业的社会主义改造基本完成之后，计划经济开始支配着中国的整个经济生活。

不可否认，作为一种战时共产主义保障体制，传统的计划经济在一定时期内，对于保证国家利用强制力量集中资源从事大型项目建设，超前达到部分工业化目标，无疑是有积极意义的，而且也曾取得过令人瞩目的经济增长实绩。但是，随着社会经济关系的日趋复杂，特别是经济建设规模的逐步扩大，这种传统计划经济体制的局限性和弊端也日益暴露出来。

对此，我们党曾有所认识。陈云同志在20世纪50年代就提出要注意市场调节问题。毛泽东主席在党的八大前后也曾考虑过只要社会有需要，可以在消灭了资本主义后，又搞些“资本主义”，并对“权力过分集中”提出过批评。

但由于不能突破传统的教条和模式，在“左”的指导思想的不断干扰下，中国始终走的是一条高度集中的行政指令的计划经济道路，本来应该生机盎然的社会主义经济在很大程度上逐渐失去了活力。

1978年7月至9月间，国务院召开了多次务虚会，广泛讨论经济问题，提出了“计划经济与市场经济相结合”的思想。

事实上，党的十一届三中全会在实现了全党工作重心转移到现代化建设上来，提出了改革开放的思想以后，我们党就一直将经济体制改革和经济发展作为关注的重点。随后，我们党开始形成了“计划经济为主，市场调节为辅”的认识，并为党的十一届六中全会通过的历史决议和党的十二大所确认。相对于排斥市场调节的完全的计划经济观念而言，确认市场

邓小平接受吉布尼的赠书

调节的作用，无疑是一大进步。在这种背景下，邓小平提出了“社会主义也可以搞市场经济”的新的论断。

1979年11月26日上午，邓小平会见了美国不列颠百科全书出版公司编委会副主席吉布尼和加拿大麦吉尔大学东亚研究所主任林达光等人。

会见中，就四个现代化和中国的社会主义道路问题，宾主双方进行了一次十分精彩的对话。

吉尼布问：

“我们想，中国这样一个国家多少年来，对美国来说是关闭的，现在要这样高速度实现现代化，真是一个了不起的大挑战，确实像重新开展一场革命似的。”

邓小平微微一笑，回答道：

确实是一场新的大革命。我们革命的目的就是解放生产力，发展生产力。离开了生产力的发展、国家的富强、人民生活的改善，革命就是空的。我们反对旧社会、旧制度，就是因为它是压迫人民的，是束缚社会生产力发展的。这个问题现在是比较清楚了。过去“四人帮”提出宁要贫穷的社会主义，也不要富裕的资本主义，那是荒谬的。

当然我们不要资本主义，但是我们也不要贫穷的社会主义，我们要发达的、生产力发展的、使国家富强的社会主义。我们相信社会主义比资本主义的制度优越。它的优越性应该表现在比资本主义有更好的条件发展社会生产力。这本来是可能的，但过去人们有不同的理解，于是我们发展社会生产力的进程推迟了，特别是耽误了十年。中国六十年代初期同世界上有差距，但不太大。六十年代末期到七十年代这十一二年，我们同世界的差距拉得太大了。这十多年，正是世界蓬勃发展的时期，世界经济和科技的进步，不是按年来计算，甚至于不是按月来计算，而是按天来计算。我们建国以来长期处于同世界隔绝的状态。这在相当长一个时期不是我们自己的原因，国际上反对中国的势力，反对中国社会主义的势力，迫使我们处于隔绝、孤立状态。六十年代我们有了同国际上加强交往合作的条件，但是我们自己孤立自己。

现在我们算是学会利用这个国际条件了。

我们要实现四个现代化。定了这个目标，要靠我们的努力，靠我们的方针政策对头，靠具体的措施有力，才能实现。现在人们怀疑，中国能不能实现现代化目标，问我们提出这个目标有什么根据。我们的根据可以讲有四条。

第一条，我们有丰富的资源。中国地方大，在能源方面，在矿藏方面，无论是黑色金属、有色金属还是稀有金属，中国没有的很少。这些资源要是开发出来，就是了不起的力量。

第二条，三十年来，不管我们做了多少蠢事，我们毕竟在工农业和科学技术方面打下了一个初步的基础，也就是说，有了一个向四个现代化前进的阵地。我们现在有二百多万台机床，石油年产量超过一亿吨，煤炭超过了六亿吨，只有钢才三千多万吨。总之，我们还是建立了实现四个现代化的物质基础。

第三条，我们相信中国人不笨。有十来年，林彪、“四人帮”的精神枷锁束缚了人们的思想，限制了人们充分发挥智慧和创造性。现在，我们提倡解放思想，重申毛泽东主席提出的“百

邓小平非常重视教育。图为他在杭州大学给学生们签名留念。

花齐放、百家争鸣”的方针，目的就是创造条件调动全民的积极性，使中国人的聪明智慧充分地发挥出来。我们现在加强民主、发展民主也是为了这个目的。……我们要解放思想，也要恢复我们长期已有的好的社会风尚。我们说充分调动人们的积极性来实现四个现代化，也有个条件，就是要实现安定团结这样一种社会政治局面。我们还要注意一点，就是培养人才的问题。多年来我们放松了科学研究和教育，这方面损失是很大的。我们要加强科学教育事业，要发现人才，很好地使用人才。归根到底，就是要发挥积极性，只要把人们的聪明才智调动起来，我们还是有希望的。

第四条，实现四个现代化必须有一个正确的开放的对外政策。我们实现四个现代化主要依靠自己的努力，自己的资源，自己的基础，但是，离开了国际的合作是不可能的。应该充分利用世界的先进的成果，包括利用世界上可能提供的资金，来加速四个现代化的建设。这个条件过去没有，后来有了，但一段时期没有利用，现在应该利用起来。

四个现代化建设的方针和目标是毛泽东主席和周恩来总理生前提出的，由于“四人帮”的干扰，实际上没有真正地做起来。粉碎“四人帮”之后，要花很大的精力处理“四人帮”干扰造成的许多问题。去年开始我们才真正地把重点转到四个现代化建设上来。就我们国内来说，什么是中国最大的政治？四个现代化就是中国最大的政治。我们搞四个现代化一定会有许多复杂的问题需要解决，还会不断地遇到困难。比如，我们现在机构臃肿，人浮于事。比如，我们要掌握现代科学技术，可是人才不够。比如，我们需要有一个安定团结的政治局面，我们现在基本上有了，但还存在不少的问题。比如，我们参加国际合作，在充分吸收外国的先进科学技术和资金方面，也还要摸索经验。尽管有这样那样的困难和问题，但是我相信我们现在走的路是正确的。这些障碍、这些困难，这些不足。我们相信是可以逐步解决、逐步克服的。这三两年内可能看不出突出的成绩，过几年面貌会看得更清楚。现在尽管人们还有怀疑，但是中国的领导人、中国的绝大多数人是有信心的，是相信这个事业能够成功的。[①]

在这里，邓小平针对“中国能不能实现现代化目标”这一许多人持有的疑问，进行层层说理，充分体现了他的语言特点：条理清楚、逻辑性强。

吉尼布又问：

“美国犯了一个很大的错误，就是看社会主义中国的时候，把它看成和苏联的社会主义是一模一样的。那么，中国开始的时候是否确实也有这方面的思想混乱，即完全模仿和学习了苏联社会主义的道路，而不是采取一种中国式的社会主义道路？”

邓小平点点头，分析道：

“中国的社会主义道路与苏联不完全一样，一开始就有区别，中国建国以来就有自己的特点。我们对资本家的社会主义改造，是采取赎买的政策，不是剥夺的政策。所以中国消灭资产阶级，搞社会主义改造，非常顺利，整个国民经济没有受任何影响。毛泽东主席提出的中国要形成既有集中又有民主，既有纪律又有自由，既有统一意志又有个人心情舒畅、生动活泼的政治局面，也与苏联不同。但是，我们有些经济制度，特别是企业的管理、企业的组织这些方面，受苏联影响比较大。这些方面资本主义国家先进的经营方法、管理方法、发展科学的方法，我们社会主义应该继承。在这些方面我们改革起来还有许多困难。”[②]

吉尼布追问道：

“我看到中国人民的积极性正在被调动起来，是很了不起的，但是不是可能在将来某个时候，虽然中国仍是个社会主义国家、但在中国社会主义制度范围之内，在继续发展中国社会主义经济的同时，也发展某种形式的市场经济？”

邓小平回答：

“这个只能是表现在外资这一方面。就我们国内来说，不存在这个问题。我们国内还是全民所有制，或者集体有制。也还可能包括一部分华侨

---

① 《邓小平文选》，第2卷，第231～234页，人民出版社，1994年第2版。

② 同上，第235页。

的投资，这部分也可能是资本主义经济的形式，但是绝大多数华侨都是带着爱护和发展社会主义祖国这个愿望来的，与纯粹的外国投资不同。人们有这样的怀疑，中国这样搞四化会不会走资本主义道路。我们肯定地说，不会。现在，我们国内的资产阶级已经不存在了。过去的资本家还有，他们的成分已经改变了。外资是资本主义经济，在中国占有它的地位。但是外资所占的份额也是有限的，改变不了中国的社会制度。社会主义特征是搞集体富裕，它不产生剥削阶级。”①

会见快结束时，林达光向邓小平提出了一个十分尖锐和敏感的问题：

“您是不是认为过去中国犯了一个错误，过早地限制了非资本主义的市场经济，这方面限制得太快，现在就需要在社会主义计划经济的指引之下，扩大非资本主义的市场经济作用？”

出乎客人的预料，邓小平的回答是那样明确，而且还超出了提问的范围：

“说市场经济只存于资本主义社会，只有资本主义的市场经济，这肯定是不正确的。社会主义为什么不可以搞市场经济，这个不能说是资本主义。我们是计划经济为主，也结合市场经济，但这是社会主义的市场经济。虽然方法上基本上和资本主义社会的相似，但也有不同，是全民所有制之间的关系，当然也有同集体所有制之间的关系，也有同外国资本主义的关系，但是归根到底是社会主义的，是社会主义社会的。市场经济不能说只是资本主义的。市场经济，在封建社会时期就有了萌芽。社会主义也可以搞市场经济。同样地，学习资本主义国家的某些好东西，包括经营管理方法，也不等于实行资本主义。这是社会主义利用这种方法来发展社会生产力。把这当作方法，不会影响整个社会主义，不会重新回到资本主义。”②

应该看到，由于当时改革实践和理论发展程度的制约，邓小平认识上还有局限，仍然强调了“计划经济为主”，在考虑社会主义搞市场经济时还没有把个体经济和私营经济考虑在内，但这是我们党的领导层中对社会主义也能搞市场经济问题进行的最早也是最深刻的论述，是对传统社会主

---

① 《邓小平文选》，第2卷，第235～236页，人民出版社，1994年第2版。

② 同上，第236页。

1984年邓小平与李先念等在中南海讨论《人民日报》经济新闻。

义观念的重大突破。可以说，邓小平的回答是一个石破天惊的提法。

谈话中，邓小平对“市场经济如何搞？社会主义可不可以搞市场经济？市场经济是否只存在于资本主义社会中？”等一系列重大问题，都一一给予了回答。邓小平在经济领域里的语言艺术非同一般，在此我们可以深有体会。

随着改革的不断深入，邓小平又多次反复论述了“计划和市场”的问题。

1980年1月，邓小平在《目前的形势和任务》讲话中，第一次提出了“计划调节和市场调节相结合”的观点。

1982年10月14日，在与国家计委负责同志谈话时，邓小平强调：

“社会主义同资本主义比较，它的优越性就在于能做到全国一盘棋，集中力量，保证重点。缺点在于市场运用得不好，经济搞得不活。计划与市场的关系问题如何解决？解决得好，对经济的发展就很有利，解决不好，就会糟。”①

这一论述，指出了经济体制改革的核心问题所在。

1983年春节前夕，邓小平先后视察了浙江、江苏。

在古城苏州，邓小平对那里的社队工业的崛起产生了浓厚的兴趣。江苏省领导汇报说，苏州社队工业的成长和发展，凭借的是灵活的经营机制，实行的是市场经济体制。

基层改革的实践再一次启发了邓小平。他深有感触：看来，市场经济很重要！

这些讲话，从不同侧面，清楚而明白地表达了这样一个思想，即“社会主义也可以搞市场经济”。

1985年10月23日，在会见美国高级企业家代表团时，邓小平又进一步阐述了这个主题：

“社会主义和市场经济之间不存在根本矛盾。问题是用什么方法才能更有力地发展社会生产力。我们过去一直搞计划经济，但多年的实践证明，在某种意义上说，只搞计划经济会束缚生产力的发展。把计划经济和市场经济结合起来，就更能解放生产力，加速经济发

① 《邓小平文选》，第3卷，第16～17页，人民出版社，1993年第1版。

展。”①

1987年2月6日，邓小平就同一问题作了更深入的发挥：

“为什么一谈市场就说是资本主义，只有计划才是社会主义呢？计划和市场都是方法嘛。只要对发展生产力有好处，就可以利用。它为社会主义服务，就是社会主义的；为资本主义服务，就是资本主义的。好像一谈计划就是社会主义，这也是不对的，日本就有一个企划厅嘛，美国也有计划嘛。我们以前是学苏联的，搞计划经济。后来又讲计划经济为主，现在不要再讲这个了。”②

1990年12月24日，邓小平着眼改革开放的新形势，强调要从理论上认清社会主义与市场经济的关系问题：

“我们必须从理论上搞懂，资本主义与社会主义的区分不在于是计划还是市场这样的问题。社会主义也有市场经济，资本主义也有计划控制。资本主义就没有控制，就那么自由？最惠国待遇也是控制嘛！不要以为搞点市场经济就是资本主义道路，没有那么回事。计划和市场都得要。不搞市场，连世界上的信息都不知道，是自甘落后。”③

1991年年初，邓小平在视察上海时，从经济特区、金融问题、改革开放问题，又谈到社会主义与市场经济的关系问题：

“不要以为，一说计划经济就是社会主义，一说市场经济就是资本主义，不是那么回事，两者都是手段，市场也可以为社会主义服务。”④

1992年年初，邓小平在第二次南行时，从消除改革开放的思想障碍的角度出发，又不厌其烦地谈到了同一个主题：

“计划多一点还是市场多一点，不是社会主义与资本主义的本质区别。计划经济不等于社会主义，资本主义也有计划；市场经济不等于资本主义，社会主义也有市场。计划和市场都是经济手段。”⑤

---

① 《邓小平文选》，第3卷，第148～149页，人民出版社，1993年第1版。

② 同上，第203页。

③ 同上，第364页。

④ 同上，第367页。

⑤ 同上，第373页。

“钱要用起来，人要用起来”

利用外资是邓小平在经济领域的对外开放方面所采取的一个重要的战略抉择。

1978年11月初，邓小平访问新加坡。期间，邓小平注意到新加坡利用外资的成功经验，深有感触。回国后，即着手将利用外资这一重大决策付诸实施。

以经济建设为中心，经济人才最重要。

1979年新年伊始，邓小平亲自出面点将，把实施利用外资决策的重任赋予了荣毅仁。

荣毅仁，1916年生，江苏无锡人，是有名的“红色资本家”，对新中国做了不少贡献。他和毛泽东、周恩来、陈毅等中共领导人都有交往，与邓小平交情颇深。20世纪50年代，毛泽东曾要时任中共中央总书记的邓小平选几位党外人士当部长。结果，邓小平只选了两个人，其中一人就是荣毅仁。1959年，荣毅仁出任纺织工业部副部长。“文化大革命”期间，荣毅仁被审查、批斗，受了不少委屈，也吃了不少苦。1978年2月，邓小平出任第五届全国政协主席。在邓小平的提议下，荣毅仁出任全国政协副主席。

重获新生的荣毅仁根据当时的形势，产生了一个大胆的设想——创办国际信托投资公司。自50年代的社会主义改造完成后，荣毅仁已经不是企业家，而成了一位省部级高级干部，此次出任全国政协副主席更是进入国家领导人的行列。如今，重办公司，弃官从商，荣毅仁一时难以决断。

1979年1月17日上午10时，邓小平邀请胡厥文、胡子昂、荣毅仁、古耕虞、周叔弢等原工商界的领袖人物座谈。

落座后，邓小平与五位元老亲切交谈起来。当时，周叔弢88岁，胡厥文84岁，胡子昂82岁，荣毅仁也已62岁了。

邓小平非常尊重五老，关心地询问了他们的生活、身体情况后，转

1982年11月，邓小平与全国工商联主任委员、全国政协副主席胡子昂（左）、中国民主同盟中央委员会主席、全国人大常委会副委员长史良（中）交谈。

入正题：党和国家的工作中心转移，中国要改革，要对外开放，吸引外资，希望党外人士也行动起来，党中央对你们寄予厚望。“听说你们对如何搞好经济建设有很好的意见和建议，我们很高兴。今天就谈谈这个问题。”[①]希望大家解放思想，实事求是，有啥说啥，多出主意。

邓小平面带笑容地望着五老，畅谈了对外开放的设想：

> 现在经济建设的摊子铺得大了，感到知识不够，资金也不足。党的十一届三中全会决定把工作重点转移到社会主义现代化建设上来。过去耽误的时间太久了，不搞快点不行。但是怎样做到既要搞得快点，又要不重犯一九五八年的错误，这是个必须解决的问题。[②]

① 《邓小平文选》，第2卷，第156页，人民出版社，1994年第2版。

② 同上。

邓小平说这些话是有深刻含义的。这五位工商界领袖人物，海外关系甚广。仅荣家在海外的亲属就有400多人，不少还是企业界和科技界的知名人士。于是，邓小平继续启发道：

> 现在搞建设，门路要多一点，可以利用外国的资金和技术，华侨、华裔也可以回来办工厂。吸收外资可以采取补偿贸易的方法，也可以搞合营，先选择资金周转快的行业做起。当然，利用外资一定要考虑偿还能力。①

接着，邓小平诚恳地请荣毅仁等人多做工作，推荐人才：

> 要发挥原工商业者的作用，有真才实学的人应该使用起来，能干的人就当干部。对这方面的情况，你们比较熟悉，可以多做工作。比如说旅游业，你们可以推荐有本领的人当公司经理，有的可以先当顾问。还要请你们推荐有技术专长、有管理经验的人管理企业，特别是新行业的企业。不仅是国内的人，还有在国外的人，都可以用，条件起码是爱国的，事业心强的，有能力的。②

就像知识分子一样，当时工商界人士同样也有一个落实政策的问题。邓小平当场进行了肯定的回答：

“要落实对原工商业者的政策，这也包括他们的子孙后辈。他们早已不拿定息了，只要没有继续剥削，资本家的帽子为什么不摘掉？”③

邓小平是个言必信、行必果的人，这个承诺于当年11月由中共中央颁发的《关于原工商业者的若干具体政策的规定》得到了落实。

当时，中国在所有制问题上还只有全民、集体、个体三种，其中个体尚处于恢复之中。在这次谈话中，邓小平明确指出：

---

① 《邓小平文选》，第2卷，第156页，人民出版社，1994年第2版。

② 同上，第156～157页。

③ 同上，第157页。

“落实政策以后，工商界还有钱，有的人可以搞一两个工厂，也可以投资到旅游业赚取外汇，手里的钱闲起来不好。你们可以有选择地搞。总之，钱要用起来，人要用起来。”①

说到这里，邓小平用期待的目光注视着荣毅仁，直接点将：

荣毅仁同志，希望你减少一些其他工作，多搞些对外开放和经济工作。形式你自己考虑。你主持的单位，要规定一条：给你的任务，你认为合理的就接受，不合理的就拒绝，由你全权负责处理。处理错了也不怪你。要用经济方法管理经济，从商业角度考虑签订合同，有利润、能创汇的就签，否则就不签。应该排除行政干扰。所谓全权负责，包括用人权。只要是把社会主义建设事业搞好，就不要犹豫。②

1986年6月，邓小平会见全国政协副主席荣毅仁（左一）的海外亲友代表团

① 《邓小平文选》，第2卷，第157页，人民出版社，1994年第2版。

② 同上。

当时，荣毅仁的“小集团”冤案尚未平反。所以，邓小平当场指定：由时任国务院副总理的谷牧和荣毅仁直接联系。

谈话后，邓小平和周叔弢、胡厥文、胡子昂等老人相互搀扶着，像兄弟老友般地走进餐厅，共进午餐。

荣毅仁被深深感动了，在和几位老友商谈后，亲自起草了创办国信的方案。一个月后，荣毅仁向中共中央、国务院呈交了《建议设立国际信托投资公司的一些初步意见》，决定利用自身的经验和荣氏家族几百名散居在世界各地的工商界、科技界知名人士这一有利条件，进行国际间的外资融资等工作。

邓小平等中央领导很快作出批示，同意荣毅仁的建议。

6月27日，国务院正式批准成立中国国际信托投资公司，荣毅仁当选该公司董事长兼总经理。

荣毅仁欣然领命，随即率团访问了联邦德国、瑞士、法国等国的20多个城市和50多家企业，向国际工商界透露了中国要进行改革开放的信息，并同他们建立了广泛的联系。

7月8日，我国中外合资经营企业法公布。同日，一家新型的国际性金融企业——中国国际信托投资公司筹备组成立。

10月4日，中信公司正式成立。就在同一天，邓小平在中共省、直辖市、自治区委员会第一书记座谈会上又就利用外资问题进行了系统阐述，指出：

> 利用外资是一个很大的政策，我认为应该坚持。至于用的办法，主要的方式是合营，某些方面采取补偿贸易的方式，包括外资设厂的方式，我们都采取。①

说到这里，邓小平列举了去年他在新加坡访问时了解到的情况进行阐述：

> 我到新加坡去，了解他们利用外资的一些情况。外国人在新

① 《邓小平文选》，第2卷，第198～199页，人民出版社，1994年第2版。

加坡设厂，新加坡得到几个好处，一个是外资企业利润的百分之三十五要用来交税，这一部分国家得了；一个是劳务收入，工人得了；还有一个是带动了它的服务行业，这都是收入。[①]

1978年11月，邓小平访问新加坡，在机场受到李光耀总理的欢迎。

接着，邓小平坚定地说：

我们要下这么个决心，权衡利弊、算清账，略微吃点亏也干，总归是在中国形成了生产能力，还会带动我们一些企业。我认为，现在研究财经问题，有一个立足点要放在充分利用、善于利用外资上，不利用太可惜了。[②]

然后，邓小平又具体分析了我国利用外资的有利条件：

---

① 《邓小平文选》，第2卷，第199页，人民出版社，1994年第2版。

② 同上。

> 外国人为什么要来，他们判断，中国确实有偿付能力。我们有稀有金属，有各种矿藏，有油水。如果没有偿付能力，他不会干的。我们引进每一个项目都要做到必须具有偿付能力。可以先干两件事再说。陈云同志的意见是一个项目一个项目地研究，我赞成这个意见，应该这样来研究。人家来做生意，就是要赚钱，我们应该使得他们比到别的地方投资得利多，这样才有竞争力。我们的劳动力比较便宜，有这个优越条件。但是，特别吃亏的我们不干。我们干几件事，慢慢就懂了。还有，引进项目必须是能够带动我们自己的。就是说，引进的项目里有好多东西我们能自己干的，都用我们自己的，有些则用它的图纸，用它的规格，由我们来制造。这样，引进一个项目，可以带动一些行业的发展。引进的技术我们掌握了，就能够用到其他方面。①

在邓小平的推动下，中外合资事业有了很大的发展。中信公司成立前后，胡厥文、胡子昂、古耕虞在北京创办了中国工商经济开发公司，周叔弢在天津创办了天津建华经济技术咨询公司。

这些公司本身成就显著，为中国的改革开放做出了贡献，更为重要的还是透露了中国改革开放的信息，反映了中国经济改革的趋势。

1984年10月，在中信公司成立五周年之际，邓小平题词：勇于创新，多做贡献。

10月6日，邓小平亲切会见了由中信公司组织的中外经济合作问题讨论会代表。会见中，邓小平畅谈我国现代化建设的宏伟目标及对外开放、对内改革的根本政策，并特地向国际工商界推荐中信公司：

“中国国际信托投资公司可以作为中国在实行对外开放中的一个窗口。”②

---

① 《邓小平文选》，第2卷，第199页，人民出版社，1994年第2版。

② 《邓小平文选》，第3卷，第79页，人民出版社，1993年第1版。

“改革开放胆子要大一些，敢于试验，不能像小脚女人一样”

20世纪80年代末90年代初，东欧剧变、海湾战争、苏联解体等一连串的突发事件相继爆发，国际局势动荡不安。在国内，反“和平演变”和社会主义教育运动的浪潮中，一股“左”的逆流重新抬头，在姓“社”姓“资”的争论中，中国深化改革、扩大开放的步履维艰。

特别是姓“社”姓“资”的争论使经济特区的改革开放在很大程度上处于停滞状态，尤其是上海浦东的开发开放，以及对中国即将恢复关税与贸易总协定的缔约国地位的预测，又出现了特区不再“特”，甚至是要取消特区的议论。

在这历史发展的紧要关头，已是88岁高龄的邓小平毅然第二次南下。1992年1月18日至2月21日，他先后视察了武昌、深圳、珠海、上海等地。

在深圳，邓小平谈了办经济特区的问题，谈了改革开放迈不开步子，不敢闯，要害就是姓“资”还是姓“社”问题。

邓小平虽已暮年，但仍头脑清楚，思维敏捷，讲起话来头头是道，妙趣横生。他有的放矢地说：特区姓“社”不姓“资”，再一次明确地表达了对他倡导的经济特区的关心和支持。

生动性是邓小平语言艺术的重要特性。除了运用俗语、笑语来增强谈话的生动性之外，运用比喻也是其中的一种方法。无论是在日常生活中，还是在正式的外交场合，邓小平总是喜欢运用一些比喻来形象地说明问题。他总是善于选取恰当的比喻，以比喻的生动性来放大打比方的事物与所要表现的事物之间的相似性，或者使所要表现的事物更加形象化，赋予其动感和可触感，栩栩如生。

在这次深圳之行期间，邓小平袒露了自己对深圳的希望，发表了震撼世界的“南方谈话”。其中最为有名的话就是：

“改革开放胆子要大一些，敢于试验，不能像小脚女人一样。”[①]

亚里士多德曾说：比喻是天才的标识。邓小平以其渊深的学识、敏锐的思维、丰富的联想，创造出许多新奇巧妙的比喻，堪称一位独到的语言天才。

在这里，邓小平是“以其人之道还治其人之身”，把不敢大胆进取、勇于探索改革之路的人比喻成“小脚女人”，的确寓意深刻。

首先，裹脚作为对人体的摧残已被文明时代所废除；其次，“小脚女人”是封建思想的表现，代表着愚昧、落后；再次，“小脚女人”因其“小脚”而迈不开步子，跟不上文明潮流的发展，早已被扔进了历史的“垃圾桶里去”。

细细品味，这个“小脚女人”里，却包含了多层复杂的含义。在这层层深化的含义中，邓小平讽刺与批判的态度也就愈益明显。

① 《邓小平文选》，第3卷，第372页，人民出版社，1993年第1版。

“社会主义和市场经济之间不存在根本矛盾”

1985年10月23日，邓小平会见了以美国时代公司总编辑格隆瓦尔德为团长的美国高级企业家代表团。

会见时，邓小平侃侃而谈，回答了代表团提出的各种问题。其中对于客人们提出的市场经济和社会主义之间的矛盾问题，给予了十分精彩的评说，并为我们展示了他卓越的经济思想和语言艺术。

格隆瓦尔德首先发问：

“中国共产党一直教育人民要大公无私，为人民服务。现在经济改革，你们教育人民要致富，出现了少数贪污腐化和滥用权力的现象，你们准备采取什么办法解决这些问题？”

邓小平回答：

“我们主要通过两个手段来解决，一个是教育，一个是法律。这些

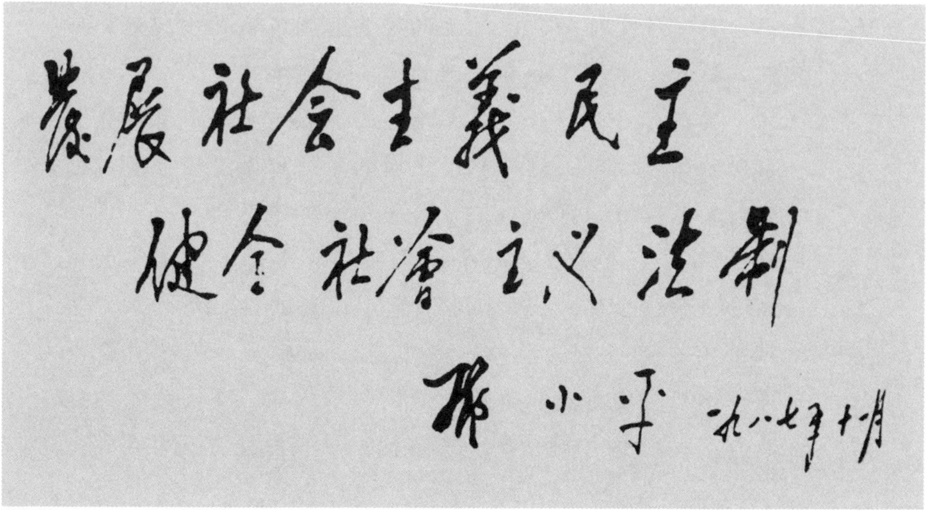

邓小平题词：“发展社会主义民主，健全社会主义法制”

问题不可能在一夜之间解决，也不可能靠几个人讲几句话就见效。但是我们有信心，我们的党、我们的国家有能力逐步克服并最终消除这些消极现象。”①

这一时期，随着改革开放的深入发展，市场经济日趋活跃，但在共产党内出现了比较明显的贪污腐化和滥用权力的现象。格隆瓦尔德正是从这一角度提出市场经济与社会主义的关系问题，十分尖锐地问道：

“这种现象是否反映了一个潜在的、很难解决的矛盾，即市场经济和社会主义制度之间的矛盾？”

邓小平明确地回答：

> 社会主义和市场经济之间不存在根本矛盾。问题是用什么方法才能更有力地发展社会生产力。我们过去一直搞计划经济，但多年的实践证明，在某种意义上说，只搞计划经济会束缚生产力的发展。把计划经济和市场经济结合起来，就更能解放生产力，加速经济发展。
>
> 三中全会以来，我们一直强调坚持四项基本原则，其中最重要的一条是坚持社会主义制度。而要坚持社会主义制度，最根本的是要发展社会生产力，这个问题长期以来我们并没有解决好。社会主义优越性最终要体现在生产力能够更好地发展上。多年的经验表明，要发展生产力，靠过去的经济体制不能解决问题。所以，我们吸收资本主义中一些有用的方法来发展生产力。现在看得很清楚，实行对外开放政策，搞计划经济和市场经济相结合，进行一系列的体制改革，这个路子是对的。这样做是否违反社会主义的原则呢？没有。因为我们在改革中坚持了两条，一条是公有制经济始终占主体地位，一条是发展经济要走共同富裕的道路，始终避免两极分化。我们吸收外资，允许个体经济发展，不会影响以公有制经济为主体这一基本点。相反地，吸收外资也好，允许个体经济的存在和发展也好，归根到底，是要更有力地发展生产力，加强公有制经济。只要我国经济中公有制占主体地

① 《邓小平文选》，第3卷，第148页，人民出版社，1993年第1版。

位，就可避免两极分化。当然，一部分地区、一部分人可以先富起来，带动和帮助其他地区、其他的人，逐步达到共同富裕。我相信，随着经济的发展，随着科学文化和教育水平的提高，随着民主和法制建设的加强，目前社会上那些消极的现象也必然会逐步减少并最终消除。总之，我国当前压倒一切的任务就是一心一意地搞四化建设。我们发挥社会主义固有的特色，也采用资本主义的一些方法（是当作方法来用的），目的就是要加速发展生产力。在这个过程中出现了一些消极的东西，但更重要的是，搞这些改革，走这样的路，已经给我们带来了可喜的结果。中国不走这条路，就没有别的路可走。只有这条路才是通往富裕和繁荣之路。[①]

邓小平的上述论述表明，他坚持把计划和市场看作发展生产力的方法，而不是制度范畴的概念。

乔治城大学外交学院教授、前美国驻联合国代表麦克亨利接着问道：

“你对现在的领导机构和领导人的变动是否满意？是否认为他们会继续执行改革政策？”

邓小平回答：

请客人们注意我们这次党代表会议的情况。我们这次党代表会议采取了两个重要措施。一是总结过去七年的经验，为我国经济发展确定一个适宜的速度，并通过“七五”计划，为中国在本世纪内和下世纪的长期、稳定和持续发展创造条件。二是从组织上解决政策连续性问题，即从中央开始逐步实现领导班子的年轻化，这次首先解决的是中央和国家领导机关。

我们的政策是否有连续性，主要看两条。首先是看政策本身对不对，这是最重要的。如果政策不对，有什么必要连续呢？如果政策对，能推动社会主义社会生产力发展，使人民生活逐步好起来，这种政策本身就保证了它的连续性。其次要看执行政策的

① 《邓小平文选》，第3卷，第148～150页，人民出版社，1993年第1版。

人。从中央到各个地方，都有一批勇于探索、精力较好的人。党的十一届三中全会以后，我们就逐步实行干部队伍的年轻化，当然还有革命化、知识化。召开这次党代表会议是一九八二年十二大就决定的，因为当时党的领导机构的成员年龄偏高，所以决定在两次代表大会之间开一次党代表会议，中心目的是实现年轻化。[①]

美国《时代》杂志海外版编辑普拉格问道：

“我想问一个关于你个人的问题。在你漫长的革命经历中，你多次改变了中国人民的命运和方向。如果今后你不在了，你希望人民如何来怀念你？”

1985年11月，邓小平会见美国前国务卿基辛格。

① 《邓小平文选》，第3卷，第150页，人民出版社，1993年第1版。

邓小平十分平静地回答：

“永远不要过分突出我个人。我所做的事，无非反映了中国人民和中国共产党人的愿望，党的这些政策也是由集体制定的。在‘文化大革命’前，我也是党的主要领导人之一，那时候的一些错误我也要负责的，世界上没有完人嘛。”[①]

邓小平提出的“社会主义和市场经济之间不存在根本矛盾”这一理论得到了美国前国务卿基辛格的赞赏。

同年11月11日，基辛格与邓小平会谈时，称赞道：像中国这样大规模的改革是任何人都没有尝试过的，世界上还没有别的国家尝试过把计划经济和市场经济结合起来。这是一个有历史意义的事件，因为你们的尝试是一个全新的试验。如果你们成功了，就将从哲学上同时向计划经济国家和市场经济国家提出问题。

邓小平基本同意他的看法，微笑着回答：不说是个伟大的试验，但确实是个重大的试验。

不从定义出发，而是从中国社会主义发展的实际出发看待计划经济和市场经济，这是邓小平立论的独特视角。

1987年2月6日，党的十三大召开前夕，邓小平同几位中央负责同志谈话时又一次谈到计划与市场的关系，指出：

“计划和市场都是发展生产力的方法。”[②]

邓小平直截了当地说：

“为什么一谈市场就说是资本主义，只有计划才是社会主义呢？计划和市场都是方法嘛。只要对发展生产力有好处，就可以利用。它为社会主义服务，就是社会主义的；为资本主义服务，就是资本主义的。”[③]

根据邓小平的谈话精神，党的十三大报告进一步指出：“社会主义有计划商品经济的体制，应该是计划与市场内在统一的体制”，“新的经济运行机制，总体上来说是‘国家调节市场，市场引导企业’的机制”，从而确认了我国经济体制改革的市场化取向，这是我国经济体制改革理论的

① 《邓小平文选》，第3卷，第151页，人民出版社，1993年第1版。

② 同上，第203页。

③ 同上。

进一步发展。

经济理论的突破带动了改革实践的深入。但是，在20世纪80年代末，市场取向论在反对资产阶级自由化思潮的名义下受到了严厉批评。

邓小平以坚定的马克思主义理论勇气，坚持自己的理论思路，强调"要继续坚持计划经济与市场调节相结合，这个不能改，……绝不能重复回到过去那样，把经济搞得死死的"。

1990年12月24日，邓小平在同几位中央负责同志谈话时，强调要善于利用时机解决发展问题，并再次谈到了计划和市场问题：

"我们必须从理论上搞懂，资本主义与社会主义的区分不在于是计划还是市场这样的问题。社会主义也有市场经济，资本主义也有计划控制。资本主义就没有控制，就那么自由？最惠国待遇也是控制嘛！不要以为搞点市场经济就是资本主义道路，没有那么回事。计划和市场都得要。不搞市场，连世界上的信息都不知道，是自甘落后。"①

1991年春节期间，邓小平在上海又一次指出：

"不要以为，一说计划经济就是社会主义，一说市场经济就是资本主义，不是那么回事，两者都是手段，市场也可以为社会主义服务。"②

1992年春，邓小平在南方谈话中正式公开申明：

"计划多一点还是市场多一点，不是社会主义与资本主义的本质区别。计划经济不等于社会主义，资本主义也有计划；市场经济不等于资本主义，社会主义也有市场。计划和市场都是经济手段。"③

这个精辟论断，从根本上解除了把计划和市场看作属于社会基本经济制度范畴的思想束缚，为党的十四大确立社会主义市场经济的改革目标奠定了理论基础。

社会主义市场经济理论的形成，经历了改革开放中的风风雨雨。对这一关系当代中国命运抉择的理论争论和政策抉择，邓小平的思想认识是一贯的、坚定的。在政治风浪面前，他始终坚持解放思想，实事求是的思想路线，坚持生产力标准，坚定不移地把握改革发展基本方向，不

① 《邓小平文选》，第3卷，第364页，人民出版社，1993年第1版。

② 同上，第367页。

③ 同上，第373页。

断推动实践和认识的发展，为我们最终选择社会主义市场经济做出了卓越的贡献。

1992年1月23日，邓小平离开深圳蛇口前往珠海。

“关起门来，故步自封，夜郎自大，是发达不起来的”

改革开放前，中国人民对世界的基本印象是敌人一天天烂下去，我们一天天好起来，三分之二的人生活在水深火热之中。这既不符合客观事实，也使改革开放没有思想基础。

邓小平清醒地认识到：中国的落后和世界经济的迅猛发展。

1978年3月18日，邓小平在全国科学大会开幕式上语重心长地说：

在科学技术方面，我国古代曾经创造过辉煌的成就，四大发明对世界文明的进步起了伟大作用。但是我们祖先的成就，只能用来坚定我们赶超世界先进水平的信心，而不能用来安慰我们现实的落后。我们现在在科学技术方面的创造，同我们这样一个社会主义国家的地位是很不相称的。

如实地指明这种落后状况，会不会使人们失去信心呢？这种人也可能有。这种人是连半点马克思主义气味也没有的。对于我们无产阶级革命者来说，实事求是地说明情况，认真地去分析造成这种情况的历史的和现实的原因，才能够正确制订我们的战略规划，部署我们的力量；才能够更加激励我们奋发图强，尽快改变这种情况；也才能动员人们虚心学习，迅速掌握世界最新的科学技术。

认识落后，才能去改变落后。学习先进，才有可能赶超先进。提高我国的科学技术水平，当然必须依靠我们自己努力，必须发展我们自己的创造，必须坚持独立自主、自力更生的方针。但是，独立自主不是闭关自守，自力更生不是盲目排外。科学技术是人类共同创造的财富。任何一个民族、一个国家，都需要学习别的民族、别的国家的长处，学习人家的先进科学技术。我们不仅因为今天科学技术落后，需要努力向外国学习，即使我们的科学技术赶上了世界先进水平，也还要学习人家的长处。[①]

1978年3月，邓小平接见出席全国科学大会的代表、青年数学家陈景润。

“认识落后，才能去改变落后。学习先进，才有可能赶超先进。”这是由两个条件从句构成的排比句，在这里无疑起到了强调作用。

同年5月，党中央、国务院派了一批代表团到多个发达国家访问，要求他们实事求是地考察，实事求是地汇报。邓小平非常关注这次大考察，认真详细地听取了汇报。

9月，邓小平访问朝鲜归来，在视察东北三省时就强调，要向外国学习，老老实实地学，要搞实事求是，不行就是不行，要承认差距。

10月10日，邓小平在会见德意志联邦共和国新闻代表团时，诚恳地说：

中国在历史上对世界有过贡献，但是长期停滞，发展很慢。现在是我们向世界先进国家学习的时候了。

我们过去有一段时间，向先进国家学习先进的科学技术被叫

① 《邓小平文选》，第2卷，第90～91页，人民出版社，1994年第2版。

做“崇洋媚外”。现在大家明白了，这是一种蠢话。我们派了不少人出去看看，使更多的人知道世界是什么面貌。关起门来，故步自封，夜郎自大，是发达不起来的。[①]

邓小平义正词严，对“四人帮”的愚昧无知、墨守成规、妄自尊大进行了无情的揭露，但其中也不乏晓之以理、动之有情的启发与规劝。在这里，他一连运用了两个成语故事：“故步自封”和“夜郎自大”。

“故步自封”又作“固步自封”，出自《汉书·叙传上》：“昔有学步于邯郸者，曾未得其仿佛，又复失其故步，遂匍匐而归耳！”这个成语典故源于“邯郸学步”。说的是古时候，赵国人走路的姿态优美大方。邻国的人非常羡慕。于是，燕国寿陵的几个少年便相约到赵国的都城邯郸学习走路的姿态。结果不但没有学到赵国人走路的姿态，反而将自己原来的走路姿态也忘记了，只好匍匐着爬回燕国。

“夜郎自大”出自《汉书·西南夷传》：“滇王与汉使言：‘汉孰与我大？’及夜郎侯亦然。各自以一州王，不知汉广大。”说的是汉时，西南一带有一个叫夜郎的小国，虽然面积只有一个普通的县差不多，地薄人稀，物产不丰，但国王却非常骄傲，自以为他所统治的国家是天下唯一的大国。一次，夜郎国国王在与汉朝使臣唐蒙谈话时，竟不知天高地厚地问：汉朝同我的国家比起来，究竟哪个大?

这两则成语典故内容不同，所含的寓意却是相同的，都是指那些妄自尊大又墨守成规的人。

这两则小故事虽然简单，但蕴涵的道理却十分深刻。尤其是邓小平把典故与现实联系在一起，引典喻今，从历史的前车之鉴中吸取经验与教训，便使他的语言具有了极强的说服力。

---

① 《邓小平文选》，第32卷，第132页，人民出版社，1994年第2版。

“金融搞好了，一着棋活，全盘皆活”

20世纪80年代，我国沿海地区对外开放，经济高速发展，为进一步扩大对外开放奠定了基础，积累了经验。但从全国来看，全方位、多元化、多层次的开放格局尚未形成，对外开放领域还存在着很大的局限，地域之间的对外开放也很不平衡。

这种状况，对于我国迎接世界经济的挑战，参与国际竞争，增强外向型经济的功能都是十分不利的。因此，进一步实行对外开放，加速全方位、高层次、多元化对外开放格局的形成已是迫在眉睫。

进入90年代后，党中央和国务院根据邓小平的一贯思想，确定了进一步扩大对外开放的战略方针。这就是扩大对外开放的范围，从沿海开放向沿江、沿边、内陆省区推进。其中，开发开放上海浦东则是最具战略意义的一步。

早在80年代末90年代初，邓小平就把目光转向上海，把浦东开发开放摆到了举足轻重的战略地位上来考虑。开发浦东，振兴上海，带动整个长江流域经济的起飞，推动沿海与内陆共同发展，成为我国对外开放战略的重点。

1990年，邓小平视察上海，特别关注浦东的开发，指出：上海的浦东开发，不是上海一个地方的事。浦东开发可以带动长江三角洲和长江流域的发展，所以是全国的事。

回到北京后，邓小平对中央政治局的同志们说：我已经退下来了，但还有一件事，我还要说一下，那就是上海的浦东开发，你们要多关心。

邓小平特地要国务院总理李鹏，负责抓一下浦东的开发和上海的发展问题。

根据邓小平的指示，党中央和国务院开始对浦东开发问题进行专题研究和论证。同年9月，国务院批准建立上海浦东外高桥保税区。

大上海开始觉醒了！

1991年1月28日，已是87岁高龄的邓小平又踏上了上海这片热土。此时，浦东开发正处于启动阶段。

一到上海，邓小平就感慨地说：

“我们说上海开发晚了，要努力干啊！”[①]

这一句重若千钧的话充满深情，同时又寄予莫大的希望。

接着，邓小平探究了上海开发晚的原因：

> 那一年确定四个经济特区，主要是从地理条件考虑的。深圳毗邻香港，珠海靠近澳门，汕头是因为东南亚国家潮州人多，厦门是因为闽南人在外国经商的很多，但是没有考虑到上海在人才方面的优势。上海人聪明，素质好，如果当时就确定在上海也设经济特区，现在就不是这个样子。[②]

视察期间，邓小平同上海主要负责人多次谈话。其中许多话都十分精辟，对我国的改革开放和经济工作尤其具有指导意义。

> 十四个沿海开放城市有上海，但那是一般化的。浦东如果像深圳经济特区那样，早几年开发就好了。开发浦东，这个影响就大了，不只是浦东的问题，是关系上海发展的问题，是利用上海这个基地发展长江三角洲和长江流域的问题。抓紧浦东开发，不要动摇，一直到建成。只要守信用，按照国际惯例办事，人家首先会把资金投到上海，竞争就要靠这个竞争。[③]

在这里，邓小平着重谈了浦东开发的战略意义。

时任中共上海市委书记、市长的朱镕基向邓小平汇报了浦东开发开放中“金融先行”的一些打算和做法。

---

① 《邓小平文选》，第3卷，第366页，人民出版社，1993年第1版。

② 同上。

③ 同上。

邓小平听后连连点头，精辟地说：

金融很重要，是现代经济的核心。金融搞好了，一着棋活，全盘皆活。上海过去是金融中心，是货币自由兑换的地方，今后也要这样搞。中国在金融方面取得国际地位，首先要靠上海。那要好多年以后，但现在就要做起。改革开放还要讲，我们的党还要讲几十年。会有不同意见，但那也是出于好意，一是不习惯，二是怕，怕出问题。光我一个人说话还不够，我们党要说话，要说几十年。当然，太着急也不行，要用事实来证明。当时提出农村实行家庭联产承包，有许多人不同意，家庭承包还算社会主义吗？嘴里不说，心里想不通，行动上就拖，有的顶了两年，我们等待。

不要以为，一说计划经济就是社会主义，一说市场经济就是资本主义，不是那么回事，两者都是手段，市场也可以为社会主义服务。

闭关自守不行。“文化大革命”时有个“风庆轮事件”，我跟“四人帮”吵过架，才一万吨的船，吹什么牛！一九二〇年我到法国去留学时，坐的就是五万吨的外国邮船。现在我们开放了，十万、二十万吨的船也可以造出来了。如果不是开放，我们生产汽车还会像过去一样用锤子敲敲打打，现在大不相同了，这是质的变化。质的变化反映在各个领域，不只是汽车这个行业。开放不坚决不行，现在还有好多障碍阻挡着我们。说“三资”企业不是民族经济，害怕它的发展，这不好嘛。发展经济，不开放是很难搞起来的。世界各国的经济发展都要搞开放，西方国家在资金和技术上就是互相融合、交流的。

我们抓国防工业的军民结合，抓得比较早，这一条抓对了。有的国家就不行，所以搞得很困难。①

在离开上海前，邓小平又一再提出了殷切期望：

---

① 《邓小平文选》，第3卷，第366～367页，人民出版社，1993年第1版。

要克服一个怕字，要有勇气。什么事情总要有人试第一个，才能开拓新路。试第一个就要准备失败，失败也不要紧。希望上海人民思想更解放一点，胆子更大一点，步子更快一点。[①]

邓小平和党中央关于开发开放浦东的重大决策，给上海的发展带来了新的契机。上海人民十分珍惜这一历史性的机遇，重新迈开了大建设的步伐。

如今，“胆子更大一点，步子更快一点！”已成为新时代的进军号角，鼓舞和激励着亿万中国人民加速改革开放的步伐，在前程似锦的新长征中勇作先锋、多做贡献。

---

① 《邓小平文选》，第3卷，第367页，人民出版社，1993年第1版。

“把经济特区办得更快更好些”

1984年，我国的改革开放已进入了第五个年头，深圳、珠海、汕头、厦门四个特区的迅速发展，对我国经济产生了一股强大的冲击波。但是，成功并不能阻止人们对特区的议论。关于“搞资本主义”的诘难，关于“特区赚内地人的钱”的议论等等，使特区建设遇到了不少困难和阻力。

关键时刻，邓小平提出：经济特区是我的提议，中央的决定，5年了，到底怎么样，我要来看看。

这几句看似平凡的话语中饱含了邓小平内心多少殷切的希望与热情。

1984年1月，邓小平在深圳，登上国贸商业大厦楼顶，眺望建设中的罗湖新城区。

1984年1月24日，正值农历新春佳节前夕，北方依旧银装素裹，南国已是春意融融了。邓小平与杨尚昆、王震等中央领导登上了开往南方的专列急驰深圳，他要亲临视察特区。

到达深圳后，年已八旬的邓小平不顾旅途劳累，立即会见中共深圳市委书记、市长梁湘及市委常委们，听取汇报。

随后，邓小平等乘坐大型客车来到正在兴建的罗湖商业区。登上刚刚竣工开业的22层国际商业大厦天台，近处的深圳全景，蜿蜒的深圳河，远处隐藏在雾气中的香港，一下子都落入邓小平的眼底。他满意地对身旁的人说：看见了，我都看清了。

是的，邓小平看到了深圳的崛起，看到了改革开放的希望。

26日，邓小平视察了蛇口工业区。这个提出了“时间就是金钱，效率就是生命”的口号、创造了风行一时的“蛇口模式”的工业区，给邓小平留下了深刻的印象。

几天来，南行南巡南行中国的总设计师一直在听，一直在看，一直在思索对外开放的下一步该往哪里走?

我国沿海地区有近2亿人口，人才荟萃，经济发达，再加上沿海地区与海外具有悠久而广泛人文社会关系，所以抓住机遇，利用优势，进一步扩大对外开放，将我国经济更紧密地同世界经济联结起来，可以强有力地促进全国经济的发展。邓小平已经看到我国沿海地区所面临的发展机遇!

到达广州后，邓小平欣然提笔，给深圳题词：

“深圳的发展和经验证明我们建立经济特区的政策是正确的。”

这就是邓小平经过深思熟虑对深圳特区的高度评价。

随后，邓小平视察了珠海、厦门经济特区，并分别题词：“珠海经济特区好”、“把经济特区办得更快些更好些”。

2月10日，邓小平结束特区之行，来到上海进行视察。

在听取中共上海市委负责人的汇报时，邓小平指出：现在看，开放政策不是收的问题，而是开放得还不够。

17日，邓小平结束了为期25天的视察，回到了北京。24日，邓小平同中央领导人座谈，讨论进一步办好特区和进一步开放沿海港口城市问题。

邓小平首先发表了极其重要的战略指导思想，对特区的性质、作用和战略地位作了更为科学的概括，提出了“特区是个窗口”的科学论断。

邓小平满怀感慨地说：

> 最近，我专门到广东、福建，跑了三个经济特区，还到上海，看了看宝钢，有了点感性认识。今天找你们来谈谈办好经济特区和增加对外开放城市的问题，请大家讨论一下。[①]

这个简短的开场白，轻松、质朴，好像是与老朋友、老同事在唠家常，一下子就把会场的气氛融和了。邓小平的语言功力可见一斑。

然后，邓小平侃侃而论道：

“我们建立经济特区，实行开放政策，有个指导思想要明确，就是不是收，而是放。”[②]

这个“不是……而是……”的句式，在这里起到了强调语气的作用。接着，邓小平谈了深圳之行的印象：

> 这次我到深圳一看，给我的印象是一片兴旺发达。深圳的建设速度相当快，盖房子几天就是一层，一幢大楼没有多少天就盖

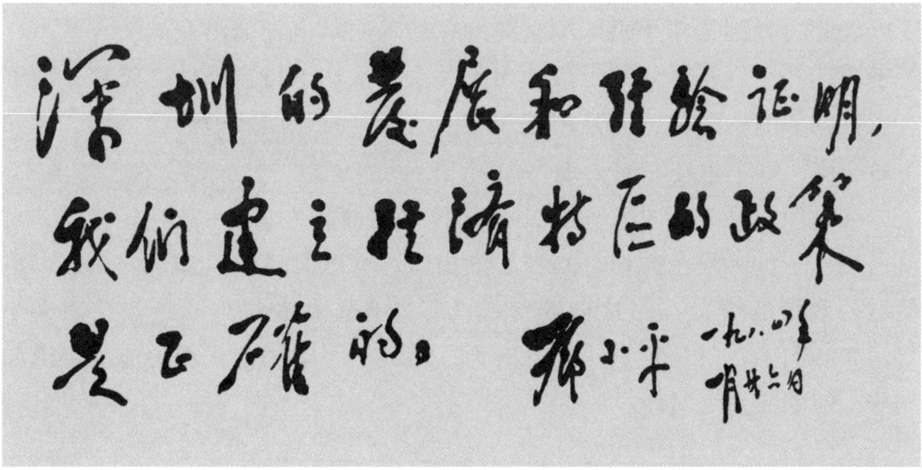

邓小平给深圳特区的题词

① 《邓小平文选》，第3卷，第51页，人民出版社，1993年第1版。

② 同上。

起来了。那里的施工队伍还是内地去的，效率高的一个原因是搞了承包制，赏罚分明。深圳的蛇口工业区更快，原因是给了他们一点权力，五百万美元以下的开支可以自己做主。他们的口号是“时间就是金钱，效率就是生命”。[①]

随后，邓小平详细说明了他为深圳题词的内涵：

特区是个窗口，是技术的窗口，管理的窗口，知识的窗口，也是对外政策的窗口。从特区可以引进技术，获得知识，学到管理，管理也是知识。特区成为开放的基地，不仅在经济方面、培养人才方面使我们得到好处，而且会扩大我国的对外影响。听说深圳治安比过去好了，跑到香港去的人开始回来，原因之一是就业多，收入增加了，物质条件也好多了，可见精神文明说到底是从物质文明来的嘛！[②]

邓小平的语言，基调是平易朴实、准确深刻、超凡脱俗，既是大众化、民族化的，又是现代化的，深深扎根于人民大众和民族传统之中。之所以如此，关键是邓小平深刻精辟的思想，同时也与他出众的语言艺术，善于表达和运用各种修辞手段，不无关系。他从不特意搞什么修辞，也不有意堆砌华丽的辞藻，而是根据表意的需要，自然而然地恰当运用，做到左右逢源，妙笔生花，有力地增强了语言的表现力。

在这段讲话中，邓小平使用的是排比的修辞方式，一连用了5个“窗口”——“特区是个窗口，是技术的窗口，管理的窗口，知识的窗口，也是对外政策的窗口。”这样的句式具有整齐美和变化美的特点，表义丰富，简洁明了，气势连贯，语气有力。而邓小平运用起来得心应手，恰如其分，使讲话大为增色。

---

① 《邓小平文选》，第3卷，第51页，人民出版社，1993年第1版。

② 同上，第51～52页。

邓小平和陈云在一起

第三章

运筹帷幄——邓小平谈军事

“不仅要武装战士的手足，尤其重要的是武装战士的头脑”

1937年7月7日，震惊世界的“卢沟桥事变”爆发，日本帝国主义发动了蓄谋已久的全面侵华战争。抗日战争全面爆发后，中日两国矛盾空前激化，中华民族到了生死存亡的攸关时刻。在此严峻形势下，几乎所有的炎黄子孙都义无反顾地踏上了抗日救亡的道路。

为适应抗战新形势，发动群众，八路军总政治部专门召集第115、第120师及各团政治部门领导人开会。

时任八路军政治部副主任的邓小平在会上详细指示：各部要立即派出

八路军一部向抗日前线挺进

民运工作团，结合战争形势迅速建立战动会，大刀阔斧地开展群众工作，并要求抽调得力干部和知识分子组建宣传队，宣传抗日。

几天后，平汉线以西的农村纷纷建立了战动会，组织起来成千上万的群众，有力地支援了八路军作战和向敌后挺进。

在战动会的组织工作上，邓小平十分注意区、村两级的组织工作，强调既要吸收各界各阶层代表人物参加，又要大力扶助维护群众利益的积极分子参加选举并成为骨干，为逐步改造旧政权、建立抗日民主政府准备条件。10月中旬，邓小平等又率领总政治部几百人，向晋西南的汾阳、孝义开进，去开辟新的地方工作。由于工作深入，当地群众抗日热情高涨，扩军工作搞得热火朝天。然而，在新兵动员过程中仍存在着一些问题，直接影响着扩军工作。邓小平敏锐地注意到了这一点。

1938年1月12日，邓小平作了《关于动员新兵及新兵政治工作》的报告。

报告中，邓小平开宗明义，指出：

1938年春，邓小平在山西黎城县向部队作战斗动员。

当前的战局，是处于暂时的局部失利的境况，绝不是抗日自卫战争的最后失败。战争的最后胜败，要在持久抗战中去解决。今天的战争，要求我们充分运用半年抗战的宝贵经验。不仅应研究战略战术，而且还应以最大努力，利用一切可能，动员广大民众加入军队，补充现有兵团，组织新的部队，积蓄与扩大国家的武装力量，以支持长期艰苦的战争。[1]

邓小平是伟大的马克思主义者、无产阶级革命家和军事家，在报告一开始所表现出来的洞察的睿智，思想的深邃，军事家的雄才伟略是惊人的。他高屋建瓴地指出：中日战争的最后胜败，“要在持久战中去解决”。矛头直指当时正在国民党营垒中此起彼伏泛滥的“亡国论”和“速战论”的论调。这与毛泽东于1938年5月发表的光辉著作——《论持久战》中的观点不谋而合。

接着，邓小平针对造成当前新兵动员工作中还存在困难的原因，进行了精辟的分析：

> 首先，是由于历史上“好子不当兵”的传统观念我们还未能给以有力的克服；其次，是由于过去对民众缺乏民族的教育特别是抗日的教育，甚至在抗战爆发后，这一重大的工作，依然表现着异常的不够；第三，是由于我们今天征调壮丁的方式，还不无强迫的错误，这种错误的继续，造成了动员新兵的极大困难，且使入伍者缺乏坚定的意志与作战的勇气，甚至还可造成民众与政府、军队的对立，给日寇、汉奸以活动的口实与机会；最后，也由于对抗日军人家属的困难，没有切实实行政府所颁布的优待办法，给以最低限度的解决，使前线战士能够抛开家庭的顾虑而安心作战，并以这样的影响提高民众加入军队的决心和勇气。[2]

邓小平语言的一大特色——条理有序，在这里一览无遗，将四条原因娓娓道来。

然后，邓小平十分严肃地指出了在新兵动员工作中存在的这些问题可能产生的不良后果：

---

① 《邓小平军事文集》，第1卷，第29页，军事科学出版社，中央文献出版社，2004年第1版。

② 同上，第29～30页。

假如我们冷静地回顾几个月来征调兵员的经验，我们当可看到在某些地区，正因为有了上述的缺点和错误，致使民众不能充分认识国家已经到了存亡绝续的关头，以最高的民族仇恨，奔赴抗日的前线，反会产生和增长避免兵役的心理。这种结果，将使民众不能充分了解政府积蓄与扩大国防力量，以争取抗战最后胜利的方针之重要，反会在部分人民中增加对于政府的不满情绪。这种结果，将使民众不能充分认识前线官兵的艰苦奋斗与国与家的关系，而热烈地拥护和慰劳军队，实现大革命时代军民一致的优良传统，来争取抗战的最后胜利，反会增加部分民众厌恶军队不愿当兵的观念。日寇、汉奸、托派之辈，则更利用这些缺点和错误，来进行其挑拨煽惑的阴谋，企图造成民变，以威胁和扰乱抗日的后方。这些严重的现象，即使是在一个两个村庄发生出来，即使在一极小部分民众中表现出来，已经足够引起我们的最高警惕了！[①]

抗日战争时期，人民群众踊跃支前。

① 《邓小平军事文集》，第1卷，第30页，军事科学出版社，中央文献出版社，2004年第1版。

讲到这里，邓小平语气略微缓和了一下，说：

“我们指出由于征调方式的不当，而可能产生的不好结果与影响，其意义不在于消极的批评，而在于如何去纠正，采取好的动员方式，使前线能够得到源源不绝的补充，亦能组织足够数量的新军队。”①

接着，邓小平又大讲运用正确工作方式的意义：

“只要我们能采取较好的方式，去诱导他们，鼓动他们，必定能够很快地打破部分民众中的不健康的心理，必定能够鼓起他们最大的决心与勇气，自动地奔上前线，鼓励自己的夫、子、兄、弟上前线，为光荣的民族解放事业而战斗。”②

邓小平讲话向来十分严谨，为了更好地解释说明运用正确的工作方式的意义，他一连用了七个“在那里”，举例说明在那些新兵动员工作开展较好的区域，“给我们显示出了一些可贵的经验”。

在那里，进行了充分的宣传鼓动工作。运用了各种宣传的武器——戏剧、歌曲、壁报、群众大会、小的飞行演讲、个别谈话等等方法，向群众说明目前形势和生路，揭露敌人的残暴。经过广泛而深入的宣传后，民众的抗日热情很快地激发起来，自动加入军队的踊跃，是远远超过强征的效果。

在那里，进行了团结抗日积极分子与在群众中有信仰的分子（不是投机想升官发财的那些人）的工作，经过他们去进行招募，常常收效极大。

在那里，进行了抗日军人家属中的工作，召集了各军军人的家属开会，有可能时甚至举行会餐，向他们宣传解释各种抗日的问题，说明他们的光荣，给以光荣牌匾，并征询他们的意见。对于他们的困难，已在可能的范围内，向当地政府或民众团体提出意见，求得部分的解决。这些工作的结果，给了一切人民以抗日军人家属光荣的榜样，创造了不少妻子送丈夫、父母送儿子、哥

---

① 《邓小平军事文集》，第1卷，第30～31页，军事科学出版社，中央文献出版社，2004年第1版。

② 同上，第31页。

根据地军民演出节目，开展抗日宣传鼓动。

哥送弟弟参加军队的新模范。

在那里，动员了政府和民众团体，来协同地进行这一工作，推动了这些组织进行宣传、慰劳与欢迎新兵上前线的工作。

在那里，驻扎的军队，首先起到了模范的作用。军队本身有了模范的纪律，与民众建立了密切的关系，举行军民联欢晚会，请民众吃饭（常是以连队为单位每家请一人代表）。这些工作给了民众以最切实的影响，使他们从经验中改变了惧怕军队的心理和“好子不当兵”的观念，给了政府与军队招募新兵以便利。

在那里，军队中已动员了自己的战士去进行招募工作。只要保证自己的战士不会扰民，态度和蔼，所收成绩常常是可观的。

最后，在那里，有些地区是处在敌人的后方侧翼，或者处在时常被敌侵扰的范围内，他们充分地运用了组织游击队的方式，动员敌人后方我接敌区域的群众进行广泛的游击战争。这些游击队本身的壮大与战斗力的增强，还逐渐成为正规的劲旅，实际上扩大了国防的力量；甚至在可能的时机，在不妨害与削弱游击战争的开展之条件下，还可动员一些游击部队加入正规的军队。这一方式的运用，在今天不少领土变为敌人后方的条件下特别重要，既是增强国防军队的一种良好手段，在持久抗战的战略上更有极伟大的意义。[1]

这一大段讲话，充分显示了邓小平语言的另一大特色——言必有据。

针对在新兵训练中存在的简单粗暴的长官式的严厉管理方法，邓小平指出：

> 必须认识，新战士在昨天还是一个老百姓，家庭的观念是浓厚的，部队的生活是不习惯的，军事技术是不懂得的。为着巩固新战士，使他们很快地习惯部队生活，很快地成为熟练的战士，我们必须进行许多切实而艰苦的工作。[2]

就这个问题，邓小平提出了一个新的观点：我们不仅要武装战士的手足，尤其重要的是武装战士的头脑。

从这里，我们可以清楚地领略到：邓小平作为我军高级政治工作领导者的卓越才能和令人叹服的语言艺术。

八路军某部连长背伤病员行军

① 《邓小平军事文集》，第1卷，第31～32页，军事科学出版社，中央文献出版社，2004年第1版。

② 同上，第33页。

“走到大别山就是胜利”

1946年6月17日，蒋介石自认为内战准备就绪，悍然撕毁停战协议和政协决议，大举进攻中原解放区。全面内战爆发了！

随着内战的全面爆发，共产党与国民党，毛泽东与蒋介石，革命与反革命，光明与黑暗，在神州大地展开了生死较量。但蒋介石的将领们太不争气，纵有400多万美式装备的大军，却在小米加步枪的“土八路”面前屡战屡败。眼见“匪越剿越多，兵越打越少，仗越打越背”，蒋介石不禁哀叹道：

“最近军事与经济形势，皆濒险恶之境，……盖人心之动摇怨恨，从未有如今日之甚者。”

1947年6月，人民解放军经过一年的英勇奋战，歼灭了敌人大量有生力量，使敌我力量对比发生了重大变化。人民解放军得到人民群众的大力支援，士气高昂，愈战愈强。而国民党军队则由于人民反对，士气低落，大量被歼，兵源枯竭，后方空虚，开始走上了下坡路。

毛泽东及时抓住战局刚刚有利于我方的苗头，果断决定以解放军的主力打到外线去，从根本上动摇国民党的反动统治，加速中国革命胜利的进程。

连绵起伏的大别山脉位于湖北、河南、安徽三省的交会地区，西跨中国南北大动脉平汉铁路，东至淮南铁路，北接淮河，南临长江。大别山区又是敌人战略上最敏感也最薄弱的地区。这里曾经是第二次国内革命战争时期的鄂豫皖革命根据地，是红四方面军（即晋冀鲁豫野战军和八路军第一二九师的前身）的摇篮，人民群众觉悟高，有利于解放军站稳脚跟，创建大块的新解放区。如果人民解放军进入这一地区，就可以瞰制中原，威胁南京，进逼长江，直指武汉。所以，毛泽东的决策具有巨大的战略意义。

但这又是一个派十几万人的大军无后方作战、孤军深入到敌人腹心地区的具有极大危险性的行动。弄不好，非但实现不了毛泽东的战略意图，还会白白损失10多万兵力。

派哪一支部队执行这个具有战略意义的重大行动呢？毛泽东在陕北的窑洞里苦苦思索着。

最后，毛泽东决定把这一重大军事行动交给刘伯承和邓小平。1947年5月中旬，中共中央决定组成以邓小平为书记的中原局，领导中原地区的党政军工作。

邓小平在野战军干部大会上作动员报告

邓小平和刘伯承对于中共中央和毛泽东的指示，坚决照办，立即着手部署转入战略进攻的各项准备工作。

邓小平指出，此次实施渡河反攻作战，关键是思想要明确，要统一。为此，6月21日，邓小平召集了野战军直属部队股长、营以上干部会议，亲自作《关于解答时局与任务中几个问题的报告》，进行战前动员。

> 党中央和毛主席说反攻时机到来了，这是有根据的。为什么？
>
> 首先，由于蒋介石反动集团面临着严重的军事危机，不能照

旧统治下去了。蒋介石在第一线集中了二百二十多个旅，后方兵力非常空虚。在山东、陕北两个主要战场上，他不但打不出名堂来，而且还被我军逐渐歼灭了；在其他几个战场上，他已经完全处于被动挨打的地位。[①]

自问自答，正是邓小平语言艺术的一大特色，上来便紧紧抓住了听众的心。然后，邓小平娓娓道来，用一系列令人信服的歼敌数字说明蒋介石的军事危机，同时也坚定了大家对进行反攻的信心。

不反攻行不行呢？是不行的。今天我们不是怕什么冒险主义，而是怕对形势估计不足，怕我们的认识赶不上客观形势发展的需要……

反攻出去，打不打大城市？

……我们不是先打大城市。刘司令员讲：蒋介石信奉基督教，是要死在“十字架”上的。你们看，长春是“十字架”，四平、沈阳、北平、天津、开封、郑州、新乡都成了“十字架”，将来这些地方困久了，不靠飞机就得饿饭……

反攻出去很好。有的同志问，能不能站得住脚？

能，一定能够站住脚！客观条件是具备了。但有一条，要看我们三大任务完成得好不好。我们在思想上要下决心不向后看，即回头看着晋冀鲁豫。要讲战法，要讲政策，把三大任务完成好……

困难有没有？一定有的。在新区不能设想像在解放区内线作战那样方便。要设想更多的困难，餐把饭吃不上等等都会有的，思想上必须有充分准备。即使有困难，只要完成三大任务，困难也是暂时的，而且影响不了站不站得住脚。[②]

---

① 《邓小平军事文集》，第2卷，第20页，军事科学出版社，中央文献出版社，2004年第1版。

② 同上，第24～26页。

在这里，邓小平一连用了4个反问句式——“不反攻行不行呢？”、“反攻出去，打不打大城市？”、“能不能站得住脚？”、“困难有没有？”，然后又一一解答。通过这种自问自答的形式，将干部们心中存在的疑惑一扫而空。

6月30日，渡河战役正式发起。

一夜之间，刘邓指挥晋冀鲁豫野战军主力4个纵队12万人，从山东阳谷以东张秋镇至菏泽以北临濮集间300多里的地段上，一举突破国民党军黄河防线，踏上了黄河以南的土地，揭开了人民解放军战略进攻的序幕。

刘邓之举，大大震动了美蒋集团。

美国驻华大使司徒雷登不禁骇然：这简直是惊人的事件！不亚于当年法国“马其诺防线”被攻破。

蒋介石赶紧安慰美国朋友：大使先生放心，我将亲到前线指挥，把刘邓逐回黄河以北。

参加鲁西南战役的刘邓大军一部

蒋介石随即亲自飞抵郑州进行部署，意欲逼迫刘邓背水作战，将解放军消灭在鲁西南或全部逼回黄河北岸。

对于蒋介石迫我背水而战的图谋，邓小平指出：我们绝不去学韩信。在对待生死的问题上，我们只能有一种选择。为着人民的利益，我们要生存下去，让敌人去跳黄河。

刘邓大军渡河后的鲁西南战役打响了！经过28天连续作

战，歼国民党军9个半旅6万余人，取得了辉煌战果。

正在鲁西南战役展开之际，中央军委部署了刘邓、陈（赓）谢（富治）、陈（毅）粟（裕）三路大军分别挺进大别山、豫西、豫皖苏边，在江、河、淮、汉会合，共同经略中原的大战略。

7月23日，中央军委致电刘邓，要求他们“下决心不要后方”，挺进大别山。

千里跃进大别山，把战争引向国民党统治区的深远后方，这是中共中央和毛泽东既定的伟大战略方针。刘邓大军强渡黄河，出击鲁西南，揭开了实施这一战略方针的序幕。

29日，正当刘邓大军进行休整时，他们收到了毛泽东亲自起草的一份三个A级的（最急的）极秘密的电报，电报很简单，就是“陕北情况甚为困难”。

许多年后，邓小平告诉女儿毛毛：

“只有我和刘伯伯看了这份电报，看完后立即就烧毁了。当时，我们真是困难哪，但是，我们二话没说，立即复电中央，说十天后行动。用十天做千里跃进的准备，时间已经很短了，但我们不到十天就开始行动了。……当时，真正的是二话没说，什么样的困难也不能顾了！”[①]

说到这里，一向不大外露感情的邓小平，声音都略带梗塞了……

刘邓打过黄河，一是实现战略反攻，二是吸引和歼灭敌人，更重要的就是要减轻陕北、党中央和毛主席的困难处境。

这又是顾全大局，顾全更大的大局。因为鲁西南战场毕竟还只是一根“扁担”或用刘伯承的另一个比喻是敌人的“腰部”，而大别山则是敌人的“心脏”。

“跃进到敌人后方去，直出大别山”，是一个特别困难的行动。这种困难，除了突破国民党30万大军的合围、脱离后方作战困难和深入敌人心脏地区等因素外，还有一个特殊的因素，那就是水情。

1938年国民政府曾为阻止日军南下，下令掘开郑州花园口，使黄河水泛滥乱流，主流则经颍水、涡水入淮河再入海，从而在皖北、豫东一带形成了一大片遍地淤泥，积水没膝、没腰、没房，荒无人烟的黄泛区。

---

① 赵晓光：《邓小平的三起三落》，辽宁人民出版社，2011年版。

1947年8月，刘邓大军通过黄泛区。

为了防止解放军南下，国民党又于1947年3月9日将花园口堵死，将黄河水引入故道，并将此称为抵得上40万大军的“黄河防线”。国民党军在合围刘邓大军时，故意“网开一面”，就是要将刘邓大军逼至这个区域加以聚歼。这样，鲁西南战场，北面是黄河故道，南面是黄泛区，水情非常复杂。这种水情，比敌情更令刘邓担忧。

40多年后，邓小平曾对子女回忆说：

“我这一生，这一个时候最紧张。听到黄河的水要来，我自己都听得到自己的心脏在怦怦地跳！”[①]

8月1日，刘邓向各纵队领导人传达了中央军委7月23日的命令，要求各纵队准备于8月中旬出发。

面对日益险恶的黄河水情，刘邓感到必须提前行动，但决心一时还难以下定。毕竟鲁西南战役刚于7月28日结束，此役全歼国民党军1个师，部队不但辛苦，而且有大批伤员和俘虏，休整处理还需要一段时间。黄泛区怎么过？无后方依托，十几万大军吃什么？黄河以南基本上是国民党的天下，怎么样才能突破围攻堵击？还有一个北方人如何适应南方的生活习惯的问题。看似是个小事，但后来却成了一个很大的问题。实施大战略，固然要撇开很多枝节问题，可有些看来不起眼的基本问题，则不能忽视。大战略家既要胆大、魄力大，也要细致周密。

为了考虑得更为周密，8月6日，刘伯承、邓小平在野战军作战室召开

① 赵晓光：《邓小平的三起三落》，辽宁人民出版社，2011年版。

了一个司令部处科以上干部会议，讨论挺进大别山的问题。

刘伯承诙谐地说：蒋介石实施“开饭馆战术”、“葡萄战术”，想让我军“胀死在鲁西南”，我们不上这个当，明天就出发南下，并部署了行动计划。

邓小平指示：我们要下决心不要后方，直捣蒋介石的心脏——大别山，逼近长江威胁武汉三镇和蒋介石的老巢——南京，把战线从黄河边向南推进到长江边。

随后，邓小平站在全局的高度，用他出众的口才分析道：我军南下，必定引起敌军的调兵回援和北追、南堵、东西截击，这一方面配合了全国各战场上的兄弟部队，有利于彻底扭转全国战局，另一方面也增加了我们的困难，因此，第一，一切工作要服从战略进攻任务的要求。要教育各级干部和战士，这是一个极光荣而艰巨的任务，是我军战争史上的一个创举，要为此而做出贡献，付出代价，不怕疲劳，不怕困难，不怕牺牲，连续作战。第二，在淮河以北主要是消灭敌人的地方武装，力避与敌主力作战和纠缠，千方百计直奔大别山腹地，走到大别山就是胜利。第三，进入新区要严格遵守党的政策与我军的纪律。

8月7日黄昏，刘伯承、邓小平率主力从鲁西南的巨野、郓城出发。千里跃进大别山的伟大战略进军开始了！

挺进大别山是一种特殊方式的进攻，是无后方依托、跳跃式的、长驱直入的战略进攻。而敌人一开始根本搞不清刘邓大军的战略意图，甚至还以为“刘邓北渡不成而向南逃窜”。

为了迷惑敌军，刘邓大军以一部在黄河边佯动，造成北渡声势，吸引敌军继续向北合围，在其合围圈将拢未拢之际，野战军主力，突然甩开敌军，向大别山急速挺进。

对这次行动，刘伯承特别强调了两个“先敌”：“先敌进入大别山，先敌在大别山展开”，“机不可失，时不我待”，“越早越好，越快越好”。

邓小平把这两个“先敌”用一个字——“走”来概括，提出“走到大别山就是胜利”。

“走到大别山就是胜利”既说明了邓小平在严峻的形势面前举重若轻的气魄和胸襟，又体现了他一贯的幽默风趣的语言风格。

当时，刘邓大军缴获甚丰，但为了快走，很多大炮、小炮、重机枪、

刘邓大军涉渡淮河

刘邓大军胜利到达大别山区

汽车等重装备和一些带不下的好枪、好弹药都丢了，只有部分转交给了县大队等地方武装。后来，邓小平不无惋惜地回忆：重装备带不走了，只能丢了，所以打淮海战役的时候，二野的炮兵就很少。

这对一支长期用土枪土炮还有大刀长矛同拥有飞机大炮机关枪的敌军对抗的部队来说，可不是一件易事。领导下决心不容易，执行起来更不容易。

走得快，另一个诀窍就是邓小平所说的沿途尽可能地不同国民党军主力纠缠和作战。因此，这次千里跃进，打的仗并不多，“除了地方保安部队外，一共只消灭了几个旅”。这也不是一件易事。其一，还是要走得快，抢在敌人堵截大军的前面；其二，不能走大路、好路，只能走小路、险路。因此，“走”也难，真的很难！

第一大难关，就是那个相当于“死亡区”的黄泛区。这里虽然已成了一片死水，但还是一片汪洋。即使是无水的地方，也尽是稀烂的胶泥，前脚起，后脚陷。这样，刘邓大军从头一天的黄昏，一直徒步走到第二天的太阳出来，只走了20里路。

20里走了整整一个晚上10多个小时，平均一个小时不到1000米，一分钟才10来米，可见何等的艰难。邓小平后来回忆：过黄泛区，真困难啊！

刘伯承在大别山

直到这时，蒋介石才从梦中惊醒，立即调集大军南阻北追。第一个目标是把刘邓大军阻击在汝河以北，先急调整编第85师经平汉路南下，驻守汝河南岸，收缴或砸烂汝河上的所有渡船，继而调集大军自北向南追击，其作为先头部队的3个整编师在8月24日中午时分由西至东，到达距汝河约50里的油坊店至汝南埠一带。

刘邓先头部队趁防守汝河的第八十五师立足未稳，至24日下午3时许强渡成功，攻占了汝河南岸的大雷岗。

当晚，刘邓率指挥部到达汝河北岸，召集前线指挥员召开紧急会议，命令从即时起，不分白天黑夜，不管飞机大炮、枪林弹雨，片刻不停地立即渡河。

刘伯承一改往日温文尔雅、幽默风趣的风格，大声命令：狭路相逢勇者胜啊！要勇，要猛！以进攻的手段对付进攻的敌人，从敌人的阵地上打开一条血路，冲过去！

邓小平作战前动员：今天如果打不过去，明天敌人的大军就会赶到，我们就会分散打游击或转回去，也就是完不成党中央交给我们的战略任务。我们要不惜一切牺牲，一切代价，坚决打过去，没有别的出路。

为了防止意外，减少部队负担，邓小平还下令各部门立即将机密文件全部烧毁。前线指挥员则命令所有的步枪都安上刺刀，每颗手榴弹都揭开盖，看到敌人就打，打完就往前插，并要求先头部队过后，沿途不留一个敌据点和一个敌人。这样，自24日晚到25日下午4时许，刘邓大军共有4万多人渡过了汝河。

8月27日，刘邓大军渡过淮河，终于胜利到达大别山区。这把利剑已经重重地刺进了蒋介石的心脏！

1948年4月25日，邓小平在河南鲁山召开的豫陕鄂前委和后委联席会议上，用他的语言高度评价这次千里跃进的重大意义：

> 我们由黄河到长江跃进了一千里。这个跃进的意义可不要小看了，中国从北到南没有多少个一千里，从长江再跃进一千里就到了广东、福建的边界，下剩不到一千里了，蒋介石的反动政权就要垮台了。这个跃进的事实表明战略形势起了巨大变化，正如毛主席在《目前形势和我们的任务》的报告中所说的，由于我们的反攻，已经扭转了战争的车轮。我们击破了蒋介石的反革命计划，使之由进攻转为防御，由外线转到内线，而我们则由防御转为进攻，由内线转到外线，改变了战略形势。[①]

① 《邓小平军事文集》，第2卷，第91页，军事科学出版社，中央文献出版社，2004年第1版。

“站得住就是胜利”

大别山，位于鄂豫皖三省交界地区，东起淮南路，西至平汉路，北连淮河，南临长江，突出于武汉、南京之间。

刘伯承认为：大别山“东望江浙，西连巴越，南逼湖广（两湖），背靠豫皖。凭高踞险，瞰制中原，多么重要的战略要地！”“我们现在所处的地位是三山四河：三山就是大别山、泰山、伏牛山；四河就是长江、淮河、黄河、汉水。中原逐鹿，鹿死谁手？谁要得到中国，谁就得控制中原。”

中原地区历来是兵家必争之战略要地，共产党深知此理。

1947年6月30日，遵照中共中央和毛泽东的指示，刘邓大军千里挺进大别山，实施战略展开。

所谓“得中原者得天下”，蒋介石也熟谙这一点，不敢怠慢，调集23个旅的兵力紧跟刘邓大军过了淮河，尾追而至，欲逐刘邓大军离开、或消灭于大别山区。

1947年8月，邓小平在大别山区光山县北向店召开的干部大会上讲话。

对蒋介石此举，刘伯承、邓小平早有准备。

8月27日，也就是刘邓大军到达大别山的当天，邓小平以中共中央中原局的名义给晋冀鲁豫所属各部队发出《关于创建巩固的大别山根据地》的指示。

邓小平保持着他惯有的语言特色，开门见山地总结道：

> 我军已胜利完成渡过淮河、进入大别山之跃进任务，敌人追击计划完全失败。今后的任务，是全心全意地义无反顾地创造巩固的大别山根据地，并与友邻兵团配合，全部控制中原。
>
> 实现此历史任务，要经过一个艰难困苦的过程，发展半年以上的时间。如不大量歼灭敌人和充分发动群众，要想站稳脚跟是不可能的。因此，我们应切勿骄躁，兢兢业业，上下一心，达成每一个具体任务。①

刘邓大军从黄河一跃千里到了长江，这可是国民党政权的心腹大患。此时，国民党军23个旅已经跟进了大别山区。敌人重兵压境，邓小平胸中自有雄兵百万，将敌我双方的优劣一一道出：

> 应向全军说明，我们有完全胜利的把握。首先是有陈谢兵团在伏牛山、豫西、豫南广大地区及山东大军在陇海路南北的互为配合。其次是我当面敌人只有二十三个旅，兵力分散，战斗意志薄弱，此次尾我失败，战略上愈显被动。再次是大别山区有长期的革命传统，且保存有游击战争的基础，我们有许多本地干部。特别是党中央、毛主席的英明领导，全军上下一致的决心和信心，胜利是有把握的，虽有困难也是能够克服的。②

处身于战争年代，作为一个伟大的军事家，邓小平始终立足于高处，运筹帷幄，决胜千里。无论何时何地，他的临危不惧，他的必胜信心都在讲话中通过敌我对比表现得淋漓尽致。因为通过敌我对比，更能使人认清形势，增强我方必胜的信心。

---

① 《邓小平军事文集》，第2卷，第34页，军事科学出版社，中央文献出版社，2004年第1版。

② 同上。

大别山地区，是土地革命战争时期的鄂豫皖根据地，又是刘邓大军的前身之一红四方面军的创建地。因此，邓小平特别指出：

应向全区群众说明，我们是鄂豫皖子弟兵的大回家，他们的子弟在华北胜利了，壮大队伍了；说明蒋军必败我军必胜的条件；说明我们绝不再走。我们的口号是与鄂豫皖人民共存亡，解放中原，使鄂豫皖人民获得解放。①

然而当时大别山的情况，十分复杂，也十分困难。这里先后是红军的根据地、游击区和新四军的抗日根据地，长期为战区，反复遭到国民党军队、日伪军和当地反动势力的疯狂摧残与报复，经济十分落后，人力资源也极其贫乏。再加上红军主力、红军游击队、新四军在这个地区多次进进出出，老百姓的疑虑、怨言、恐惧心理也是有的。刘邓大军面临敌重兵围困，又受到饥饿、疲劳的时时困扰，形势非常严峻。

邓小平看待问题一向是注重辩证关系的，自然会注意到当前所面临的种种困难。因此，他特别指出：

在军事上，我们在最初一个月内，不求打大仗，而是占领城镇，肃清土顽，争取打些小胜仗（一两个团一次的歼灭战）。同时，特别注意引导大家熟悉地形，习惯生活，学习山地战，为大歼灭战准备条件。但必须了解，如果我们不在半年内歼灭十个旅以上的敌人，就无法使群众相信我们不会再走而敢于起来斗争，我们也就会遇到更多的困难。因此，任何时候，全军都必须有高度的战斗意志和战斗的准备。

充分发动群众及其游击战争，同我们一块斗争，是实现我们战略任务的决定条件。而我军严格三大纪律八项注意，严整军风纪，是树立良好影响，使群众敢于接近的先决条件。各级必须专门检查实现，万勿忽视。②

---

① 《邓小平军事文集》，第2卷，第34页，军事科学出版社，中央文献出版社，2004年第1版。

② 同上，第35页。

细细体味这段话，不难从中感悟到邓小平作为军事家的运筹帷幄、高瞻远瞩，分析问题有条有理，不得不令人佩服。

9月27日，也就是《关于创建巩固的大别山根据地》的指示发出一个月后，刘伯承、邓小平在光山县白雀园召开纵队领导会议。

原来，刘邓大军进入大别山后，刘伯承、邓小平发现困难要比他们最初设想的大得多，部队存在着混乱思想，发牢骚、说怪话的人也多了起来。于是，他们果断召开纵队领导会议，统一思想。

新的指导思想用邓小平的话说，就是——“站得住就是胜利”。

1949年10月，刘邓大军发起高山铺战斗。图为我山炮向敌人射击

在这一思想指导下，刘邓大军机动灵活地反击敌人。

10月初，刘邓大军出动主力，打破国民党军3个整编师的跟踪与合围，并在皖西六安的张家店地区全歼国民党军整编第88师第62旅，取得了进军大别山以来首次全歼一个正规整旅的胜利。

10月27日，刘邓大军又在湖北蕲春以东的高山铺地区将国民党军整编第44师师部和两个半旅全歼，共歼敌12000多人。经过两个月的作战，刘邓大军共歼敌3万多人，建立民主县政府33个，在大别山初步站住了脚。

“卧榻之旁，岂容他人酣睡！”刘邓大军在大别山逐渐站稳了“脚跟”，蒋介石自然不能善罢甘休。

11月底，国民党军华中“剿总”司令官白崇禧率14个整编师33个旅开始对大别山区进行残酷“清剿”。

敌人攻势异常凶猛，并效仿日军的“铁壁合围”战术与“三光政策”，大别山区建立“三网”（谍报网、公路网、碉堡网），制造“二无”（无人区、无人村）。

大别山区回旋余地狭窄，粮食又困难，大兵团实施宽大作战十分不便。为了粉碎敌人的围攻，刘伯承、邓小平决定采取“内线坚持和分兵向外，内外配合，寻歼弱敌”的方针，一个率兵进行外线作战，一个留在大别山同敌人周旋。

经过一番“争论”，邓小平以年轻身体好为理由，留在了更为艰苦、更为危险的大别山；刘伯承则坚决把警卫团留给邓小平，自己只要一个排。

1947年12月，刘伯承在干部大会上作报告。

邓小平坚持“留在大别山指挥”，是因为大别山的条件十分艰苦。冬天气候寒冷，地面潮湿，部队常常在山野林莽中露宿，在雨水泥泞里行军。干部战士们从平原来到山区，从北方到南方，开始不大适应南方的气候和生活；社情和民情很复杂，大别山与其他解放区有很大不同，共产党曾四次从这里撤走，是敌我拉锯的地区，群众疑虑较多。鉴于此，邓小平考虑到刘伯承年大体弱，就自告奋勇地提出“我留在大别山指挥”。

12月11日，刘邓分兵。由邓小平率前方指挥所留在大别山坚持内线斗争；由刘伯承率后方指挥所出大别山去淮北地区。刘邓分开后，前后方两个指挥所仍都以刘邓名义发出命令、指示和其他文件。

坚持大别山反“围剿”斗争，是整个跃进大别山过程中最困难的时期，是“反攻以来最大考验”。邓小平主动承担了坚持内线斗争这一最艰苦的任务，指挥大别山内的3个纵队几万人马与国民党军33个旅数十万人马进行艰苦卓绝的斗争。

对坚守大别山的情景，邓小平后来曾有一段生动的回忆：

> 就是我一个，先念一个，李达一个，带着几百人不到一千人的前方指挥所留在大别山，指挥其他几个纵队，方针就是避战，一切为了站稳脚。那时六纵担负的任务最多，在大别山那个丘陵地带来回穿梭，一会儿由西向东，一会儿由东向西，今天跑一趟，明天跑一趟，不知来回跑了多少趟，调动敌人，迷惑敌人。别的部队基本上不大动，适当分散，避免同敌人碰面。这样搞了两个月，我们向中央军委、毛主席报告，大别山站稳了，实现了战略任务。①

这里说得轻描淡写，在当时却是何等的苦啊！

邓小平在1948年4月25日的一个报告中称：大别山的几个纵队是有削弱，减员约15%。……原先我们占领了20多个县城，后来一个也没有了。

邓小平个人这时也是“身体瘦削，眼窝深陷，过长的头发没有理，胡

① 《邓小平军事文集》，第3卷，第326页，军事科学出版社，中央文献出版社，2004年第1版。

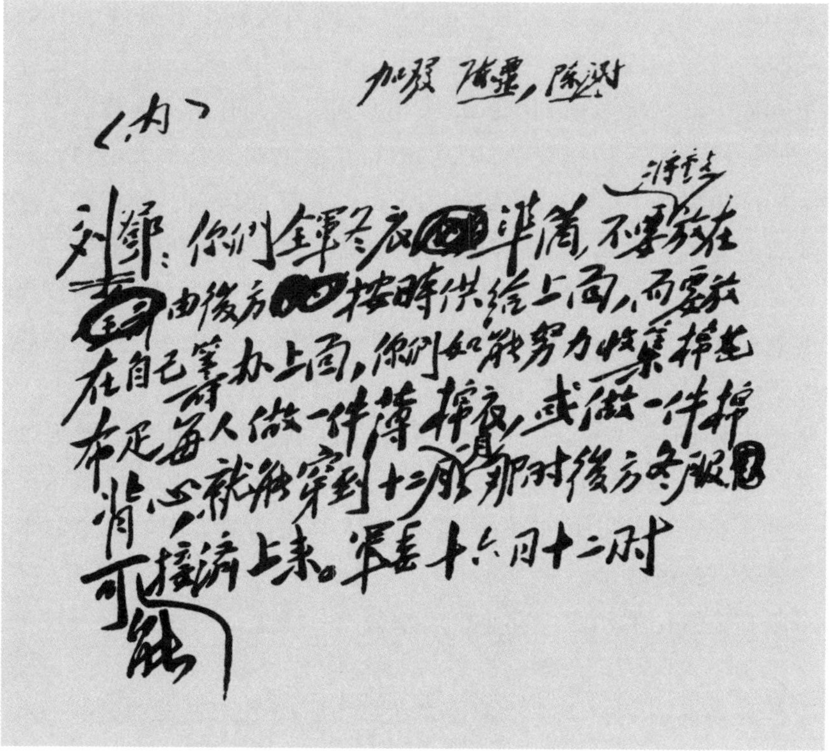
加發 陈粟、陈谢

（内）

刘邓：你们全軍冬衣準備，不要寄在由後方按時供給上面，而要放在自己籌办上面，你们如能努力收集棉花布疋每人做一件薄棉衣，或做一件棉背心，就能穿到十二月，那时後方冬服可能接济上来。軍委 十六日十二时

中央军委给刘邓大军关于自己解决棉衣问题的电文

子拉碴……冷静得使周围的人有的感到有些寂寞，有的表示惊讶，有的怀着焦虑……”

“这能算胜利吗？”有人问。

“算！”邓小平坚定地回答。

“为什么？”

“站得住就是胜利！”

邓小平的这个论断，形象生动，贴切自然。在当时大别山人心忧虑、信心不足的关键时刻，邓小平以一名卓越的政治家、军事家的敏锐洞察，一针见血地指出了貌似强大的国民党反动派外强中干的实质，从战略上具体阐述了只要“站得住就是胜利”的主张，这极大地鼓舞了中原野战军，为广大指战员树立在大别山地区建立巩固的根据地的思想起了巨大的作用。

在形势相当严峻、气候环境相当险恶、生活条件极其艰苦的情况下，

"刘邓大军"千里跃进大别山，终于在大别山站稳了，胜利地完成了解放战争中毛泽东关于把战线引向蒋管区，实现战略反攻的任务。

1948年1月15日，邓小平在给毛泽东的电报指出：

"现在看来我们业已站住，不管情况如何严重，敌人是撵不走我们的。"①

4月25日，邓小平在河南鲁山主持召开的豫陕鄂前委和后委联席会议上，作了《跃进中原的胜利形势与今后的政策策略》的重要报告。

邓小平首先讲起当前的战略形势：

> 这次我到豫陕鄂区来，看到情况很好，这是这里的党政军各同志努力的结果，也是从去年七月起全国性反攻的结果。大家希望我谈一谈最近的形势，我想，就拿我们豫陕鄂区根据地的雏形已经具备这个事实，也大体上可以说明问题了。九个月来，全国战局有了新的发展，各个区都无例外地转入反攻。我们由黄河到长江跃进了一千里。这个跃进的意义可不要小看了，中国从北到南没有多少个一千里，从长江再跃进一千里就到了广东、福建的边界，下剩不到一千里了，蒋介石的反动政权就要垮台了。这个跃进的事实表明战略形势起了巨大变化，正如毛主席在《目前形势和我们的任务》的报告中所说的，由于我们的反攻，已经扭转了战争的车轮。我们击破了蒋介石的反革命计划，使之由进攻转为防御，由外线转到内线，而我们则由防御转为进攻，由内线转到外线，改变了战略形势。②

在这里，我们可以看出邓小平的战略眼光：打到中原，就是打到外线，在蒋管区打，消耗的是蒋管区的人力、物力、财力，使他们陷于枯竭。为了说明这一点，邓小平用了四个"一千里"，既形象又生动，给与会者留下了深刻的印象。

---

① 《邓小平军事文集》，第2卷，第58页，军事科学出版社，中央文献出版社，2004年第1版。

② 同上，第91页。

接着，邓小平针对有些同志思想上存在的怕吃苦、不愿到外线作战的错误想法，有的放矢地举了正反两个例子，说明到外线、到蒋管区作战的意义。

我们几个野战军出来以后，是吃了苦头的，特别是大别山的部队遇到了好多困难。豫陕鄂的部队情况好一些，但总没有在太岳内线那样舒服。鉴于这种情况，或许有人要问：我们的反攻是不是早了一点呢？迟一点好不好呢？事实证明，反攻是恰当其时的，迟了就要犯错误。因为蒋介石的反革命战略方针是要把战争扭在解放区打，这是他从长期反人民战争中得到的经验。如果有同志参加过十年苏维埃时期的内战，就会懂得这一点。那时不管在中央苏区，还是鄂豫皖苏区或湘鄂西苏区，都是处于敌人四面包围中作战。敌人的方针就是要扭在苏区边沿和苏区里面打，尽情地消耗我苏区的人力、物力、财力，使我们陷于枯竭，即使取得军事上若干胜利，也不能持久。在反对敌人的第五次“围剿”时，要是按照毛主席的方针，由内线转到外线，将敌人拖出

刘邓大军在大别山区坚持斗争

苏区之外去打就好了，那样苏区还是能够保持，红军也不致被迫长征。可惜“左”倾机会主义者不这样做，中了蒋介石的计。这次蒋介石又想用这个办法对付我们，扭在解放区打，来削弱我们的人力、物力、财力，使我们不能持久，封锁我们不能出来，好使他保持三万万人口的后方完整而不受损失，来供应他作战。这个如意算盘是高明的，但是还有更高明的毛主席，他从确定自卫战争的方针时起早就看清这一点。他告诉我们，开始必须在内线打，打到一定时候，也就是削弱敌人到相当程度之后，就要打到外线，到蒋管区去打。这样就可以击破蒋介石反革命的毒辣的战略方针。因为在战争初期，我们的装备还不够优良，作战经验还不丰富，内线便于消灭敌人，便于组织和发展我们的力量，便于积累经验，所以先在内线打是完全必要的，也是取得了胜利的。从一九四六年七月到一九四七年六月，我们全国各个战场在第一年的自卫战争中，消灭了一百一十二万敌人。我们把分散的游击部队组成了野战军，积累了丰富的作战经验。这时时机成熟了，就应该转到外线，否则就要吃亏。拿冀鲁豫来说，经过一年的内线作战，农民的鸡、猪、牲口看见的不多了，村里的树也少了，试问，扭在解放区打，我们受得了吗？如果我们只想在内线作战要舒服一些，就中了敌人的毒计。①

从这段话中，我们可以看出邓小平语言的一大特色：言必有据，针对性强。随后，邓小平又要大家“好好地算算账”。

现在我们出来九个月了，收获是很大的。有些同志往往不了解这一点。拿我们那边几个纵队来说，在第一年打了很多胜仗，去年七月份二十三天消灭敌人九个半旅，可是一到大别山，前后才歼敌四个旅，因此就有个别的人怀疑是否局面变坏了。其实只要好好地算算账，就会懂得的。首先，从战略上我们由防御

① 《邓小平军事文集》，第2卷，第91～92页，军事科学出版社，中央文献出版社，2004年第1版。

转为进攻，前进了一千里，占领了四千五百万人口的区域，经过奋斗已能控制的有二千万人口的地区，其他二千五百万人口的地区散布着我们的游击战争。在这里，敌人搞不到兵，搞不到粮食。这就是说，在敌人控制的三万万人口里面，去掉了将近六分之一。其次，看看消灭敌人的数目。据最近宣布的战果，全国战场自一九四六年七月到一九四八年二月，共歼敌将近二百一十万人，三月份至少歼敌十几万人。这就是说，反攻以后九个月的战绩就已经达到第一年的数目，我们吃了苦头，但是换得了更大的胜利，对敌人的打击更沉重了。从中原三支野战军来看，在鄂豫皖，大别山的几个纵队是有削弱，减员约百分之十五，但江汉发展了百分之百，桐柏发展了百分之五十；豫陕鄂这边发展了百分之百；豫皖苏也是发展的。所以，从总体上说，力量比过去大了。①

听邓小平讲到这里，与会者心里更加清楚明白了。为了更好地说明大别山的战略地位，以及跃进大别山的战略意义，邓小平进一步指出：

同志们对大别山一定感到是个谜，原先我们占领了二十多个县城，后来一个也没有了，野战军主力也从大别山转到淮北去了，这能不能说是胜利呢？我说，这也是胜利了。大家知道，中原战略地位非常重要，正当敌人的大门，其中大别山是大门边。我们反攻以后，它代替了敌人重点进攻的山东和陕北，是敌人兵力集中最多的战场。中原形势决定于两个山，一个是大别山，一个是伏牛山，敌人最关切的还是大别山，它比伏牛山更重要，中原要大定就要把大别山控制起来。大别山是一个战略上很好的前进的基地。它靠近长江，东面一直顶到南京、上海，西南直迫汉口，是打过长江的重要跳板，敌人时时刻刻受到我们过江的威胁。大别山，敌人必争，我也必争，这是艰苦斗争的过程。我们

① 《邓小平军事文集》，第2卷，第93页，军事科学出版社，中央文献出版社，2004年第1版。

在大别山已经建立了两个军区，有一千二百万人口，普遍地完成了开展游击战争的布置，留下的军队散布在每个角落，县、区武装政权都组织起来，我们已经站住了脚，敌人无论如何打不走我们了。事实说明，我们就是游击姿态，也站住了脚。于是，我们野战军才逐步抽出来作宽大机动作战。而前一个时期这样做是不可能的。大别山的斗争已前进了一步，前进到当地的人民和部队已经能够坚持大别山的斗争了。现在，中原吸引了蒋介石南线的一半以上的兵力，保证了其他地区的胜利展开。虽在全国范围吃苦头最多，付出了代价，但换取了战略上的主动，取得了全局的胜利。所以，党中央和毛主席在评论战局的时候，第一讲到中原，对中原的成绩估计得很大。

我们有些共产党员，马列主义的思想方法太少，看见自己头上有一小块云，就认为天下都是云，凭直觉来看问题，凭自己脑袋上面有没有乌云来判断革命胜利或失败，这样，遇到困难就不会看到光明和胜利，就没有不悲观失望的。我们的力量是发展的，胜利不小，不过外线作战确实不如内线作战痛快、舒服。革命就是不能那样舒服，往后还要更艰苦，越接近胜利斗争越艰苦。谁都希望革命快些胜利，可是，问你敢不敢胜利，问题就来了。不一定希望胜利的人就敢于胜利。要胜利就要吃苦。北方的很多部队不习惯南方生活，就怕过长江。但是，敢于胜利，就要过长江。敌人还统治着几万万人口的地区，只有打过长江去，打到敌人的心脏，才能取得全国的胜利。怕过江的人最懦弱，屈服于困难的人就是革命不坚决的人。真正的英雄，就是要克服困难，准备吃苦，准备勇敢坚决地打过长江。地方工作的同志也是一样。这是路线问题，是革命坚决不坚决的问题。所有中原的同志，都负担着艰苦的任务，全国都在望着我们，我们应该更好地来努力。[①]

---

① 《邓小平军事文集》，第2卷，第93～95页，军事科学出版社，中央文献出版社，2004年第1版。

转向外线作战的刘邓大军一部在风雪中渡过汝河

报告中，邓小平以他出众的语言艺术，有论有据，娓娓道来，向世人展示了他作为政治家和战略家的胸怀与眼光。他站在全局的高度，总结和分析了战略反攻以来全国和中原的胜利形势，明确提出了今后的任务和夺取胜利的条件，详细地阐述了千里跃进中原及在大别山“站得住就是胜利”的战略思想。

从中，我们可以看到邓小平语言的一大特色——严谨性和条理性极强。

“只要消灭了南线的敌军主力，中野就是打光了，这个代价是值得的”

不惧强敌，敢打敢拼，这是战争年代的邓小平。

在邓小平的戎马生涯，从领导百色起义，开辟左右江革命根据地，到渡江南下，横扫大西南，面临的是不可一世的强敌，经历的硬仗恶仗不知有多少。顾全大局、勇于承担重任、敢打硬仗恶仗，是邓小平革命生涯中具有鲜明特色的方面。

解放战争时期，特别是淮海战役第二阶段打黄维兵团，是实实在在的啃硬骨头。

淮海大会战，战场位于黄淮平原，豫、皖、苏、鲁四省交界之地。这里，地形开阔，交通线纵横交错。南北有天津至上海的津浦铁路，东西有郑州至徐州的陇海铁路。两条大动脉之交会点徐州，为其中心。

刘伯承（右三）、邓小平（右二）等领导人检阅部队。

蒋介石欲以80万人的庞大兵力，阻止我军南下，守住中原，屏障南京。

毛泽东决定，由华东野战军、中原野战军和华东、中原的地方部队23个纵队60万人参加淮海决战，指出：此战胜利，不但长江以北局面大定，即全国局面亦基本解决。

1948年11月6日，中原地区一场规模空前的大决战开始了。我各路大军按既定部署发起猛烈攻势。至22日，粟裕领导华东野战军主力在徐州以东碾庄圩地区全歼黄百韬第7兵团，切断了徐蚌线，形成了包围徐州、兵临江淮之势，取得了淮海战役第一阶段的胜利。

黄百韬兵团被歼后，敌军主力还有邱清泉、李弥、孙元良、李延年、刘汝明、黄维等6个兵团，其中邱、李（弥）、孙由杜聿明统一指挥，共10个军30万人，统称为杜集团；李（延年）、刘兵团为原“绥靖”部队改编而来，在国民党军队内的派系中，一为原东北军，一为原西北军，可视为一类；再就是黄维兵团。淮海战役下一步作战指向何处，下一记重拳，应该打在谁的身上，就成了毛泽东考虑的重点。

毛泽东曾设想下一步的主要作战方向是以华东野战军主力诱歼由徐州东援之敌邱清泉兵团、李弥兵团数个师，将该敌打得不能动弹，然后再看形势，或继续打邱、李两兵团，再打徐州，或先打徐州，再歼邱、李两兵团。同时以中野和华野一部钳制黄维兵团等援敌。

11月19日，邓小平和总前委常委研究战场情况后认为：华野歼灭黄百韬兵团后，已相当疲劳，“刀锋似已略形钝挫”，如不休整，接着打战斗力较强的杜集团，不易达成预期目的。李延年、刘汝明两兵团是杂牌军，与蒋介石有矛盾，士气低落，只求自保，暂时不用打。黄维兵团气势汹汹，先后强渡涡河、淝河、浍河，深入了几百公里，但远道而来，孤军冒进，后方补给线又断，实力也不如杜集团，必打而且可以打。用刘伯承的话说，对这三股敌人要区别对待：“吃一个（黄维兵团），挟一个（杜集团），看一个（李延年、刘汝明两兵团）。”

23日，邓小平等向中央军委建议以中野全部及华野一部先歼灭黄维兵团。

24日，毛泽东复电“完全同意先打黄维”，并指出：情况紧急时机，一切由刘、陈、邓临机处置，不要请示。

邓小平勇啃硬核桃，毛泽东一锤定音，先打黄维由此确定。

黄维兵团是中原野战军进入中原后遇到的一块最硬也最难啃的骨头，它的兵力之大，装备之较现代化，工事之强度，抵抗之坚决，对中野来说，都是第一次遇到的。

对于两军作战，《孙子兵法》提出了一条基本原则："十则围之，五则攻之，倍则分之，敌则能战之，少则能逃之，不若则能避之。"意思是要兵力相等才能战，两倍于敌才能分兵合击，五倍于敌才能直接进攻，十倍于敌才能围歼。

熟读《孙子兵法》的毛泽东自然晓得其中的道理，提出了"集中优势兵力，各个歼灭敌人"的军事思想，其中所说的"优势"就是6倍、5倍、4倍至少也要有3倍于敌的兵力，而且要在"适当时机"。淮海战役则是敌人近80万，解放军的中野、华野加起来才有60万，特别是中野因几次分兵、千里跃进中原、大别山苦战而力量比较薄弱。

中野第一批南下大别山的4个纵队和野直共11.5万人，3个月后即减员3万余人。还有一部分富有战斗经验的纵队、旅、团级干部，被调到新开辟的军区和地方上工作。到淮海战役打响时，以兵力来说，除1纵、4纵各有9个团外，9纵只有5个团，其余4个纵队也都只有6个团；平均每个纵队仅有1.5万至1.6万人，其中2纵、11纵不过1.2万至1.3万人。中野全部参战部队只有7个纵队和2个旅，总兵力不过12万人，与黄维兵团基本相当。

然而，中野的武器装备实在是太弱了。在千里跃进大别山时，部队为了轻装，忍痛炸掉了一些重炮。野炮只陈赓的4纵有2门；山炮总共43门，炮弹不过200余发；步兵炮一共4门，炮弹只有十几发；迫击炮也只有207门，炮弹3000余发；步马枪、轻重枪倒是不少，可子弹还不足一个基数；因部队减员很多，有些武器还不得不埋在大别山……

以装备低劣的中野对付全部美械装备的黄维兵团，实力如何？结果怎样？邓小平心里是有数的。

11月22日，淮北小李家，总前委作战室。

中原野战军纵队以上干部聚集一堂，正在召开紧急作战会议。陈赓、杨勇、秦基伟、陈锡联、王近山十几位驰骋疆场、骁勇善战的将领们围桌而坐，一个个正屏神凝气、神情专注地听刘伯承分析战局：当前形势万分火急，黄维兵团的12万大军正向我们步步逼近。但大兵团机动作战最忌讳河网地带，河流可能把完整的部队分割。因此，南坪集桥头是个关卡，它

中原野战军第十二旅在淮海战役中向杨庄、沈庄之敌运动。

的周围有涡河、北淝河、浍河，守住这一点，就能控制宿蒙公路，使黄维兵团被河流肢解。

4纵司令员陈赓第一个站起身来：司令员，南坪集阻击的任务交给我们吧，我们与其他纵队相比，还算满员。

总前委书记、中野政委邓小平接口道：加上还有你这个猛将！

与半个月前相比，邓小平显得瘦多了，也黑了。他担任总前委书记之时正是淮海前线战局最困难的时刻。

碾庄，黄百韬困兽犹斗，华野攻击一时受挫；徐东，邱清泉、李弥两兵团在蒋介石、杜聿明的层层高压下，竟摆出一副“以大局为重”的架势，拼死救援；徐西，中野以区区6个纵队12万人，既要西阻黄维12万钢铁大军，又要南截李延年、刘汝明两兵团北进，还要分兵袭扰徐州，牵制邱清泉、李弥两兵团。

处处军情火急，处处需要兵力。和粟裕一样，邓小平承受了开战以来从未有过的压力。他心里清楚，各个环节都是关键，无论哪个环节出了差错，南线决战的有利态势必将付诸东流。

刘伯承司令员身体不好，陈毅看着壮实则有隐疾，值夜班的差事大多都被精力充沛的邓小平接了过来。但这还不是主要的，他更关心几个方面的战况，心理压力对身心的影响显然要比以身尽职、多值几个夜班更熬人。

一连几天，饭吃不好，觉睡不好，烟却一支接一支抽得惊人。他需要精力，需要镇定。

会上，邓小平充分展示了他出众的口才，非常形象地比喻中野的艰难处境：消灭黄维兵团，对中原野战军来说，犹如“瘦狗屙硬屎”。41年后的1989年11月20日，他在会见编写第二野战军战史的老同志时曾深情地回忆：

> 经过大别山斗争，二野受到削弱。只有秦基伟的九纵，你们那一坨，保持联系兴盛的旺气。主体四个纵队就削弱了，更新也困难啊，有三个纵队每个纵队仅两个旅，只有一个纵队是三个旅，就这样迎接淮海战役。[①]

双堆集战场一角

但邓小平是个原则性极强却又不失灵活的军政全才，他很能领会中央的战略意图。

淮海战役前，敌强我弱，中央军委的作战方针一直围绕着“保存自己，消灭敌人”展开。那时，解放军人少，保存自己才有日后与蒋介石决战的资本。到了1948年下半年，解放军迅速发展壮大，在战场上以横扫千

① 《邓小平军事文集》，第3卷，第327页，军事科学出版社，中央文献出版社，2004年第1版。

军之势打击国民党军。这时，“保存自己”就已降到了第二位。中央军委也适时提出“不惜一切牺牲，力图大战取胜，在江北解决问题”。

邓小平集沉稳忍耐与果敢决断于一身。他讲话、走路、办事从容不迫，大有“不管风吹浪打，胜似闲庭信步”之风度。越是在危急的时刻，他越镇定自若，稳如泰山。

邓小平准确而深刻地领会了毛泽东和中央的战略意图，假如让黄维兵团的增援企图得逞，整个战争进程就要推迟！

中野主力经大别山一年苦战，战斗力还没有完全恢复，围歼黄维兵团的任务十分艰苦，可以说是一着险棋；要是先将重点放在歼击较弱的李延年、刘汝明兵团，则所余力量又难以阻挡强敌推进，有所不测就会牵动全局；如果寄希望于华野吃掉徐州杜聿明集团之后再合力对付此敌，则不但华野相当疲惫，而且随着时间推移，战局变化也很难预料。

淮海战役总前委成员

在权衡利弊后，刘伯承、陈毅、邓小平等中野领导人横下心来，决定与黄维兵团决一死战。这样，既可除掉蒋介石手中的“王牌”，又能起到“承前启后”的作用，使江北局面大定。

正因为这是知难冒险的关键性的决战，所以邓小平一改往日沉稳，情绪激昂地提出“拼老命”的政治口号，号召全体指战员拿出“倾家荡产”

的气魄，从大局出发，破釜沉舟，拼死一战。

邓小平斩钉截铁地说：人人都要有烧铺草的决心！这次围歼黄维兵团是非常艰苦的，也是非常光荣的。要消灭敌人，没有牺牲精神是不行的。我们要不惜一切代价，在华野的协助下，完成歼灭黄维兵团的任务。只要消灭了南线的敌军主力，中野就是打光了，全国各路解放军还可以取得全国的胜利，这个代价是值得的。

“烧铺草”是四川的一种风俗，人死了之后要把睡过的铺草抱到野地里去放把火烧掉。

这是一个多么崇高的全局精神和自觉的战略意识。所以毛泽东后来赞扬邓小平“这个人比较顾全大局”，可谓中肯之言。

陈赓当即表示：我们4纵有破釜沉舟的决心，不惜一切牺牲，承担最艰苦的任务。即使打到只剩下一个班，我陈赓甘心当班长，一定坚持到最后胜利！

杨勇、秦基伟、陈锡联、王近山……这些勇冠三军的战将们都不约而同地站起身来，向总前委表示“就是拼了老命，也要完成任务！”

沧海横流，方显出英雄本色。

血火硝烟的决战关头，一生谨慎的邓小平，为粟裕分忧，向淮海前线数十万中野将士发出了“拼老命”的号召，是何等的气魄。

古往今来，在决战场上，没有这种气魄是压不倒对手的。中野、华野以60万完胜80万国民党钢铁大军，没有这种气魄是创造不了这个奇迹的。

中原野战军在淮海战役中向被围困在双堆集的国民党军黄维兵团发起攻击。

“减少一百万，实际上并没有削弱军队的战斗力”

裁军问题历来是国际社会极为关注的一个问题。多年来，过多的军队存在对世界的和平与安全显然是一个威胁。早在第二次世界大战结束后，联合国就将裁军列为它的最高目标和基本口号之一。此后，各种形式的裁军谈判和会议更是层出不穷，令人眼花缭乱。然而，虽然人人都在喊裁军，喊了几十年，但真正的裁军并没有实现，相反，世界军事力量却是有增无减。

中国政府一直主张裁减军队，反对军备竞赛。早在1975年邓小平主持中央军委工作时，就提出军队要把“消肿”作为首要任务。随后，人民解放军进行了三次大规模的精简整编。

1984年11月1日，国庆三十五周年大阅兵刚过，中央军委在京西宾馆召开座谈会。人民解放军陆军、海军、空军、第二炮兵，以及沈阳、北京、兰州、南京、济南、成都、广州、昆明、武汉、福州、乌鲁木齐等11个大军区司令员、政委，集聚一堂。

国庆35周年阅兵

会上，邓小平作出一个惊人的战略决策——裁减人民解放军员额100万！

有的人感到惊讶：当时，我国面对的国际形势并不乐观，而裁军百万，表明我军将减少25%的员额。可见，这个决策的作出是需要对国内外形势的准确判断和科学的预见，需要超人的胆略和坚定的决心。

“从哪里讲起呢？”

邓小平随和、亲切地望着会场上的诸位高级将领。

“从这次国庆阅兵讲起。这次阅兵国际国内反映都很好。但我说有个缺陷，就是八十岁的人来检阅部队，本身就是个缺陷。这表明我们军队高层领导老化，这种状态不改变不行。一个八十岁的人检阅部队，这种情况，在世界各国军队中恐怕是没有的，只此一家……”[①]

邓小平是一个伟大的政治家，又是一名“运筹帷幄之中，决胜千里之外”的军事家。他首先从部队高级干部老龄化问题入手，出语不凡，这些话讲得真是语重心长，发人深省。

> 我们军以下干部调整得比较好，比较年轻，当然还要继续调整。最近从工作和作战当中，发现了一些能干的年轻人。我们说的所谓干部老化，是指军级以上，兵团以上，这就涉及在座的所有人，包括我在内。这件事情还得我们在座的人来解决……我们在座各位的任务，就是找接班人。人，有没有？有。过去我们讲台阶，按部就班地搞，现在恐怕要修正一下，要破点格。凡是看准了的人，要大胆地提拔上来，我们帮他……现在关键是高层，是三总部、大军区、军兵种领导干部。一个是提，一个是让。我们希望军队出现一些“开明人士”，起带头作用，没有“开明人士”不行。全国干部老化的问题，突出的是军队。这个问题很重要，必须解决。[②]

邓小平的目的并不仅仅在于使部队领导干部年轻化，他进而提出了军

---

① 《邓小平军事文集》，第3卷，第263页，军事科学出版社，中央文献出版社，2004年第1版。

② 同上，第263～264页。

队的体制改革和进一步精简整编的问题。

在作出了世界大战十几年内打不起来的惊人论断后，邓小平指出：

> 这个判断，对我们是非常重要的。首先就是我们能够安安心心地搞建设，把我们的工作重点转到建设上来。没有这个判断，一天诚惶诚恐的，我们怎么还能安心地搞建设？不可能安心地搞建设，更不能搞全面改革，也不可能确定建军的正确原则和方向。
>
> 即使战争要爆发，我们也要消肿。肿，就是表现在我们指导战争的能力不高。虚胖子能打仗？拳击运动员身体很重，但是不虚，虚就不能进行拳击。我讲过，我们的肿，真正打起仗来，像我们现在这种臃肿状态的高层领导机构，根本不可能搞好指挥。我们在战火中生活几十年，打仗靠指挥灵便，现在有什么灵便啊？一个从节省开支看，一个从提高军队素质看，都必须消肿。①

“消肿”，就是精简整编，提高部队战斗力。邓小平关心精简军队、提高战斗力的思想源头，可以追溯到他在抗日战争时期的军事实践。

1941年年初，八路军第129师师长刘伯承、政委邓小平在中共中央下达“精兵简政”指示之前，就领导全师率先走上了精兵的路子。

同年11月，中央军委指示各根据地的主力部队实行精兵建设。12月17日，中共中央下发指示，要求各根据地“必须普遍地实行精兵简政”。

为加强对精兵简政工作的领导，刘伯承、邓小平还指示师和各军区按级成立了整编委员会。

1942年1月25日，邓小平亲自赶赴太行军区第6分区，精心部署和指导精兵简政工作，重点是进一步整编机关，改变机关单位庞大、不适应频繁转战的状况，继续合并一些工作性质相近部门，恢复集体办公制度，一改过去领导机关层次多、会议多、公文繁缛的情形，使机构十分精干，行动更加灵便。军队精兵，同时带动了地方简政。

---

①《邓小平军事文集》，第3卷，第266页，军事科学出版社，中央文献出版社，2004年第1版。

国庆35周年阅兵中接受检阅的第二炮兵方队和空军航空兵

作为独立战略区一位主要负责人，邓小平和刘伯承一道，根据本地区实际情况，创造性地执行党中央及中央军委指示，使这项工作卓有成效。他们在这项工作中获得的宝贵经验，对以后邓小平领导全军进行精简整编，都有着不少启示。

对此，毛泽东在《一个极其重要的政策》一文中特别强调：刘、邓等晋冀鲁豫根据地领导同志，“对这项工作抓得很紧，做出了精兵简政的模范例子”。

1975年，邓小平主持军委工作时，就把“消肿”作为整顿军队的首要任务。1977年，邓小平复职伊始，就再次严肃地提出了“消肿”问题，要求按确定的编制定额精简。这项工作历经了我军建设指导思想实现战略性转变的全过程，即由过去的立足于“早打、大打、打核战争”的临战准备，转变到和平时期建设的轨道上来。

不过，积重的确难返，仅靠小打小闹的办法是消不了“肿”的。

1977年以来，人民解放军进行的三次精简整编都是局部性的，没有从根本上把定编体制确立起来。这样，就出现了缩了再胀、再缩再胀的“怪圈”。

抗日战争时期，八路军第一二九师领导在河北涉县（左起李达、邓小平、刘伯承、蔡树藩）。

对此，邓小平认识得非常清楚。1981年12月31日，他在听取解放军总政治部领导同志汇报全军政治工作时明确提出：

“精简整编，着重精简军以上的人员、干部和机构。精简整编，要搞革命的办法。一次搞好了，得罪人就得罪这一次。用改良的办法，根本行不通。”①

1982年9月15日，中央军委向全军下达了军队体制改革精简整编方案：军委炮兵、装甲兵、工程兵机关，分别改为总参谋部炮兵部、装甲兵部、工程兵部，铁道兵与铁道部合并；撤销国家基建工程兵；撤销省军区的地方部队，部分边防部队移交公安部门。

这次精简整编，迈出的步子应该说是比较大的。但是，邓小平仍不满意，在这个整编方案上批道：这是一个不能令人满意的方案，现在可以作

① 《邓小平军事文集》，第3卷，第208页，军事科学出版社，中央文献出版社，2004年第1版。

为第一步实行，以后还得研究。

精简部队，提高部队战斗力，还在于减少不必要的非战斗人员。有同志曾向邓小平提出，某医院不像医院，光警卫就要一个连，科室那么多，主任、副主任有不少。所以，一定要改变这种体制。

对此，邓小平十分赞同。早在1980年3月12日的中央军委党委扩大会议上，他就曾指出：

“军队有些方面的工作人员可以改成文职人员、雇佣人员，不穿军服。军事院校的好多教员，也可以用文职人员，不一定用军人。教数理化的为什么一定要军人呢？该当教授就当教授，该当讲师就当讲师。军队医院也可以实行医务人员的制度，定技术职称，搞那么多行政职务干什么？这些问题要制度化。”[①]

为了保证军队生气勃勃，充满活力，邓小平主张军队要建立并实行军官服役、退役制度，使军队干部知道自己什么年龄退休，“不实行退休制度不行”。

这一次，邓小平拿定了主意，就是裁军百万，要对军队采取革命性的行动。

邓小平分析了国内外形势，讲明了这次裁军百万的重要意义：

> 我想谈一谈顾全大局的问题。这个大局就是我们国家建设的大局。……现在需要的是全国党政军民一心一意地服从国家建设这个大局，照顾这个大局。这个问题，我们军队有自己的责任，不能妨碍这个大局，要紧密地配合这个大局，而且要在这个大局下面行动。军队各个方面都和国家建设有关系，都要考虑如何支援和积极参加国家建设。无论空军也好，海军也好，国防科工委也好，都应该考虑腾出力量来支援国民经济的发展。[②]

邓小平对空军司令员和政委说：

---

① 《邓小平军事文集》，第3卷，第171～172页，军事科学出版社，中央文献出版社，2004年第1版。

② 同上，第260页。

"如空军，可腾出一些机场，一是搞军民合用，一是搞民用，支援国家发展民航事业。"①

说完，邓小平又把目光投向了海军司令员和政委：

"海军的港口，有的可以合用，有的可以腾出来搞民用，以增大国家港口的吞吐能力。"②

这时，邓小平又把目光投向国防科工委主任和政委：

"国防工业设备好，技术力量雄厚，要充分利用起来，加入到整个国家建设中去，大力发展民用生产。这样做，有百利而无一害。"③

邓小平的目光掠过全场，大家从这目光中感到了邓小平的信任和希望。

"总之，大家都要从大局出发，照顾大局，千方百计使我们国家经济发展起来。发展起来就好办了。大局好起来了，国力大大增强了，再搞一点原子弹、导弹，更新一些装备，空中的也好，海上的也好，陆上的也好，到那个时候就容易了。"④

邓小平这次讲话长达一个多小时，给与会者留下了深刻的印象，特别是"关心国家大局"，"军队要一切服从国家建设"这个大话题。

最后，邓小平十分幽默地说：

"这是个得罪人的事情，我来得罪吧，不把这个矛盾交给新的军委主席。"⑤

果然，1985年6月4日，邓小平在军委扩大会议上，正式宣布：中国人民解放军减少员额100万。

在这么一个重要会议上，我想先就裁减军队这件事情，讲几句话。我们下这样大的决心，把中国人民解放军的员额减少

---

① 《邓小平军事文集》，第3卷，第260页，军事科学出版社，中央文献出版社，2004年第1版。

② 同上。

③ 同上。

④ 同上。

⑤ 同上，第263页。

一百万，这是中国共产党、中国政府和中国人民有力量、有信心的表现。它表明，拥有十亿人口的中华人民共和国，愿意并且用自己实际行动对维护世界和平作出贡献。减少一百万，实际上并没有削弱军队的战斗力，而是增强了军队的战斗力。即使国际形势恶化，这个裁减也是必要的，而且更加必要。过去我们讲过，这么臃肿的机构如果不“消肿”，不要说指挥作战，就是疏散也不容易。“消肿”，比较难的是安置退下来的几十万干部。杨尚昆同志在小组会上讲了这个问题，我们要想妥善的办法把它解决好。这次军委会议开得很好，大家想到一块儿了。在这方面，我看没有不同意见。这说明我们军队的同志是从全局着眼，从国际大局和国内大局着眼来看问题的。[①]

1985年6月4日，邓小平在军委扩大会议上宣布：中国人民解放军减少员额100万。

① 《邓小平军事文集》，第3卷，第272页，军事科学出版社，中央文献出版社，2004年第1版。

这段讲话是很值得我们细细欣赏的。邓小平用朴素平凡的语言表达了一个令全世界震动的决心——裁军百万。没有耸人听闻的词汇，也没有夸张激越的腔调，但这段话却有一种内在的力量和气势，它所产生的冲击力是空前强大的。

"减少一百万，实际上并没有削弱军队的战斗力，而是增强了军队的战斗力。即使国际形势恶化，这个裁减也是必要的，而且更加必要。"①

这真是出语惊人。没有对国际局势的深入分析，没有出色的军事头脑是讲不出这样一番话的。接着，邓小平又谈到了两个转变的问题：

> 第一个转变，是对战争与和平问题的认识。过去我们的观点一直是战争不可避免，而且迫在眉睫。我们好多的决策，包括一、二、三线的建设布局，"山、散、洞"的方针在内，都是从这个观点出发的。这几年我们仔细地观察了形势，认为就打世界大战来说，只有两个超级大国有资格，一个苏联，一个美国，而这两家都还不敢打。首先，苏美两家原子弹多，常规武器也多，都有毁灭对手的力量，毁灭人类恐怕还办不到，但有本事把世界打得乱七八糟就是了，因此谁也不敢先动手。其次，苏美两家都在努力进行全球战略部署，但都受到了挫折，都没有完成，因此都不敢动。同时，苏美两家还在进行军备竞赛，世界战争的危险还是存在的，但是世界和平力量的增长超过战争力量的增长。这个和平力量，首先是第三世界，我们中国也属于第三世界。第三世界的人口占世界人口的四分之三，是不希望战争的。这个和平力量还应该包括美苏以外的发达国家，真要打仗，他们是不干的呀！美国人民、苏联人民也是不支持战争的。世界很大，复杂得很，但一分析，真正支持战争的没有多少，人民是要求和平、反对战争的。还要看到，世界新科技革命蓬勃发展，经济、科技在世界竞争中的地位日益突出，这种形势，无论美国、苏联、其他发达国家和发展中国家都不能不认真对待。由此得出结论，在较

---

① 《邓小平军事文集》，第3卷，第272页，军事科学出版社，中央文献出版社，2004年第1版。

长时间内不发生大规模的世界战争是有可能的，维护世界和平是有希望的。根据对世界大势的这些分析，以及对我们周围环境的分析，我们改变了原来认为战争的危险很迫近的看法。

第二个转变，是我们的对外政策。过去有一段时间，针对苏联霸权主义的威胁，我们搞了“一条线”的战略，就是从日本到欧洲一直到美国这样的“一条线”。现在我们改变了这个战略，这是一个重大的转变。世界上都在说苏、美、中“大三角”。我们不讲这个话，我们对自己力量的估计是清醒的，但是我们也相信中国在国际事务里面是有足够分量的。我们奉行独立自主的正确的外交路线和对外政策，高举反对霸权主义、维护世界和平的旗帜，坚定地站在和平力量一边，谁搞霸权就反对谁，谁搞战争就反对谁。所以，中国的发展是和平力量的发展，是制约战争力量的发展。现在树立我们是一个和平力量、制约战争力量的形象十分重要，我们实际上也要担当这个角色。根据独立自主的对外政策，我们改善了同美国的关系，也改善了同苏联的关系。我们中国不打别人的牌，也不允许任何人打中国牌，这个我们说到做到。这就增强了中国在国际上的地位，增强了中国在国际问题上的发言权。

总之，一个是对国际形势的判断，一个是根据这个判断相应地调整对外政策，这是我们的两个大变化。现在看来，这两个变化是正确的，对我们是有益的，我们要坚持下去。只要坚持这样的判断和这样的政策，我们就能放胆地一心一意地好好地搞我们的四个现代化建设。我们的立足点还是自力更生，但是我们搞开放政策，利用国际和平环境更多地吸收对我们有用的东西，这对加速我们的发展比较有利。①

邓小平思路敏捷，条理清晰，对世界大势的分析透彻深入，准确精辟，所言之事不能不令人信服。随后，他又重申了军队要服从国家经济建设大局的问题：

---

① 《邓小平军事文集》，第3卷，第273～274页，军事科学出版社，中央文献出版社，2004年第1版。

最后我再讲一点。大家很关心军队的建设，关心军队装备的现代化，这个问题也涉及大局。四个现代化，其中就有一个国防现代化。如果不搞国防现代化，那岂不是只有三个现代化了？但是，四化总得有先有后。军队装备真正现代化，只有国民经济建立了比较好的基础才有可能。所以，我们要忍耐几年。我看，到本世纪末我们肯定会超过翻两番的目标，到那个时候我们经济力量强了，就可以拿出比较多的钱来更新装备。可以从外国买，更要立足于自己搞科学研究，自己设计出好的飞机、好的海军装备和陆军装备。先把经济搞上去，一切都好办。现在就是要硬着头皮把经济搞上去，就这么一个大局，一切都要服从这个大局。①

邓小平的这番话讲得多么发人深省，又多么语重心长啊！

6月8日，中共中央、国务院、中央军委就此发出通知指出：解放军即将进行的体制改革、精简整编，是新的历史时期加强军队现代化建设和贯彻军队必须服从国家经济建设大局的一项重大决策。为了保证这一战略决策的顺利实施，依据新的历史条件，依据我军建设的客观规律，中央军委提出了建立科学的体制、编制的一系列方针、原则。

6月10日，全世界的电波都在传递着新华通讯社的一条消息：

“中国政府决定，中国人民解放军减少员额一百万，这是中央军委主席邓小平6月4日在军委扩大会议上宣布的。”

由此，1985年成为了中国的裁军年。

决策裁军百万已属不易，实行起来更是难上加难。邓小平以素有的大刀阔斧、果断务实的领导风格，正确领导了这项艰巨复杂的工作。他强调，解放军三总部要带头，整编方案就要把精简三总部机关作为首要一条原则列出。他提出“消肿”必须改革体制，在精简整编中采取撤、并、降、交、改、理等方法，既达到减少“消肿”目的，又革除旧体制弊端，促进军队体制编制的科学合理。他还提出建设强大的现代化、正规化革命军队，搞些合成军、合成师。经邓小平批准，人民解放军整编了若干个

① 《邓小平军事文集》，第3卷，第274页，军事科学出版社，中央文献出版社，2004年第1版。

邓小平会见出席1984年军委扩大会议的全体人员

集团军，新组建了陆军航空兵、电子对抗兵等部队，同时加强了特种兵建设，海、空军中也加强了诸兵种的合成。

当1986年“国际和平年”来临时，邓小平领导的中国裁军百万的战略性行动已从总体上完成了。到1987年，这一众口皆碑的浩繁“工程”胜利完成。一方面减轻了国家的财政负担，另一方面也大大提高了部队的战斗能力。

中国的百万大裁军，表明中国走上了和平建军的轨道，走出了一条有中国特色的精兵之路。同时也表明：拥有10亿人口的中华人民共和国，愿意并且用自己的实际行动对维护世界和平做出贡献。

“必须把我军建设成为一支强大的现代化、正规化的革命军队”

邓小平向参加演习的官兵致意

1981年9月19日，中国人民解放军建军史上一个有着重大意义、值得纪念的日子。

这一天，在华北某地，中国人民解放军举行了隆重的阅兵仪式。此前，举行了大规模的军事演习。中央军委主席邓小平在检阅演习部队后，发表了重要讲话，对新时期人民解放军建设提出了总要求。

这次演习是在人民解放军经历着艰难的工作重心转移的大背景下举行的。

党的十一届三中全会以后，党中央和邓小平已经确认争取世界和平是可能的，全国工作重点应及早转向以经济建设为中心。而当时军队存在着“肿、散、骄、奢、惰”的问题。为此，邓小平在1975年第二次复出主持中央工作期间，就曾下很大决心来整顿军队，进行精简整编和体制改革。

当年1月15日，邓小平在解放军总参谋部机关团以上干部会上曾十分痛惜地说：

“现在，好多优良传统丢掉了，军队臃肿不堪。军队的人数增加很多，军费开支占国家预算的比重增大，把很多钱花费在人员的穿衣吃饭上面。更主要的是，军队膨胀起来，不精干，打起仗来就不行。”[①]

遗憾的是，军队的整顿措施很快随着所谓“反击右倾翻案风”而夭折了。

1977年7月，邓小平第三次复出，重新回到中央主持军队工作后，更加清楚地意识到，经过“文化大革命”冲击的军队远未达到现代化战争所要求的那种良好的快速反应能力、协同作战能力、电子对抗能力、后勤保障能力及野战攻防能力。面对世界日新月异的现代科学技术愈来愈广泛地运用于军事领域的趋势，邓小平采取了一系列有计划、有步骤的措施：

一是整顿各级领导班子，纯洁干部队伍。二是精简军队，提高战斗力。三是确立军队教育训练的战略地位。四是加强科研工作，改善武器装备。五是改革军队编制体制。

在邓小平和中央军委的直接领导下，军队开始走上了正规化建设的道路。

虽然争取世界和平是可能的，但邓小平同时也清醒地认识到：战争的危险依然存在，对战争不能不有所准备。

为激扬军威，全面检验和提高军队素质，1980年年底，党中央和邓小平决定：搞一次大规模的实战演习，检验我军进行现代化防御战争的能力。

邓小平指出：我们好久没有打仗了，要搞合成军，天上、地下都要有，通过训练提高部队的实战水平。

于是，总参谋部、总政治部、总后勤部联合下达指示，决定由北京军区于1981年秋季组织实兵演习。

1981年3月10日，总参谋长杨得志、副总参谋长张震就大演习的方案与中央军委办公会议意见，向邓小平进行汇报。

早在四天前，张震曾代表总参几位领导同志，就组织实兵演习的总

---

① 《邓小平军事文集》，第3卷，第6页，军事科学出版社，中央文献出版社，2004年第1版。

体设想和具体方案，给邓小平写了请示信。信中按三个方案分别汇报了拟调动各军兵种部队的具体数字和演习兵力总数，提出按照小平同志指示过的，拟编成集团军进行合练。同时列举了我军另几次较大规模的演习。信中特别指出：这是我军历史上实兵演习规模最大的一次。

邓小平处回话：请杨总长、张副总长于3月10日上午到小平同志处面议。

在邓小平的办公室里，杨得志说：

"我们简要地把演习的方案向你汇报一下。"

张震送上演习的方案图。

邓小平接过图，看了一下，说：

"这个图我看过了。"

这显然是说，情况我已经知道了。既然如此，杨得志便大幅度压缩汇报内容，只用几分钟时间，就预想的三个方案做了简要说明：

演习拟了三个方案。第一方案，按北京军区汇报的××万人的方案；第二方案，压缩到×万人左右；第三方案，只搞图上作业。这三个方案考虑的根据，主要是调整时期要动用这样多的部队，花这么多的钱，比较困难。在来之前，军委办公会议也研究了一下。有的同志说，按第一方案演习花钱太多，所得的效果又如何？还有的同志说，只动用××军加上一点训练保障，部队不做大的调动，可以节约一些。办公会议其他同志也认为

参加演习的坦克部队

规模小一点好，节约一点好。

邓小平吸了口烟，并不插话，示意杨得志继续说下去。

杨得志接着说：今天上午我又同秦基伟同志电话商量过，他还认为按第一方案好。我们考虑第一方案主要是花钱多些。

邓小平点点头：我曾经听到他讲过演习的设想，没有讲要花多少钱。

杨得志说：到底怎么确定好，请邓主席指示。

张震对第一方案做了一些简要的补充说明。然后二人静静地望着邓小平，请他定夺。

邓小平仍是战争年代的风格，讲话直切正题：

“搞这么一个演习有好处，我们部队可以实际锻炼一下，也可以看看部队训练的成果。这样大规模的演习，我们好久没有搞了。以前只在辽东半岛，叶帅主持搞了一次，我去看了。搞这么一个演习也是给军队打打气。要搞合成军，天上地下该有吧！这次演习，有地面部队，有空军协同，只是没有海军。这样的演习对军队有鼓励作用，经过训练再搞实兵演习，可以提高部队实战水平。多年没有搞了，还是要搞一次。”①

杨得志、张震二人连连点头。

邓小平点燃一支烟，吸了口，语气坚定地说：

“部队阅兵式、分列式也好久没有搞了，不能说阅兵式、分列式是形式主义，它对部队作风培养有教育意义。现在有的部队懒懒散散不像个样。我想适当的时间要搞一次阅兵。阅兵对军队在人民的观瞻中有好处。通过阅兵式、分列式，把军队摆一摆给人民看，这样加强了军民关系，使军民关系更好些，对加强军队训练也有作用。”②

说到这里，邓小平一边吸烟，一边扬了一下手掌，拍板道：

“就按第一方案搞一次，节约一点。总参具体抓。看看部队这次搞得怎么样，这样规模的演习我们过去没有搞过，关键是看组织能力怎么样。”③

---

① 《邓小平军事文集》，第3卷，第188页，军事科学出版社，中央文献出版社，2004年第1版。

② 同上。

③ 同上。

参加演习部队接受邓小平的检阅

张震蛮有把握地回答：

“杨总长是领导小组组长，具体的请秦基伟同志搞。北京军区集训干部已搞过四次图上作业，已经有一定基础。”

邓小平点点头，进一步指示：

“演习时各军区、各军兵种要组织一些干部来看。总参要抓，这笔钱还是要花，要搞好一点，要把军队的气鼓一下，要把军队训练得像个军队的样子。”[①]

张震请示：如果这样搞，要用一笔经费，要动用储备物资。

最后，邓小平说：好吧！就这样。随后就演习方案做出批示：同意第一方案，力求节约。

于是，便有了1981年金秋那举世瞩目的十几万大军参加的华北大演习。

9月13日，十余万演习大军，上万辆汽车，数以千计的坦克、装甲车和战炮，以及数百架战斗机，参加了实兵实弹战役演习。

参加这次演习和受阅的，有人民解放军战功卓著的英雄部队，有炮

① 《邓小平军事文集》，第3卷，第188页，军事科学出版社，中央文献出版社，2004年第1版。

兵、装甲兵、工程兵等技术兵种，还有空军航空兵和空降兵部队等等。

这次演习，组织周密，准备充分，诸军兵种密切协同，“红”、“蓝”两军对阵“激战”，较好地体现了现代战争的特点，达到了预期的目的。演习充分显示了我军指战员继承和发扬优良的革命传统和战斗作风，具有严格的组织纪律，出色的指挥艺术和熟练的战术技术素养，武器装备也有了很大改善。

邓小平观看了演习。18日，演习胜利结束。19日，举行了海陆空三军盛大阅兵式。

邓小平和秦基伟观看演习

这一天，秋阳灿烂，金风轻拂，群山苍翠，整个阅兵场沉浸在欢乐肃穆的气氛中。高高耸立的检阅台屏风正中，巨大的“八一”军旗在阳光下闪耀，一个个整齐威武的方队，依序排列，一眼望不到头。

在雄壮的军乐声中，身穿军装的邓小平乘一辆红旗牌敞篷轿车，在北京军区司令员秦基伟的陪同下，缓缓地行驶，检阅了陆、海、空三军仪仗队。

邓小平站立在轿车上，向全体指战员频频发出“同志们好”、“同志们辛苦了”的问候，队列里立即响亮地回答：“首长好”、“为人民服务”。

这一声声亲切的问候，那一阵阵响亮的回答，汇成阵阵声浪，在空中回荡。

阅兵式完毕后，邓小平站在敞篷车上，向受检阅的陆、海、空三军指战员讲话：

“演习部队的全体指战员同志们：你们胜利地完成了这次演习任务。我代表党中央、国务院、中央军委向同志们致以热烈的祝贺和亲切的慰问！”[①]

这时，队列里和参观台上爆发出激动人心的欢呼声和掌声。

邓小平接着说：

这次演习，检验了部队现代化、正规化建设的成果，较好地体现了现代战争的特点，摸索了现代条件下诸军兵种协同作战的经验，提高了部队军政素质和实战水平。这对全军的建设、战备和训练是一个有力的推动。演习达到了预期目的，是成功的。这充分表明，我们党缔造的、用毛泽东思想武装起来的人民军队，军政素质是好的，是有优良的战斗作风和严格的组织纪律的，是有战斗力的。我们完全相信，有这样一支好的军队，又有广大人民群众的支持，一定能够打败任何侵略者。[②]

邓小平检阅演习部队

① 《邓小平军事文集》，第3卷，第205页，军事科学出版社，中央文献出版社，2004年第1版。

② 同上。

又是一片热烈的掌声。

随后，邓小平讲到了目前国内外的形势，指出：

当前，我国正处在继往开来的重要历史时期。由于党的正确路线、方针、政策得到了有力贯彻，全党、全军和全国各族人民在政治上更加安定团结，各条战线出现了越来越好的形势。国际上，反霸斗争更加发展，霸权主义更加孤立。但必须看到，超级大国的争夺日益加剧，苏联霸权主义加速推进全球战略部署，严重地威胁着世界的和平和我国的安全。对此，我们必须保持高度的警惕。

我军是人民民主专政的坚强柱石，肩负着保卫社会主义祖国、保卫四化建设的光荣使命。因此，必须把我军建设成为一支强大的现代化、正规化的革命军队。[①]

此时，阅兵场内外，参观台上下，群情激奋。邓小平的讲话道出了他们的心声，表达了他们长期以来的愿望。

最后，邓小平用十分响亮的声音讲道：

我们一定要坚持四项基本原则，加强政治思想建设，努力使部队成为贯彻执行党的路线、方针、政策的模范。

我们一定要在国民经济不断发展的基础上，改善武器装备，加速国防现代化。

我们一定要进一步密切军政、军民关系，增强军队内部团结，加强民兵建设，继承和发扬人民军队的光荣传统。

我们一定要加强军政训练，进一步增强部队的军政素质，努力提高现代条件下诸军兵种协同作战的能力。

我们一定要谦虚谨慎，戒骄戒躁，进一步开展“四有、三讲、两不怕”活动，加强作风培养，使部队具有严格的组织纪律。

---

① 《邓小平军事文集》，第3卷，第205～206页，军事科学出版社，中央文献出版社，2004年第1版。

邓小平1981年在华北地区军事演习时发表重要讲话

> 我们一定要扎扎实实做好反侵略战争的准备，为保卫世界和平，为保卫祖国领土的安全，为争取台湾早日回归祖国，实现祖国统一的神圣大业作出新的贡献。[①]

在这里，邓小平一连使用了六个排比句——“我们一定要……”，道出了广大指战员的共同心声，极大地振奋了军心。此时，统帅和士兵共同的革命理想、共同的战斗意志、共同的思想感情，完全融合成了一体。

就在这次讲话中，邓小平第一次向全军发出号召：“把我军建设成为一支强大的现代化、正规化的革命军队”，明确地把革命化、现代化和正规化作为军队建设的总目标和总任务加以确立。

新时期军队建设到底应该达到一个什么目标，这是军队建设应该解决的重大问题。邓小平科学地总结了新中国成立以来军队发展的历史经验，考察了军队的现状，研究了未来战争的发展趋势，对新的历史条件下军队

① 《邓小平军事文集》，第3卷，第206页，军事科学出版社，中央文献出版社，2004年第1版。

建设的方向和任务提出的这一新的设想，反映了国内外形势发展的特点和需要，符合我军的实际。

邓小平认为，军队的“现代化”是指要使军队具有赢得现代战争的能力。为此，他多次指出，军人特别是军队中的干部，要认真学习现代战争知识，提高指挥现代化战争的能力。同时要努力“改进军队的装备”，实现“装备的现代化”。

1978年5月13日，邓小平与总参谋部领导同志谈话，强调我们要逐步实现指挥系统的现代化。如不解决这个问题，装备技术现代化是解决不了的。为此，邓小平强调，要加强科学研究，“不搞科研，我们就根本不可能有现代化”。

7月17日，邓小平在会见英国詹金森爵士时，批评了西方报刊说中国不要军队现代化的观点，指出：搞人民战争不是不要军队现代化。条件不同，人民战争的表现形式也不同，装备的改进，使人民战争更有力量。

邓小平认为，正规化的主要表现是“建立和健全必要的规章制度”。

坦诚、直率，毫不掩饰，令人钦佩，而且合情合理，又令人信服。

1980年3月12日，邓小平在中央军委常委扩大会议上，作了《精简军队，提高战斗力》的报告，对军队体制改革问题进行了专门阐述，指出：

“体制、制度问题中，很重要的是建立军官服役、退役制度。……根据各战区特点，根据军队装备不断改进的情况，搞些合成军、合成师。……这些问题都要当做制度问题、体制问题提出来，作进一步的研究。”①

邓小平对军队“革命化”问题极为重视，认为：干部制度“提出年轻化、知识化、专业化这三个条件，当然首先是要革命化”。

“现代化”、“正规化”、“革命化”这“三化”是互相联系，互相促进，缺一不可的，但这“三化”又不是并列的，而是以现代化建设为中心的，正规化是现代化的重要保证和必要条件，革命化是现代化、正规化建设的灵魂、方向，是保持人民军队的革命性质和正确方向的根本保证。

---

① 《邓小平军事文集》，第3卷，第171～172页，军事科学出版社，中央文献出版社，2004年第1版。

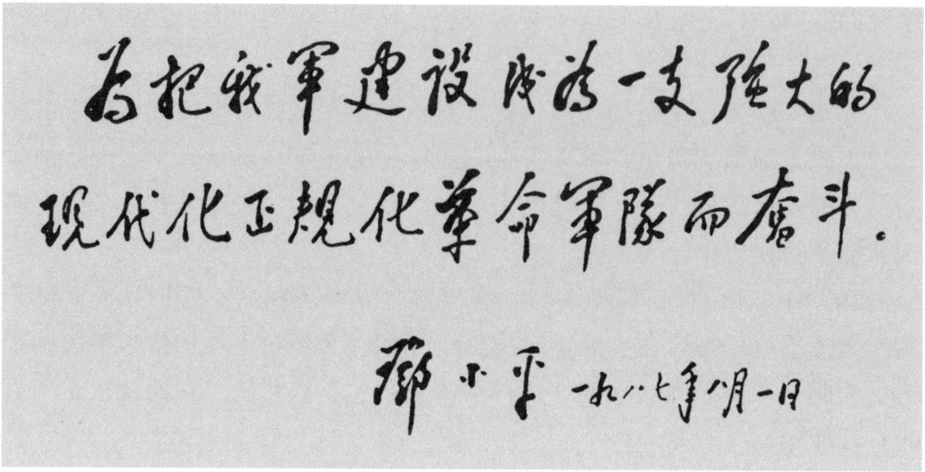

邓小平题词：“为把我军建设成为一支强大的现代化正规化革命军队而奋斗”

邓小平提出的军队“三化”方针，不仅为新时期军队建设指明了正确的方向，也为新时期军事实践提供了可操作性的方针。

“军队要提高战斗力，提高工作效率，不‘消肿’不行”

1975年1月5日，在毛泽东的提议下，邓小平担任中央军委副主席兼解放军总参谋长。为了消除林彪、“四人帮”对军队工作的恶劣影响，邓小平上任伊始就提出了“军队要整顿”的口号。

“消肿”即精简整编，主要是解决军队机构重叠、臃肿，以及由此而带来的各级指挥不灵等问题。然而，积重一时难返。人民解放军建设上

1975年1月，邓小平担任中央军委副主席兼解放军总参谋长。图为邓小平与毛泽东、周恩来在一起。

存在许多严重问题。经过多方面调查，邓小平把这些问题概括为“肿”、“散”、“骄”、“奢”、“惰”五个字。在组织编制上存在的一个突出问题就是军队臃肿不堪。军队患上了“肥胖症”，需动手术予以消除。

6月24日至7月15日，中央军委召开扩大会议，着重讨论酝酿已久的军队整顿问题。这是邓小平等采取的具有战略眼光的举措。

7月14日，邓小平在会上讲话，尖锐地提出，军队建设要解决“肿”、“散”、“骄”、“奢”、“惰”五个字，军队领导班子要解决“懒”、“散”、“软”的问题。为此，必须实行精简整编；加强组织纪律性；加强军政、军民和军队本身的团结；恢复我党我军的优良传统；并且要首先自上而下地调整好领导班子。

邓小平的讲话为军队整顿指明了方向。尤其重要的是，这次会议还向部分军队高级干部传达了毛泽东对“四人帮”的多次批评，严肃指出：绝不容许野心家插手军队，搞阴谋活动。这次会议及其精神在军队中的贯彻实施，对于解决“文化大革命”给部队建设带来的各种问题，消除林彪的恶劣影响，从根本上打击“四人帮”争夺军队的种种图谋，有着十分重要的作用。

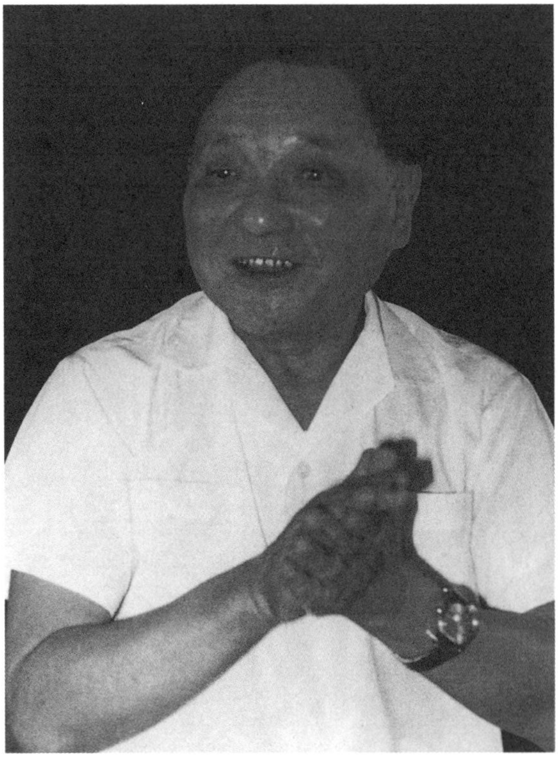

邓小平在中国共产党第十一届六中全会上当选为中央军委主席

此后，邓小平接连不断地提出整顿军队、精简军队，提高部队战斗力的正确观点，表现出他政治上的远见卓识和巨大的理论勇气。

可惜，邓小平的这些正确观点在当时那样的历史条件下无法实现。军队

“臃肿”问题没能解决，他本人也在1976年4月被撤销了党内外一切职务。

邓小平回忆说：1975年“我们曾决心‘消肿’”，“做了一些工作，也见效，后来由于遇到挫折，停了下来”。

粉碎“四人帮”后，邓小平第三次复出，继续强调军队要精简整编，改革体制。

1980年3月30日，邓小平在中央军委常委扩大会议上作《精简军队，提高战斗力》的讲话。这次，他总共讲了四个问题，“第一是消肿，第二是改革体制，第三是训练，第四是加强政治思想工作”，而“消肿”问题又一次首当其冲。

讲话中，邓小平就军队的“消肿”问题，娓娓道来，逻辑严密，不仅阐明了“消肿”的必要性、迫切性和精简的方针原则，而且提出了军队体制的全面改革问题，十分具有说服力。

邓小平一上来就单刀直入，从为何要“消肿”谈起：

这次会议主要是研究军队“消肿”这个老问题。我们军队有没有战斗力？一旦有事行不行？我讲的不是像对越自卫还击战这样的事，这样的事好应付。如果从我们面临的更强大的对手来说，衡量一下我们的战斗力，可靠性怎么样？当然，我们还有很多不利的因素，比如，有好多干部没有打过仗，缺乏指挥作战的经验，装备又比较落后，等等。但是经过对越作战可以看出，“勇敢”这两个字我们还是有的。军队勇敢，这很好。仗打起来，开始可能吃些亏，经过一段时间情况就会变化，有“勇敢”这一条，我们就能学会打仗。这一点我们是有信心的。然而我们必须清醒地看到，我们存在的一个最大问题，就是军队很臃肿。真正打起仗来，不要说指挥作战，就是疏散也不容易。现在提出“消肿”，主要是要解决军队机构重叠、臃肿，以及由此带来的各级指挥不灵等问题。这件事在一九七五年我们就提出过，做了一些工作，也见效，后来由于遇到曲折，停了下来。经过这几年，军队的各级机构又加大了，随之官僚主义现象也发展了起来。现在解决问题很难，好多问题一拖就是好长时间。因此，军队要提高战斗力，提高工作效率，不“消肿”不行。还有，我们国家现在支付的军费相当大，这不利于国家建设；军队人员过多，也妨碍军队装备的现代化。减少军队人员，把省下来的钱用于更新装备，这是我们的方针。如果能够节省出一点用到经济建设上就更好了。冷静地判断国际形势，多争取一点时间不打仗还是可能的。在这段时间里，我们应当尽可能地减少军费开支来加强国家建设。总之，搞四个现代化也好，把军队搞精干、提高战斗力也好，都需要“消肿”。①

然后就如何“消肿”，邓小平进行了回答：

我们这次精简，主要是减少不必要的非战斗人员，减少统率机构、指挥机构人员。最主要的是减少干部。这次的措施比一九七五年更进了一步。比如，各级指挥员人数，过去保留得多一点，这次要力求少一点。很多同志提议，一个团两个副团长、一个副政委就可以了，这个意见好。师也可以这样做嘛！现在领导班子实在太大。这个问题如果不果断处理，再过几年，不晓得问题会变成什么样子！请大家对比一下一九七五年和一九七九年的情况。一九七五年时，军队要包起来的干部已经相当多了，现在，相隔四年之后，要养起来、要退休的人就更多了。如果我们现在还不下决心解决，再过几年，问题会更多、更大，处理起来会更困难。所以不下这个决心不行了。特别还要看到这样一个情况：军区一级、军一级、师一级干部，年龄大体差不多，都相当大了。过几年，统统老了，不但不能到军、师工作，到军区、总部工作也不好办。这是自然规律。在座的同志再过五年怎么样？恐怕到那时不说所有的人，就说大部分人，要坚持工作也困难了。再过七年八年，都七十岁出头了，你还能在战场上见分晓啊？真正打起仗来，三天三夜不睡觉行不行啊？所以，现在的“消肿”也有利于我们干部的更新。我们下面的干部之所以上不来，就是因为上面盖住了。这不只是军队，地方也一样。今天，

① 《邓小平军事文集》，第3卷，第168～169页，军事科学出版社，中央文献出版社，2004年第1版。

主要的岗位还只能由老同志来搞，再过几年总不行了嘛！所以，这次精简要把盖子揭一层，包括团级的、营级的、连级的都要揭，为提拔新生力量创造一个条件。[①]

这表明，邓小平已经从更深层次考虑“消肿”问题。他把“消肿”同改革军队体制、培养新人联系起来，特别是同军队服从国家现代化建设大局的战略问题联系起来。

对于从军队“消肿”精简下来的干部如何安排，邓小平作了详细的思考：

对减下来的干部，我建议组织各种训练班进行训练。训练什么呢？就是准备到哪个行业就专门学习哪一行的业务。地方上没有

邓小平会见出席1985年军委扩大会议的全体人员

① 《邓小平军事文集》，第3卷，第169～170页，军事科学出版社，中央文献出版社，2004年第1版。

房子，可以利用军队的营房，教员请地方出。这些干部往哪里安置，可以同国务院有关各部门商量。地方上也有可以容纳的行业。比如，与军队干部的特长比较接近的政法工作，就需要大批干部。现在，警察不够，警官更不够，法院院长、法官、律师、检察官、审判员都缺乏。一般资本主义国家考法官、考警察，条件很严格，我们更应该严格，除了必须通晓各项法律、政策、条例、程序、案例和有关的社会知识以外，特别要求大公无私、作风正派。按道理，军队的干部应该比较合格。这方面军队可输送一大批干部。又比如，我们现在缺乏教员，可以安排一批军队转业干部去教书。当然，转业干部中能当大学教员的，即使有也是极个别的。但是，能当中学、小学教员的还有的是。要说服这些同志去当教员。大家提到，大专学校设军体教员，这方面名额有限。全国大专学校只有几百所，每所学校假定平均用十个人，顶多能容纳几千人、万把人。但对中小学教员的需求是大量的。如果我们培训一批合格的教员，地方上可以容纳。还有，各行各业缺乏管理人员，只要经过训练，条件相宜，也可以安排一批。军队干部指挥部队，也是管理，总有管理知识嘛。为什么世界各国的各行各业都愿意接纳军队的人呢？因为军队人员的科学知识和文化水平比较高，还有管理方面的知识。我们军队转业干部中会管企业的人不多，但是总有管理军队的经验嘛！问题就是需要培训，转到哪一行就学哪一行。训练时间，有的半年，有的一年，有的一年半。经过训练，再转到地方，地方就比较容易安置。过去从军队转业到地方，无非去当政治部主任，搞政治工作或一般工作。现在这些人不缺，还有多余的。所以，要根据地方需要，按专业办训练班、速成学校等培训干部，解决“消肿”后的干部安排问题。[①]

从中，我们可以全面了解到邓小平精简军队、提高战斗力的思想观点已经系统化，同时深刻感受到他的语言说服力以及行动说服力。

---

① 《邓小平军事文集》，第3卷，第170～171页，军事科学出版社，中央文献出版社，2004年第1版。

革命战争年代，邓小平与夫人卓琳及孩子们在一起。

第四章

纵横捭阖——邓小平谈外交

“‘辣椒’可以使我们变得清醒”

1960年11月5日，邓小平陪同刘少奇率中共代表团赴莫斯科参加苏联“十月革命”庆祝典礼，并出席81国共产党和工人党代表会议。

6日下午，苏共为中共代表团举行招待宴会。

邓小平参加刘少奇率领的中国党政代表团访问苏联，与苏共领导人赫鲁晓夫合影。

当时，中苏两党的分歧已经难以弥合，意识形态的斗争也愈演愈烈。宴会上，苏共代表团团长苏斯洛夫一面努力营造和缓气氛，一面又不怀好意地称中共对26国党起草委员会所拟声明草案的答复书中有许多“辣椒”。

邓小平针锋相对地回答：有“辣椒”不要紧，我是四川人，“辣椒”可以使我们变得清醒，使我们接近起来，为消除我们之间的分歧扫清道路。[①]

辣椒，四川人不怕，而且还情有独钟。一生酷爱吃辣椒的毛泽东曾幽默地说：不吃辣椒的人不是革命者。

① 《邓小平与外国首脑及记者会谈录》，台海出版社，2011年第1版。

邓小平不卑不亢的回答充满了东方人特有的哲理和幽默，当然这种幽默并不一定能为苏联人理解。

作为中国政府的谈判代表，邓小平考虑问题首先是从维护民族利益，保持国家尊严的角度出发。这就是邓小平的个性——看似和气，话也不多，实则硬得很，在原则面前寸步不让。

毛泽东对邓小平的个性非常了解，曾意味深长地说：我送你两句话，柔中有刚，绵里藏针，外面和气一点，内部是钢铁公司。

11月14日，邓小平在会议上阐明了中国的立场：在各党关系中引用少数服从多数的原则是完全不正确的。在每个党内应当遵守这个原则。但在各国党之间则不能实行这个原则，只能根据协商一致的原则。

最后，邓小平义正词严地质问道："苏共中央究竟是根据怎样一种超党的党章提出这样一种组织原则来的呢？在什么时候、什么地方，各国党曾经通过这样一个超党的党章呢？"

邓小平在离开莫斯科时，诚恳地对苏共代表团说：我们之间不管有多大分歧，我期望能够逐步地寻求消除分歧的途径，我们之间的团结是十分重要的。

邓小平在访苏期间，与刘少奇、彭真在莫斯科红场向列宁陵墓献花圈。

这是邓小平对中苏关系的真诚期望。

毛泽东对邓小平在中苏大论战中立场坚定，坚持原则，反对霸权的斗争给予充分肯定。

1972年，毛泽东在准备起用邓小平时，还特意提到他"率领代表团到莫斯科谈判，没有屈服于苏修，……做了一件好事"。

“我们准备吞下去”

中苏两国、两党的关系在20世纪中叶以后可谓跌宕起伏，一波三折：从兄弟加朋友的亲密，到口诛笔伐的大论战，再到双方在边境线上陈兵百万差点大打出手，最后又重归于好。

邓小平是这段历史风云的见证人和当事人之一。特别是从1956年苏共二十大到1965年中苏两党关系中断这十年间，每到关键时刻，邓小平便“挂帅出征”莫斯科，坚决维护中国共产党独立自主的原则立场，捍卫国际共产主义运动的团结，为党和国家赢得了广泛赞誉和支持，也显示出了他那令人倾倒的政治家风采和非同凡响的语言艺术。

从50年代末开始，苏联领导人便抛弃了处理党和国家之间关系的准

1957年，邓小平陪同毛泽东在莫斯科签署《社会主义国家共产党和工人党代表会议宣言》。

则，采取了一系列染指中国主权、干涉中国内政的行动，企图从政治上、军事上控制和驾驭中国。进入60年代，随着中苏两党关系进一步恶化，苏方还把两党思想上的分歧进一步扩大到国家关系方面。

1960年9月30日，邓小平率中共代表团赴莫斯科参加26国党起草委员会会议。这是邓小平第五次赴莫斯科。

这一次，邓小平因腿部骨折尚未痊愈，是带着手杖挂帅出征的。

从这一时期的形势发展看，中苏两党的分歧已是难以弥合，意识形态里的斗争也不断升级。就在两个月前，苏联政府突然单方面决定，要在一个月内全部撤走在华的苏联专家，进而又单方撕毁了两国签订的600多项合同和合作项目。当时我国正处于艰难的三年自然灾害和建设时期，苏联政府的这种做法无异于雪上加霜。

在莫斯科，邓小平坚定无畏地告诉苏共领导人：你们给我们这么大的困难，“我们准备吞下去”。

邓小平掷地有声，坚定反对苏共的大党大国主义，为我们显示了无产阶级革命家坚持独立自主外交政策、不畏强权干涉的英雄气概，留下了历史美谈。

“不能由别的党充当老子党，去发号施令”

从20世纪50年代末起，当时的社会主义大国苏联反华日趋激烈，至1965年年底，中苏两党、两国关系完全破裂。

60年代中期，苏联在蒙古和中苏边境地区驻扎重兵，总数达100万人，在北面构成对中国安全的严重威胁。

1978年12月，苏联支持越南武装入侵柬埔寨。一年后，苏联又出兵侵占阿富汗。这就从北、南、西三面对中国形成军事包围之势，严重威胁着中国的安全。

1969年，中苏在边境地区发生武装冲突，图为苏军炮击中国珍宝岛。

历史的一页虽然已经翻了过去，但是中苏两国之间的恩恩怨怨并未了结，改善两国关系谈何容易。这一时期，双方虽有旨在改善两国关系的谈判，但都没有改变中苏关系的僵局。

邓小平是中苏两国由同盟关系走向对抗关系的亲身经历者，他深深了解这段历史在中国人民心中至今仍留有浓重的阴影。

粉碎“四人帮”后，邓小平重新主持党的工作，开始不断反思亲身经历的这场旷日持久的中苏大论战，提出了新时期中国外交政策的基本原则和正确处理国家关系、党际关系以及如何认识社会主义等一系列具有长远指导意义的思想观点。

在对外政策上，邓小平指出：

“反对霸权主义、维护世界和平是我们真实的政策，是我们对外政策的纲领。”①

在国与国的关系上，邓小平指出：

“我们应当用和平共处五项原则作为指导国际关系的准则。”②

在党与党的关系上，邓小平更是进行了深刻的反思，指出：

“各国的事情，一定要尊重各国的党、各国的人民，由他们自己去寻找道路，去探索，去解决问题，不能由别的党充当老子党，去发号施令。我们反对人家对我们发号施令，我们也绝不能对人家发号施令。这应该成为一条重要的原则。”③

正是基于历史的反思，党的十二大确定中国共产党同各国共产党发展关系要遵循四条准则，即独立自主、完全平等、互相尊重、互不干涉内部事务。

为了给中国的经济建设和改革开放创造较长时期的和平国际环境，邓小平积极推动实现中日、中美关系的正常化。这一战略行动对世界产生的冲击波是强烈的，苏联也不得不思考自己的对华政策。

自从入侵阿富汗后，苏联就开始从对外扩张的顶点衰落下来，同美国争夺日感力不从心，被迫实行战略性调整。其中一个重大步骤就是希望缓解同中国的关系。

1982年3月24日，苏联领导人勃列日涅夫发表讲话，明确承认中国是社会主义国家，突出强调中国对台湾的主权，表示愿意改善对华关系，建议磋商双方都可接受的改善关系的措施。这在客观上为我国调整对苏政策提供了契机。

---

① 《邓小平文选》，第2卷，第417页，人民出版社，1994年第2版。

② 同上，第3卷，第283页，人民出版社，1993年第1版。

③ 同上，第2卷，第319页，人民出版社，1994年第2版。

根据邓小平的指示，当时的外交部发言人钱其琛代表中国政府做出了积极反应，主要的一句话就是要“听其言、观其行”。虽说语言极其简略，但却引起了国际上的广泛注意，预示着可能发生什么重要的事情。

4月16日，北京春意渐浓。邓小平在人民大会堂亲切会见了罗马尼亚总统齐奥塞斯库。

在谈到中苏关系时，邓小平意味深长地指出：你见到勃列日涅夫的时候，可以告诉他，叫他先做一两件事看看，从柬埔寨、阿富汗的事情上做起也可以，从中苏边界或蒙古撤军也可以。没有行动，我们不赞成，世界上的人都不会赞成。

邓小平首次点明了中苏关系正常化道路上的三大主要障碍。但是，要解决中苏关系正常化的障碍问题，一开始很难取得较大进展。

有道是：青山遮不住，毕竟东流去。历史创造了机遇。从1982年11月到1985年3月，苏联最高领导人勃列日涅夫、安德罗波夫和契尔年科相继去世，中国方面抓住时机做出友好的表示，不断提高吊唁规格，由此推动了中苏两国交往与接触的升级。与此同时，中苏两国签订了一系列经贸协定，促进了两国关系的缓和。

然而，从何处着手打开中苏关系的僵局呢？双方争执不下。苏方避开中国方面提出的三大障碍问题，认为柬埔寨、阿富汗和蒙古驻军问题，都涉及第三国，不应放到两国关系中去讨论。邓小平对此作了针锋相对的批驳。

1983年8月27日，邓小平在会见外宾时指出：苏联侵略阿富汗，支持越南入侵柬埔寨，在中苏边境摆了一百万军队和三分之一的导弹，还在蒙古驻军，这些都对中国造成严重威胁。这是第三国吗？

此后，邓小平又一再申明：三大障碍不消除，中苏关系不可能有改善。

1985年3月，54岁的戈尔巴乔夫入主克里姆林宫，成为苏联最高领导人。在改善中苏关系方面，戈尔巴乔夫显然要比他的前任更积极、更主动，采取了一系列实质性措施，并取得了突破性进展。

同年10月9日，邓小平在会见来访的罗马尼亚总统齐奥塞斯库时，就改善中苏关系指出：如果苏联同我们达成谅解，让越南从柬埔寨撤军，而且能办到的话，我愿同戈尔巴乔夫会见。我出国访问的历史使命虽已完成，但为这个问题，我可以破例。

1986年7月28日，戈尔巴乔夫在海参崴就苏联的亚洲太平洋政策发表讲话，表示苏联愿意在任何时候和任何级别上同中国最认真地讨论两国关系问题，但他却有意回避了柬埔寨问题。

毫无疑问，苏联政府在改善中苏关系方面做出的新姿态，实际上是将“皮球”踢向了中国。

9月2日，邓小平在接受美国哥伦比亚广播公司“六十分钟”节目记者迈克·华莱士电视采访时，强调：

“如果戈尔巴乔夫在消除中苏间三大障碍，特别是在促使越南停止侵略柬埔寨和从柬埔寨撤军问题上走出扎扎实实的一步，我本人愿意跟他见面。……我可以告诉你，我现在年龄不小了，过了82了，我早已经完成了出国访问的历史任务。我是决心不出国的了。但如果消除了这个障碍，我愿意破例地到苏联任何地方同戈尔巴乔夫见面。我相信这样的见面对改善中苏关系，实现中苏国家关系正常化很有意义。”[①]

7日，中国政府对外正式发表了这一谈话，把中方的立场公布于世，

20世纪80年代末，苏联开始奉行“非进攻性防御”战略，并从东欧撤军。

① 《邓小平文选》，第3卷，第167～169页，人民出版社，1993年第1版。

实际上是对戈尔巴乔夫在海参崴的讲话做出了公开的答复。

邓小平关于中苏关系的谈话，显示了他作为一个老练的战略家、政治家所具备的机敏和胆识。

法新社评论道：戈尔巴乔夫通过在符拉迪沃斯托克（海参崴）发表讲话取得了重要的几分，但是，80多岁的邓小平的这次讲话却已把球挡了回去。

此后，戈尔巴乔夫着手调整内外政策，希望苏中关系能得到重大改善，强调发展政治关系，提高对话级别。

1987年2月，中苏重新恢复边界谈判时，苏联方面主动表示将在同年4月开始从蒙古撤军，随后兑现了诺言。与此同时，苏联也开始削减中苏边界的驻军。经过双方努力，中苏边境地区的军事对峙局面在很大程度上得到缓解。

1988年4月14日，在联合国秘书长主持下，苏联、美国、巴基斯坦和阿富汗纳吉布拉政权，在日内瓦正式签署政治解决阿富汗问题的协议。1989年2月15日，苏联按期撤出了在阿富汗的全部驻军。这样，作为中苏关系三大障碍之一的阿富汗问题，获得了解决。

苏联领导人趁热打铁，明确表示：柬埔寨问题可以按照阿富汗模式解决，并希望同中国就柬埔寨问题进行专门磋商。

在邓小平的直接推动下，中苏政治磋商取得了重要进展。苏方在柬埔寨问题上的态度逐渐发生变化，并同中方达成谅解，为两国关系正常化创造了前提。

“结束过去，开辟未来”

40多年来的中苏关系，经历了错综曲折、充满戏剧性变化的复杂时期。对中苏关系的历史、中苏关系正常化的性质和未来关系的把握，邓小平早已思考、运筹了很长时间。

1988年9月，邓小平就曾指出：中苏关系正常化的性质，不是50年代那种关系，而是和平共处五项原则的关系。中苏党的关系正常化的性质，也是和平共处五项原则的关系，也不是50年代那种关系。

10月13日，邓小平会见芬兰总统科伊维斯托时，明确提出实现中苏关系正常化的指导原则是：“不纠缠过去，一切着眼于未来”，“我们要同苏联建立新的关系，即建立在和平共处五项原则基础上的新关系”。[①]

12月，中国外交部长钱其琛访问苏联。这是自1957年后31年来中国外长第一次访苏。访问取得了圆满成功，不仅深入讨论了柬埔寨问题，而且就中苏高级会晤问题交换了意见。

1989年2月，苏联外长谢瓦尔德纳泽回访中国，继续为中苏高级会晤做准备。

中苏举行高级会晤是轰动世界的大事。在礼仪、热度等方面如何把握分寸，事关重大，也是一个极为敏感的政治问题。

邓小平对此明确指出：全世界都注视着中苏高级会晤，在接待苏联最高苏维埃主席团主席、苏共中央总书记戈尔巴乔夫来访的礼仪等安排上不要太热，要适度，见面时只握手，不拥抱。

“只握手，不拥抱”，不只是个礼仪问题，而且准确地概括了当时中苏两国关系的性质，形象地勾勒出了未来相互关系的定位。

5月15日，戈尔巴乔夫应邀访华。

① 《邓小平与外国首脑及记者会谈录》，台海出版社，2011年第1版。

1989年5月，邓小平接见来华访问的苏共总书记戈尔巴乔夫

16日上午10时许，邓小平和戈尔巴乔夫出现在人民大会堂东大厅门口，两人相互握手致意。中苏两国、两党关系终于实现正常化。

宾主入座后，邓小平开门见山地点出了20世纪60年代的中苏论战问题，说：

中国人民真诚地希望中苏关系能够得到改善。我建议利用这个机会宣布中苏关系从此实现正常化。

多年来，存在一个对马克思主义、社会主义的理解问题。从一九五七年第一次莫斯科会谈，到六十年代前半期，中苏两党展开了激烈的争论。我算是那场争论的当事人之一，扮演了不是无足轻重的角色。经过二十多年的实践，回过头来看，双方都讲了许多空话。马克思去世以后一百多年，究竟发生了什么变化，在变化的条件下，如何认识和发展马克思主义，没有搞清楚。绝不能要求马克思为解决他去世之后上百年、几百年所产生的问题提供现成答案。列宁同样也不能承担为他去世以后五十年、一百年所产生的问题提供现成答案的任务。真正的马克思列宁主义者必须根据现在的情况，认识、继承和发展马克思列宁主义。

世界形势日新月异，特别是现代科学技术发展很快。现在的一年抵得上过去古老社会几十年、上百年甚至更长的时间。不以新的思想、观点去继承、发展马克思主义，不是真正的马克思主义者。

列宁之所以是一个真正的伟大的马克思主义者，就在于他不是从书本里，而是从实际、逻辑、哲学思想、共产主义理想上找到革命道路，在一个落后的国家干成了十月社会主义革命。中国伟大的马克思列宁主义者毛泽东，并不是在马克思、列宁的书本里寻求在落后的中国夺取新民主主义革命胜利的途径。马克思能预料到在一个落后的俄国会实现十月革命吗？列宁能预料到中国会用农村包围城市夺取胜利吗？

革命是这样，建设也是这样。在革命成功后，各国必须根据自己的条件建设社会主义。固定的模式是没有的，也不可能有。墨守成规的观点只能导致落后，甚至失败。[①]

1950年2月，毛泽东、斯大林出席中苏友好条约签字仪式。

① 《邓小平文选》，第3卷，第291～292页，人民出版社，1993年第1版。

邓小平以中苏最敏感问题为开场白，用务实、直率的谈话风格，引发了一段对马克思主义及各国建设模式的议论，客观而冷静地对中苏大论战进行了反思，为会谈定下了实事求是的基调。

接着，邓小平毫不客气地历数沙俄时代及斯大林时期侵害中国权益的历史事实以及近30年苏联对中国的军事威胁，说：

> 我只想简单讲两点。一是讲讲历史上中国在列强的压迫下遭受损害的情况，二是讲讲近几十年，确切地说是近三十年，中国人感到对中国的威胁从何而来。
>
> 先谈第一个问题。从鸦片战争起，中国由于清王朝的腐败，受列强侵略奴役，变成了一个半殖民地半封建国家。欺负中国的列强，总共大概是十几个，第一名是英国，比英国更早，强租中国领土澳门的，是葡萄牙。从中国得利最大的，则是两个国家，一个是日本，一个是沙俄，在一定时期一定问题上也包括苏联。
>
> 日本占了中国不少地方，台湾就被它占了五十年。中国有很多地方被日本划为它的势力范围，特别是在北方，很多大

1937年12月13日侵华日军占领南京后，杀害中国军民达30万人。图为大屠杀后的惨状。

城市有日本租界。一九三一年日本发动了对中国的侵略战争，一九三二年在中国的东北搞了个“满洲国”。一九三七年发动了全面侵略中国的战争，打了八年。最后，由于中国抗战，由于世界反法西斯联盟国家的共同战斗，包括苏联出兵，日本在这场战争中彻底失败了。日本对中国的损害无法估量，单是死人，中国就死了几千万。所以，算历史账，日本欠中国的账是最多的。但是由于日本战败，中国收复了所有被它侵占的地方，它在中国没有占去一寸土地。悬案是一个钓鱼岛，那是一个很小的地方，上面没有人烟。我访问日本时，记者提出了这个问题。我说，这个问题可以挂起来，如果我们这一代不能解决，下一代会比我们聪明一些，总能找到解决的办法。对于这个问题以及同类的纠纷，后来我们提出了一种设想，就是可否采用共同开发的办法加以解决。

另一个得利最大的是沙俄，以后延续到苏联。沙俄通过不平等条约侵占的中国土地，超过一百五十万平方公里。

十月革命后也还有侵害中国的事情，例如黑瞎子岛就是一九二九年苏联从中国占去的。主要的是第二次世界大战接近胜利时，美、英、苏三国在雅尔塔签订秘密协定，划分势力范围，极大地损害了中国的利益。那是斯大林时期。当时中国的国民党政府同苏联签订条约，承认了雅尔塔的安排。

中华人民共和国成立以后，中国同苏联签订了新约。中国同蒙古人民共和国建立了外交关系，达成了协议，划定了边界。后来中苏进行边界谈判，我们总是要求苏联承认沙俄同清王朝签订的是不平等条约，承认沙俄通过不平等条约侵害中国的历史事实。尽管如此，鉴于清代被沙俄侵占的一百五十多万平方公里是通过条约规定的，同时考虑到历史的和现实的情况，我们仍然愿意以这些条约为基础，合理解决边界问题。

这是讲的第一个问题。讲清这个问题可能对解决遗留下来的问题，对弄清“开辟未来”的某些概念有好处，所以值得讲一讲。

第二个问题，对中国的威胁从何而来。第二次世界大战结束后不久，中国的革命战争取得胜利，中华人民共和国成立了。中

1945年8月，苏联出兵东北，对日宣战。图为苏军开进哈尔滨。

国不侵略别人，对任何国家都不构成威胁，却受到外国的威胁。中国是个贫弱国家，但是个独立自主的国家。对中国的威胁主要来自何方？从新中国成立一开始，我们就面临着这个问题。那时威胁来自美国，最突出的就是朝鲜战争，后来还有越南战争。朝鲜战争，中国出了志愿军，同美国直接较量，苏联供给的军火还要中国付半价。后来中苏两国关系不好了，中国面临经济困难，但无论怎样困难，也得还这笔军火债，我们提前两年还清了。

六十年代，在整个中苏、中蒙边界上苏联加强军事设施，导弹不断增加，相当于苏联全部导弹的三分之一，军队不断增加，包括派军队到蒙古，总数达到了一百万人。对中国的威胁从何而来？很自然地，中国得出了结论。一九六三年我率代表团去莫斯科，会谈破裂。应该说，从六十年代中期起，我们的关系恶化了，基本上隔断了。这不是指意识形态争论的那些问题，这方面现在我们也不认为自己当时说的都是对的。真正的实质问题是不平等，中国人感到受屈辱。虽然如此，我们从来没有忘记在中国第一个五年计划时期苏联帮我们搞了一个工业基础。[1]

① 《邓小平文选》，第3卷，第292～295页，人民出版社，1993年第1版。

1950年10月，中国人民志愿军雄赳赳，气昂昂，跨过鸭绿江。

在这段谈话中，邓小平的坦诚、直率表露无遗，毫不掩饰，令人钦佩，而又合情合理，令人信服。

> 我讲这么长，叫“结束过去”。目的是使苏联同志们理解我们是怎样认识这个“过去”的，脑子里装的是什么东西。历史账讲了，这些问题一风吹，这也是这次会晤取得的一个成果。双方讲了，就完了，过去就结束了。
>
> 现在两国交往多起来了，关系正常化以后的交往，无论深度和广度都会有大的发展。在发展交往方面，我有一个重要建议：多做实事，少说空话。[①]

会晤持续了两个半小时。邓小平用八个字概括了这次历史性会晤：结束过去，开辟未来。

5月18日，中苏两国发表联合公报，向世界宣布中苏关系正常化。可以说，邓小平与戈尔巴乔夫的历史性会晤，是中苏关系的转折点，为中苏关系史揭开了新的一页。

① 《邓小平文选》，第3卷，第295页，人民出版社，1993年第1版。

“一秒钟的工夫就可以解决”

在中日外交史上，有一件举足轻重的事情，这就是中日友好和平条约的签订。

早在1974年，中日双方便开始酝酿缔结中日友好和平条约。然而，由于当时国际国内因素的影响，这个条约的缔结经历了一个曲折而漫长的过程。经过多次谈判和协商，直到1977年秋，条约的缔结仍然没有成功。这是中国外交史上一场旷日持久的苦战。

1977年9月，邓小平在北京接见了以滨野清吾为团长的日中友好议员联盟访华团。

邓小平开门见山，指出：福田首相表示要缔结和平友好条约，我们对他寄予希望。虽然有各种各样的问题，但如果仅就缔结条约这个问题来说，一秒钟的工夫就可以解决。

这个生动的开场白，幽默、诙谐、轻松、机智，一下子把在场的人都打动了，气氛也一下子融洽起来。

让我们仔细掂量一下这句“貌似戏谑实则深沉”的话。“一秒钟的工夫就可以解决”，它出自一位处于决策地位的大国领导人之口，不仅反映了诙谐、坦诚、平易的风度情趣，更重要的是揭示了一位大国领导人心胸之宽广、气魄之雄伟、眼光之远大。

这的确是一句绝妙的外交辞令，既显示了邓小平所代表的中国政府希望尽快缔结条约的迫切心情，同时也在暗中敦促日方，让他们尽快下决心。

果然，日本客人被邓小平的这句话深深地打动了。在多方面的努力下，没过多久，中日双方的谈判有了新进展。

1978年8月，日本外相园田直访问中国。9日，中国外交部长黄华与园田直在人民大会堂举行第一轮会谈。

1978年10月，邓小平出访日本，互换中日和平友好条约批准书（右一为日本首相福田纠夫，右二为日本外务大臣园田直）。

园田直话中有话地对黄华说："这个条约日本沾两分光，中国沾八分光。所以，你们别耍手腕，还是在华国锋主席去罗马尼亚前缔结的好。你们中国搞外交有一手，但不善于交际。缔结条约之前，日本人和中国人首先要进一步相互理解。"

在双方分析国际形势时，园田直又开起了玩笑："如果条约缔结不成，我就不能回日本了，只好在北京自杀。我没有退路，你们也一样，如果谈崩了，我和你黄华外长都会受到世界的耻笑！"

显然，园田直是个有胆有识、伶牙俐齿的外交家。

10日下午，邓小平会见了园田直。会谈中，邓小平从容地应对，谈吐极为潇洒。园田直真正领略到邓小平无与伦比的外交艺术。

当双方谈到中苏友好同盟条约时，邓小平郑重地说："那是名存实亡。那个条约规定，提前一年通知就可以废除。明年4月就到期了，我们将采取适当办法宣布废除。[①]"

邓小平坦率的话语使园田直心中的一块石头落了地，便小心地问："这个问题，对外可以讲吗？"

邓小平将手一挥，连声说："尽管讲，尽管讲！"

园田直十分高兴，随后又吞吞吐吐地问："说真的，还有一个问题……如果我这个日本外务大臣不讲的话，就无脸见江东父老……"

邓小平大方地说："你尽管讲嘛！"

---

① 《邓小平与外国首脑及记者会谈录》，台海出版社，2011年第1版。

园田直说：“尖阁群岛（即钓鱼岛，作者注）自古以来就是日本领土，再发生以前那种“偶发事件”，我无法交代。”

邓小平严肃讲明钓鱼岛自古以来就是中国的领土，然后微笑着摊开手说：“上一次是偶发事件。渔民追起鱼来，眼睛里就没有别的东西了。”

这样的回答真是意味深长，含蓄无比。

随后，邓小平又说：“一如既往，搁置它20年，30年嘛！”

8月12日下午7时，中日友好和平条约终于签订了。

“我们今后要积极向前看”

1978年10月22日，为交换中日友好和平条约的批准书，邓小平正式访问了日本。

欢迎仪式结束后，邓小平来到首相官邸拜访了福田首相。随后，邓小平又访问了日本皇宫，与裕仁天皇举行了历史性会见。

这是第二次世界大战以后中国领导人第一次会见日本天皇。众所周知，日本在第二次世界大战期间对中国犯下了滔天大罪，每个有良知的日本人也都清楚战争责任问题是客观存在的事情，但日本政府包括天皇本人对此却一直缄口不谈。现在中日双方签订了和平友好条约，中国领导人在此次来访中会对日本天皇讲一些什么话呢？这是令所有日方人士都提心吊胆的事。

日本在侵华战争期间掠夺大量资源运往本土

会见开始后，身穿西服的裕仁天皇首先伸出手去同邓小平、卓琳握手：热烈欢迎，能够见到你们，很高兴。

邓小平接过话，微笑着说：感谢贵国的邀请。

随后，裕仁天皇把皇后向中国客人作了介绍。天皇和邓小平相对而坐，皇后和卓琳并肩坐在一张沙发上。

天皇首先开口：你在百忙中不辞远道到日本来，尤其是日中条约签订了，还交换了批准书，我非常高兴。

邓小平回答：中日条约可能具有出乎我们预料的深远意义。过去的事情就让它过去，我们今后要积极向前看，从各个方面建立和发展两国的和平友好关系。①

邓小平的谈话是非常含蓄，非常艺术的，既体现了一种宽宏大量的大国风度，又自然地讲清了必须要讲的话。他站在战略全局的高度，从发展中日关系的大局出发，既表明了我们着眼于未来的积极态度，又巧妙地点到了天皇的战争责任这个非讲不可的问题。

听了邓小平的这番话，那些一直提心吊胆的日方人士总算松了口气。天皇的紧张情绪也随之消除了，似乎也受到极大的触动：在两国悠久的历史中，虽然其间一度发生过不幸的事情，但正如您所说，那已成为过去。两国之间缔结了和平友好条约，这实在是件好事情。今后，两国要永远和平友好下去。

“不幸的事情”是天皇讲话稿上没有，提纲上也没有的话。很显然，天皇在邓小平这番诚恳而又高明的谈话触动下，讲出了心里话。

邓小平点头说：一点不错，我赞成。

事后，共同社发表评论：

陛下在首次会见中国最高领导人时使用“不幸的事件”这一措辞，是从天皇的战争责任这一角度，间接向中国人民表明谢罪之意。这无疑是邓小平超凡语言艺术的效力。

---

① 《邓小平与外国首脑及记者会谈录》，台海出版社，2011年第1版。

“到时不把香港的主权收回来，我们这些人谁也交不了账”

香港问题是历史遗留下来的。香港，自古以来就是中国领土，包括香港岛、九龙和新界，总面积为1076平方公里，其中香港岛面积79.77平方公里，九龙面积11.7平方公里，新界面积984.53平方公里。

香港沦为殖民地，是帝国主义强权统治和强加给中国人民的不平等条约所造成的。1840年，英国发动第一次鸦片战争，强迫清政府签订《南京条约》，割让香港岛。1856年，英法联军发动第二次鸦片战争，迫使清政府缔结《北京条约》，割让九龙半岛尖端。1898年，英国又乘列强在中国划分势力范围之机，逼迫清政府签订《展拓香港界址专条》，强行租借九龙半岛大片土地以及附近200多个岛屿（后统称“新界”），租期99年，1997年6月30日期满。

第一次鸦片战争虎门要塞遗址纪念碑及抗英大炮

中国人民一直反对上述三个不平等条约。中华人民共和国成立后，中国政府郑重声明：香港是中国的领土，中国不承认帝国主义强加的三个不平等条约，主张在适当时机通过谈判解决这一问题，未解决前暂时维持现状。党的十一届三中全会后，邓小平提出了按照“一个国家，两种制度”解决台湾和香港问题的构想。

随着1997年的日益临近，英国方面从其自身利益出发，不断试探中国关于解决香港问题的立场和态度。先是1979年3月香港总督麦理浩访问中国。三年后，英国前首相希思访华，目的也是试探中国方面对解决香港问题的态度。邓小平接见了他们，谈到了中国关于解决香港问题的立场。在这种情况下，解决香港问题的时机已经成熟。

希思，英国保守党领袖。1970年出任英国首相。1974年后多次访问过中国，和毛泽东、周恩来、邓小平等中国领导人都有过接触。希思为发展中英关系做了很多工作。在任首相期间，他坚持和中国改善关系，使中英外交关系升为大使级。下野后，又继续为进一步改善中英关系而努力，特别是在中英谈判解决香港问题的过程中，他穿梭于两国之间，做了大量的工作，为香港问题的解决做出了贡献。

1974年5月25日，毛泽东在中南海会见了希思。陪同会见的还有周恩来、邓小平等人。

会谈中，双方谈到了香港问题。

毛泽东说：剩下一个香港问题，我们现在也不谈。

说着，毛泽东回头问坐在身旁的周恩来：还有多少时间？

周恩来迅速准确地回答：是1898年租给他们的，租期99年，到1997年期满，到现在还有24年。

毛泽东点点头：到时候怎样办，我们再商量吧。然后指着坐在不远的邓小平等人，补充道：是他们的事情了。

时光流逝，八年过去了。

1982年4月6日，希思再次访问中国。这时，毛泽东、周恩来已经离开人世，作为中国共产党第二代领导集体核心的邓小平会见了希思。

会见中，希思回顾了1974年与毛泽东会见的情景，自然提到了这次来访的主题——香港问题，说：那次你也在座，当时毛主席和周总理说，反正要到1997年，那还早，还是让年轻人去管吧。现在离1997年只有15年的时间，你是如何考虑在这个期间处理这个问题的。

显然在这个问题上，希思有点着急了。实际上比希思更着急的是英国政府，英国各方面的人士，也包括香港各方面的人士。他们考虑更多的是在香港的投资。香港的前途未卜，不能不令他们焦虑。

邓小平也早已料到希思此行的目的，义正词严地说：香港的主权是中国的。还有新界，包括整个香港，过去是不平等条约，实际上是废除的问题。我们是多年的老朋友了。如中国到时不把香港的主权收回来，我们这些人谁也交不了账。[①]

这几句话听似平淡，实则掷地有声。短短数语，邓小平就把中国政府关于香港问题的态度表达得一清二楚：中国收回香港主权，这是毋庸置疑的。

让我们细细品味一下这番话所蕴含的意思。邓小平用“如中国到时不把香港的主权收回来，我们这些人谁也交不了账”这句话，非常巧妙地表明了两层含义：一方面，中国政府如果到时不收回香港的主权，自然无法向中国人民“交账”；另一方面，如果英国政府执意不归还香港的主权，中国政府和人民自然不会答应，香港的稳定也自然无法保障，必将会影响到中英两国的关系，英国政府也就无法向全世界人民“交账”。

邓小平一语双关，既表明了中国政府对维护香港主权的严正立场，同时也在善意地提醒英国政府不要做有损于中英两国关系的蠢事。

接着，邓小平侃侃而谈：中国要维护香港作为自由港和国际金融中心的地位，也不影响外国人在那里的投资，在这个前提下由香港人管理香港。请投资的人放心，我们把香港作为一个特殊地区、特殊问题来处理，这是一个长期的政策。即使到了1997年，不管具体怎么做，政治上如何解决，这个政策不会改变。不管将来香港的政治地位如何解决，香港的特殊地位都可以得到保证。中国政府的立场不影响他们的投资利益，说清楚一点，就是在本世纪和下世纪初相当长的时期内，香港还可以搞它的资本主义，我们搞我们的社会主义。就是到1997年香港的政治地位改变了，也不影响他们的投资利益。

邓小平不愧是一位驾驭语言的高手。在这里，他晓之以理，动之以情，寥寥数语，便打消了人们对在香港继续投资存在巨大风险的顾虑。

① 《邓小平与外国首脑及记者会谈录》，台海出版社，2011年第1版。

“英国首相我认识好几个，但我认识的现在都下台了”

1982年9月，北京，秋高气爽。

22日下午1时20分，一架英国皇家空军专机在北京首都机场徐徐降落。素有“铁娘子”之称的英国首相玛格丽特·撒切尔夫人步下飞机舷梯。她此行的目的，主要是就香港问题与中国领导人进行会谈。

英国方面选择这个时候来中国谈判香港问题不是没有考虑的。这一年英国和阿根廷之间发生了关于马尔维纳斯岛的战争。依靠坚船利炮，英国

1982年9月，邓小平会见来华访问的英国首相撒切尔夫人。

取得了胜利。显然，撒切尔夫人是挟马岛战争胜利之余威来中国的，幻想可以继续保持英国侵占香港的三个不平等条约有效。

撒切尔夫人行前曾声明："有关香港的三个条约仍然有效"。目的是想在国际上大造舆论，并借机试探中国方面的立场。

9月22日下午、23日上午，撒切尔夫人在与中国领导人的会谈时继续坚持三个不平等条约仍然有效，提出如果中国同意英国1997年后继续管治香港，英国可以考虑中国提出的主权要求。

这一无理要求自然遭到了中国政府的严正拒绝。中国领导人正式通知英方，中国政府决定在1997年收回整个香港地区，同时阐明中国收回香港后将采取特殊政策，包括设立香港特别行政区，由香港当地中国人管理，现行的社会、经济制度和生活方式不变，等等。

9月24日上午，在人民大会堂的福建厅，邓小平与撒切尔夫人开始了他们的第一次接触。会谈的中心议题自然是如何解决香港问题。

撒切尔夫人在人民大会堂新疆厅和邓颖超倾谈片刻后，前往福建厅同邓小平进行会谈。

在走近福建厅时，撒切尔夫人见福建厅大门紧闭，"铁娘子"面带犹豫，略显忐忑不安之感，因为她早预料到与邓小平的这一次会谈将是一次决定性的摊牌。

果然，两人一见面，撒切尔夫人就说：我作为现任首相访华，看到你很高兴。

邓小平笑着回答：是呀，英国首相我认识好几个，但我认识的现在都下台了。欢迎你来呀。

善于揣摩弦外之音的记者们都暗自品味着邓小平这句话，觉得意味深长。

这句话听似平淡，实则是"绵里藏针"。邓小平给了撒切尔夫人一个"下马威"——香港问题解决不好，你也要下台！

“如果不收回，就意味着中国政府是晚清政府！中国领导人是李鸿章！”

1982年9月24日上午，在北京人民大会堂福建厅，邓小平与来访的英国首相玛格丽特·撒切尔夫人开始了他们的第一次会谈。中心议题是如何解决香港问题。

会谈一开始，紧张就已初显端倪。撒切尔夫人依旧强调有关香港的三个条约仍然有效，不愿意将香港的主权归还给中国。

邓小平非常坚定而严肃地说：

> 我们对香港问题的基本立场是明确的，这里主要有三个问题。一个是主权问题；再一个问题，是一九九七年后中国采取什么方式来管理香港，继续保持香港繁荣；第三个问题，是中国和英国两国政府要妥善商谈如何使香港从现在到一九九七年的十五年中不出现大的波动。①

在关系到国家主权的问题上，邓小平坚持原则，寸步不让，寥寥数语，就把撒切尔夫人的言论给顶了回去，充分表现了他坚定的原则性。

望着在世界政坛上一向以钢硬著称的“铁娘子”，邓小平干净利落地说：

> 关于主权问题，中国在这个问题上没有回旋余地。坦率地讲，主权问题不是一个可以讨论的问题。现在时机已经成熟了，应该明确肯定：一九九七年中国将收回香港。就是说，中国要收

① 《邓小平文选》，第3卷，第12页，人民出版社，1993年第1版。

回的不仅是新界，而且包括香港岛、九龙。中国和英国就是在这个前提下来进行谈判，商讨解决香港问题的方式和办法。如果中国在一九九七年，也就是中华人民共和国成立四十八年后还不把香港收回，任何一个中国领导人和政府都不能向中国人民交代，甚至也不能向世界人民交代。如果不收回，就意味着中国政府是晚清政府，中国领导人是李鸿章！我们等待了三十三年，再加上十五年，就是四十八年，我们是在人民充分信赖的基础上才能如此长期等待的。如果十五年后还不收回，人民就没有理由信任我们，任何中国政府都应该下野，自动退出政治舞台，没有别的选择。所以，现在，当然不是今天，但也不迟于一二年的时间，中国就要正式宣布收回香港这个决策。我们可以再等一二年宣布，但肯定不能拖延更长的时间了。[①]

邓小平历史知识的广博是尽人皆知的。他能够在自己的文章中旁征博引，将干巴巴的历史材料用得生动而贴切，令人佩服之至。其实在谈话中，不论场合大小，事情轻重，邓小平也能恰到好处地发挥自己历史知识丰富的优势，无论是具体的历史事例，还是抽象的历史概念，都能够适时、准确地加以发挥；不仅语言通俗明了，而且生动有趣，含义也相当深刻，这是一般人不易做到的。

邓小平在讲话中提到了李鸿章。熟悉中国近代史的人都知道李鸿章在中国近代史上所扮演的角色。

李鸿章，安徽合肥人，清朝末期军政重臣。1870年起任直隶总督兼北洋大臣。曾代表清政府主持签订了中英《烟台条约》、《中法新约》、中日《马关条约》、《中俄密约》及《辛丑条约》等一系列割地赔款、丧权辱国的不平等条约。

一个民族要有自己的民族自尊心，国家要维护自己的主权和人格，否则，国家就立不起来，一个民族也会让人瞧不起。在涉及国家主权的问题上，邓小平是绝不会让步的。这就是邓小平的个性，看似和气，话也不多，实则硬得很，在原则面前寸步不让。

① 《邓小平文选》，第3卷，第12～13页，人民出版社，1993年第1版。

毛泽东对邓小平的个性非常了解。1973年12月12日，毛泽东主持召开政治局会议，在宣布恢复邓小平的工作时，曾意味深长地说：我送你两句话，柔中有刚，绵里藏针，外面和气一点，内部是钢铁公司。

在这段谈话中，邓小平从正反两个方面表明了中国政府在香港问题上的严正立场：

从正面上讲，主权问题不容讨论，没有回旋的余地。“1997年中国将收回香港”，这是中英谈判的前提。从反面上讲，如果中国在1997年不收回香港，人民不会答应，中国政府就要下台。

邓小平向撒切尔夫人摊牌了，同时也向全世界郑重宣告中国政府在香港问题上的态度：中国政府绝不当丧权无能的清政府，中国领导人绝不当卖国求荣的李鸿章！

从这一很小的例子，我们就可以对邓小平高超的政治洞察，恢弘的政治气魄有所了解。这就是邓小平作为一名政治家的魅力所在，同时也是他的语言为人传颂，刻骨铭心的根本所在。

原本想在主权问题上做些文章的撒切尔夫人，此时才算真正领教了邓小平在这一问题上的强硬立场，叹息计划落了空。但出于本国的利益，撒切尔夫人自然不愿意将香港这块风水宝地痛快地交还给中国，于是她又搬

李鸿章(中)检阅北洋海军

出1997年后香港只有在英国的管制下才能继续保持繁荣的“撒手锏”。

对于这种带威吓的手段，邓小平沉着而坚定地说：

> 保持香港的繁荣，我们希望取得英国的合作，但这不是说，香港继续保持繁荣必须在英国的管辖之下才能实现。香港继续保持繁荣，根本上取决于中国收回香港后，在中国的管辖之下，实行适合于香港的政策。香港现行的政治、经济制度，甚至大部分法律都可以保留，当然，有些要加以改革。香港仍将实行资本主义，现行的许多适合的制度要保持。我们要同香港各界人士广泛交换意见，制定我们在十五年中的方针政策以及十五年后的方针政策。这些方针政策应该不仅是香港人民可以接受的，而且在香港的其他投资者首先是英国也能够接受，因为对他们也有好处。我们希望中英两国政府就此进行友好的磋商，我们将非常高兴地听取英国政府对我们提出的建议。这些都需要时间。为什么还要等一二年才正式宣布收回香港呢？就是希望在这段时间里同各方面进行磋商。①

撒切尔夫人抓住机会，提出香港如不能保持繁荣，外资则会撤走，会在很大程度上给中国正在进行的现代化建设带来影响。

邓小平早已料到撒切尔夫人会有这一手，当即义正词严地回答：

> 现在人们议论最多的是，如果香港不能继续保持繁荣，就会影响中国的四化建设。我认为，影响不能说没有，但说会在很大程度上影响中国的建设，这个估计不正确。如果中国把四化建设能否实现放在香港是否繁荣上，那么这个决策本身就是不正确的。人们还议论香港外资撤走的问题。只要我们的政策适当，走了还会回来的。所以，我们在宣布一九九七年收回香港的同时，还要宣布一九九七年后香港所实行的制度和政策。
>
> 至于说一旦中国宣布一九九七年要收回香港，香港就可能发

① 《邓小平文选》，第3卷，第13页，人民出版社，1993年第1版。

生波动，我的看法是小波动不可避免，如果中英两国抱着合作的态度来解决这个问题，就能避免大的波动。[①]

1984年邓小平在天安门向国庆35周年游行队伍招手致意

谈到这里，撒切尔夫人继续用威胁的口吻说：中国如宣布收回香港，将会对香港“带来灾难性的影响”。

邓小平有些生气了，用不容置疑的口气说：

我还要告诉夫人，中国政府在做出这个决策的时候，各种可能都估计到了。我们还考虑了我们不愿意考虑的一个问题，就是如果在十五年的过渡时期内香港发生严重的波动，怎么办？那时，中国政府将被迫不得不对收回的时间和方式另作考虑。如果说宣布要收回香港就会像夫人说的“带来灾难性的影响”，那我们要勇敢地面对这个灾难，做出决策。希望从夫人这次访问开始，两国政府官员通过外交途径进行很好的磋商，讨论如何避免这种灾难。我相信我们会制定出收回香港后应该实行的、能为各方面所接受的政策。我不担心这一点。我担心的是今后十五年过渡时期如何过渡好，担心在这个时期中会出现很大的混乱，而且这些混乱是人为的。这当中不光有外国人，也有中国人，而主要的是英国人。制造混乱是很容易的。我们进行磋商就是要解决这个问题。

① 《邓小平文选》，第3卷，第13～14页，人民出版社，1993年第1版。

不单单是两国政府，而且包括政府要约束厂商及各行各业，不要做妨碍香港繁荣的事。不仅在这十五年的过渡时期内香港不要发生大的波动，一九九七年中国接管以后还要管理得更好。[①]

这段话，邓小平讲得斩钉截铁、干净利落，具有巨大的震撼力。如果有什么灾难，我们将勇敢地面对，绝不畏惧。总之，中国收回香港的决心是不可能动摇的。

1997年7月香港回归。图为中国人民解放军驻香港部队举行升旗仪式

撒切尔夫人无言以对。

会谈结束了。中英双方同意通过外交途径开始进行香港问题的磋商。

等候在门外的记者们看见脸色凝重的撒切尔夫人走出来，就知道这次会谈的紧张激烈。这时，方寸已乱的撒切尔夫人，在步下人民大会堂门外倒数第二级石阶时，一脚迈空，险些摔倒。也许，此时她的心态只有她自己知道。

外电是这样评述这次会谈的：撒切尔夫人锋芒毕露，邓小平绵里藏针。

许多年后，已不再担任英国首相的撒切尔夫人在她的回忆录中是这样描述这次谈话的：和邓小平的谈判进行得相当艰难，……他是一个非常执著的人，他的态度很坚决。……我不得不决定向中国交还主权和政权，除此之外，没有别的选择。

撒切尔夫人的这段无可奈何的话语，从另一个侧面反映了邓小平思想和语言的巨大威力。

① 《邓小平文选》，第3卷，第14页，人民出版社，1993年第1版。

“五十年不变”

1983年3月，英国首相玛格丽特·撒切尔夫人写信给中国领导人，作出了她准备在某个阶段向英国议会建议使整个香港主权回归中国的保证。

4月，中国政府正式回复英国政府：同意尽快举行正式谈判。

于是，中英两国关于香港问题第二阶段的谈判拉开了序幕，这是一个长达“二十二个回合”的谈判。

光阴似箭，转眼到了1984年12月18日。当晚8点20分，撒切尔夫人一行乘专机飞抵北京。他们此行的目的是与中国政府签署《中英香港问题的联合声明》，保证在1997年6月30日将香港主权全部无条件归还中国。

19日下午5点30分，《中英香港问题的联合声明》正式签字仪式在人民大会堂西大厅隆重举行。

1984年12月19日，《中英香港问题的联合声明》正式签字仪式在人民大会堂举行

签字仪式结束后，邓小平会见了撒切尔夫人一行。两位国家领导人像老朋友一般论天说地，谈笑风生。

邓小平颇有感慨地说：

“香港问题已经有近一个半世纪的历史，这个问题不解决，在我们两国和两国人民之间总是存在着阴影。现在这个阴影消除了，我们两国之间的合作和两国人民之间的友好前景光明。”①

撒切尔夫人被邓小平幽默乐观的情绪所感染，风度优雅地微笑着表示完全赞成，并怀着对邓小平的崇敬之情说：

“回顾我两年多以前初次在这里同您见面以来，我们已经取得了多么大的成就，双方的了解也加深了。阁下提出的‘一国两制’的构想是最有天才的创造。”

邓小平谦逊地摆摆手，充满活力与自信地说：

“如果‘一国两制’的构想是一个对国际上有意义的想法的话，那要归功于马克思主义的辩证唯物主义和历史唯物主义，用毛泽东主席的话来讲就是实事求是。这个构想是在中国的实际情况下提出来的。……我们提出来个构想时，人们都觉得这是个新语言，是前人未曾说过的。也有人怀疑这个主张能否行得通，这就要拿事实来回答。现在看来是行得通的，至少中国人坚信是行得通的，因为这两年的谈判已经证明了这一点。……我们不仅要告诉阁下和在座的英国朋友，也要告诉全世界的人：中国是信守自己的诺言的。”②

当撒切尔夫人问到香港的现行制度在1997年以后保持50年不变的设想时，邓小平真诚地阐释了“五十年不变”的道理。

一位日本朋友问我，你们为什么还有一个“五十年”，即一九九七年后还要保持香港现行的资本主义制度五十年不变？你们根据的是什么，是否有个什么想法？我对他说，有。这也是从中国的实际出发的。中国现在制定了一个宏伟的目标，就是国民生产总值在两个十年内，即到本世纪末翻两番，达到小康

① 《邓小平文选》，第3卷，第101页，人民出版社，1993年第1版。

② 同上，第101～102页。

水平。就是达到了这个目标，中国也不算富，还不是一个发达国家。所以这只能算是我们雄心壮志的第一个目标。中国要真正发达起来，接近而不是说超过发达国家，那还需要三十年到五十年的时间。如果说在本世纪内我们需要实行开放政策，那么在下个世纪的前五十年内中国要接近发达国家的水平，也不能离开这个政策，离开了这个政策不行。保持香港的繁荣稳定是符合中国的切身利益的。所以我们讲"五十年"，不是随随便便、感情冲动而讲的，是考虑到中国的现实和发展的需要。同样的，从本世纪末到下一世纪前五十年也需要一个稳定的台湾。台湾是中国的一部分，中国可以在一个国家的前提下实行两种制度，这就是制定我们国家政策的一个想法。如果懂得了这点，知道我们的基本观点，知道我们从什么出发提出这个口号、制定这个政策，就会相信我们不会变。我还对日本朋友说，如果开放政策在下一世纪前五十年不变，那么到了后五十年，我们同国际上的经济交往更加频繁，更加相互依赖，更不可分，开放政策就更不会变了。[①]

1984年7月，邓小平会见英国外交大臣杰弗里·豪。

① 《邓小平文选》，第3卷，第102～103页，人民出版社，1993年第1版。

最后，邓小平还言简意赅、逻辑严密地对撒切尔首相再次阐释了“一国两制”的内容及意义：

> 我还想请首相告诉国际上和香港的人士，“一国两制”除了资本主义，还有社会主义，就是中国的主体、十亿人口的地区坚定不移地实行社会主义。主体地区是十亿人口，台湾是近两千万，香港是五百五十万，这就有个十亿同两千万和五百五十万的关系问题。主体是很大的主体，社会主义是在十亿人口地区的社会主义，这是个前提，没有这个前提不行。在这个前提下，可以容许在自己身边，在小地区和小范围内实行资本主义。我们相信，在小范围内容许资本主义存在，更有利于发展社会主义经济。我们对外开放二十来个城市，这也是在社会主义经济是主体这个前提下进行的，不会改变它们的社会主义性质。相反地，对外开放有利于壮大和发展社会主义经济。[①]

众人皆知西方谚语里有“诚实是最好的武器”一说，而邓小平的这番阐释正好是最诚实的语言，当然就是最好的语言。

① 《邓小平文选》，第3卷，第103页，人民出版社，1993年第1版。

“头头可不能当，头头一当就坏了”

邓小平以其渊博的学识、敏锐的思维、丰富的联想，创造出许多新奇巧妙的比喻，堪称一个独到的语言天才。

1982年8月21日，邓小平在北京人民大会堂会见了联合国秘书长佩雷斯·德奎利亚尔。

会谈中，邓小平畅谈了中国的外交政策，表明了中国永远不称霸的思想，并幽默诙谐地说：

“头头可不能当，头头一当就坏了。”①

1987年5月，邓小平会见来访的联合国秘书长佩雷斯·德奎利亚尔。

① 《邓小平文选》，第2卷，第416页，人民出版社，1994年第2版。

在这里，邓小平十分巧妙地用“头头”暗喻“霸权主义”，使他的语言更加生动机智，灵活圆润，具有经久不衰的艺术魅力。

邓小平是这样表述的：

中国是联合国安全理事会的常任理事国，中国理解自己的责任。有两条大家是信得过的，一条是坚持原则，一条是讲话算数。我们不搞政治游戏，不搞语言游戏。我个人爱好打桥牌，但中国在政治上不爱好打牌。不仅今天如此，建国以后，在毛泽东主席、周恩来总理领导我们国家的时候就是如此。所以，国际上许多朋友都信任我们。我们对许多国家特别是第三世界国家的境遇也是理解的。中国的对外政策是一贯的，有三句话，第一句话是反对霸权主义，第二句话是维护世界和平，第三句话是加强同第三世界的团结与合作，或者叫联合与合作。为什么现在我特别强调第三世界这一点，因为反对霸权主义、维护世界和平对第三世界有特殊的意义。霸权主义的受害者是谁？难道是美国、苏联？美国和苏联是搞霸权主义的，他们不是受害者。欧洲、日本、大洋洲、加拿大等发达国家也不是受害者。东欧有一点受害。如果世界和平被破坏，首先受害的是谁？第二次世界大战以后，实际上没有什么和平，大战没有打，但小战不断。小战在哪里打？在第三世界。根源还不是超级大国霸权主义在那里挑拨，在那里插手！长期以来，超级大国就是利用第三世界的冲突来达到他们的目的，所以，尽管第三世界本身也有这样或那样的问题，直接受害的还是第三世界的国家和人民。这就决定了有切身利益的第三世界是真正的维护世界和平、反对霸权主义的主力。这不是以人们的意志为转移的，是由第三世界所处的地位和切身利害关系决定的。

我们不是悲观主义者，我们只是提出战争的危险性。我们说，战争的因素在增长，但制止战争的因素也在增长。从联合国的角度可以看出，第二次世界大战以后，国际政治中积极的因素是第三世界的兴起。在联合国中，第三世界的成员增加了。对这个变化的价值要给予充分的估量。霸权主义还要继续横行下去。

但是，他们像过去那样随意主宰世界人民命运的时代已经过去。第三世界国家尽管穷，但在国际政治中的分量已经大大增加，这是任何人都不能忽视的。当然第三世界国家之间目前协调得不理想，这个问题复杂得很，在这方面要做工作。至于中国，我们的力量有限，作用也有限。人们说，中国在第三世界处于特殊的地位。我们说，中国只是第三世界的一员，作为第三世界的一员，要尽到我们自己的责任。很多朋友说，中国是第三世界的头头。我们说，头头可不能当，头头一当就坏了。搞霸权主义的名誉很坏，当第三世界的头头名誉也不好。这不是客气话，这是一种真实的政治考虑。①

细细品味这段话，我们感到：邓小平讲得十分高明，这是一个智者经过了深思熟虑的产物，是极为英明的金玉之言，充分展示了一代政治家的语言艺术。

我们不当第三世界的头头，可谓一句远见卓识的话，反映了一个超凡的谋略，是大智大慧的结晶。我们知道，中国历来都反对霸权主义，在国际事务中我们坚持这样几个原则：一是反对霸权主义；二是维护世界和平；三是加强同第三世界的团结与合作。基于这样的原则，所以我们不能当“头头”。因为当了“头头”就难免有指手画脚之时，就难免有居高临下之态，这样是不利于团结第三世界的国家的。同时，当“头头”也不是一件轻松容易的事情，有时候“头头”必须出来平息争端，有时候它又要出力为别人排忧解难。正常的国际援助是应该的，但过多地卷入国际争端与事务之中，必将消耗自身的力量，影响自身的发展。中国现在本来就不够强大，若再在国际事务中大包大揽，肯定是弊多利少的。另外，当了第三世界的“头头”，就得领导这些国家去同发达国家、超级大国相对抗；若真的这样，中国就无法独立自主地同发达国家打交道，无法在处理大国关系时采取灵活机动的策略。

1990年12月24日，邓小平在一次谈话中强调：

“中国永远站在第三世界一边，中国永远不称霸，中国也永远不当

① 《邓小平文选》，第2卷，第415～416页，人民出版社，1994年第2版。

头。但在国际问题上无所作为不可能，还是要有所作为。”①

在这段讲话里，邓小平一连用了“中国永远……”三个排比句，有力地表明了中国的正义立场和高尚品格。“无所作为”与“有所作为”，正反对比强调，突出了要有所作为的思想。

1992年1月18日，年已88岁高龄的邓小平第二次南行，先后视察了武昌、深圳、珠海、上海等地。

在这次震动神州大地的南行中，邓小平妙语连出，讲了许多影响中国命运的惊世骇俗之言，自然少不了讲中国的外交政策：

> 世界和平与发展这两大问题，至今一个也没有解决。社会主义中国应该用实践向世界表明，中国反对霸权主义、强权政治，永不称霸。中国是维护世界和平的坚定力量。②

综观整个讲话，邓小平讲得精练有力，充满辩证法思想，是我国外交政策的重要指导原则。

---

① 《邓小平文选》，第3卷，第363页，人民出版社，1993年第1版。

② 同上，第383页。

“中国永远属于第三世界，永远不能称霸”

1978年5月7日，邓小平在会见马达加斯加民主共和国政府经济贸易代表团时，讲了一个很重要的问题，同时也是中国的外交政策的一个重要部分，那就是“永不称霸”。

在这次讲话中，邓小平着重谈了两个问题，首先谈到的是国内问题：

> 粉碎“四人帮”，全国人民都高兴。现在的情况比较好，人民的积极性调动起来了。实现四个现代化，我们清醒地看到这是一件艰巨的事情，但是是能够做到的。首先是我们有全党的团结，全国人民的团结。我们的人民是勤劳的人民，有着艰苦奋斗的传统。其次是我们已经建立了相当的物质基础。还有就是我们制定了明确的方针，要利用世界上一切先进技术、先进成果。在“四人帮”时期要这样做是不允许的，他们说这是洋奴哲学。科学技术本身是没有阶级性的，资本家拿来为资本主义服务，社会主义国家拿来为社会主义服务。中国古代有四大发明，世界各国后来不是也利用了嘛！现在世界上的先进技术、先进成果我们为什么就不能利用呢？我们要把世界一切先进技术、先进成果作为我们发展的起点。再加一条，那就是我们有丰富的自然资源。总

邓小平在接见外宾时，笑谈国际风云。

起来说，人民的积极性调动起来了，又有一定的物质基础，有丰富的资源，加上利用世界的先进技术，我们实现四个现代化是有可能的。当然也不那么容易。世界上先进技术发展很快，发展速度不是用年来计算，而是用月、用日来计算的，叫做“日新月异”。我们就是实现了四个现代化，工农业产品的产量和国民收入按人口平均来算，还是比较低的。现在我们的方针政策已经明确，我们的口号是少说空话，多做工作。[1]

然后，邓小平言简意赅地讲了中国在国际上的位置以及义务：

我们现在还很穷，在无产阶级国际主义义务方面，还不可能做得很多，贡献还很小。到实现了四个现代化，国民经济发展了，我们对人类特别是对第三世界的贡献可能会多一点。作为一个社会主义国家，中国永远属于第三世界，永远不能称霸。这个思想现在人们可以理解，因为中国现在还很穷，是不折不扣的第三世界国家。问题是将来我们发展了，搞不搞霸权主义。朋友们，你们都比我年轻，你们是可以看到的，到那个时候，如果中国还是社会主义国家，就不能实行霸权主义，仍然属于第三世界。如果那时中国翘起尾巴来了，在世界上称王称霸，指手画脚，那就会把自己开除出第三世界的“界籍”，肯定就不再是社会主义国家了。一九七四年我在联大特别会议上作了一篇讲话，讲的就是这个内容。这是毛泽东主席、周恩来总理制定的对外政策，我们要用来教育子孙后代。[2]

1984年5月29日，邓小平在会见巴西总统菲格雷多时，指出：

中国的对外政策，主要是两句话。一句话是反对霸权主义，维护世界和平，另一句话是中国永远属于第三世界。中国现在属于第三世界，将来发展富强起来，仍然属于第三世界。中国

① 《邓小平文选》，第2卷，第111～112页，人民出版社，1994年第2版。

② 同上，第112页。

和所有第三世界国家的命运是共同的。中国永远不会称霸，永远不会欺负别人，永远站在第三世界一边。[①]

1984年5月，邓小平会见巴西总统菲格雷多。

接着，邓小平侃侃而谈，进一步阐述中国人民是爱好和平的：

中国的对外政策是独立自主的，是真正的不结盟。中国不打美国牌，也不打苏联牌，中国也不允许别人打中国牌。中国对外政策的目标是争取世界和平。在争取和平的前提下，一心一意搞现代化建设，发展自己的国家，建设具有中国特色的社会主义。

现在中国还很穷，国民生产总值人均只有三百美元。我们的目标是，到本世纪末人均达到八百美元。八百美元对经济发达国家来说不算什么，但对中国来说，这是雄心壮志。它意味着到本世纪末，我国的国民生产总值达到一万亿美元。到那个时候，中国就会对人类有大一点的贡献。我国是社会主义国家，国民生产总值达到一万亿美元，日子就会比较好过。更重要的是，在这样一个基础上，再发展三十年到五十年，我们就可以接近发达国家的水平。总之，我们诚心诚意地希望不发生战争，争取长时间的和平，集中精力搞好国内的四化建设。[②]

在这段谈话中，邓小平掷地有声，向世界表明中国永远不会称霸的决心。这无疑是对那些散布“中国威胁论”的别有用心者的有力回击。

① 《邓小平文选》，第3卷，第56页，人民出版社，1993年第1版。

② 《邓小平文选》，第3卷，第57页，人民出版社，1993年第1版。

“在东方的中国有一位退休老人，关心着中美关系的改善和发展”

1989年12月10日，邓小平在会见美国总统特使、总统国家安全事务助理斯考克罗夫特时，谈到了中美关系，并希望两国之间要好起来才行。

邓小平开门见山，首先肯定特使来华访问的行动是非常重要的：

你这次访问是非常重要的行动。中美两国之间尽管有些纠葛，有这样那样的问题和分歧，但归根到底中美关系是要好起来才行。这是世界和平和稳定的需要。尽快解决六月以来中美之间发生的这些问题，使中美关系得到新的发展，取得新的前进，这是我们共同的愿望。[①]

接着，邓小平语重心长地说：

“我已经退休了，本来这样的事情不是我分内的事，但是我的朋友布什总统的特使来，我不见也太不合情理了。”[②]

这完全是一个老朋友的说话口气，重友情、重私人交往，一下子拉近了宾主双方的距离，为进一步讨论要害问题营造了良好的谈话气氛。

果然，斯考克罗夫特大为感动，会心地笑了。

邓小平话题一转，针对美国国内有些人对中国充满敌意，大肆鼓吹“中国威胁论”的反华论调，进行了针锋相对的批驳，严肃指出：

中国在国际上有特殊的重要性，关系到国际局势的稳定与安

① 《邓小平文选》，第3卷，第350页，人民出版社，1993年第1版。

② 《邓小平文选》，第3卷，第350页，人民出版社，1993年第1版。

全。如果中国动乱，问题就大得很了，肯定要影响世界。这不是中国之福，也不是美国之福。

中国威胁不了美国，美国不应该把中国当做威胁自己的对手。我们没有做任何一件伤害美国的事。一九七二年到现在的十七年中，世界局势总的比较稳定，中美关系的发展是形成这样好的局势的一个原因，占的分量不轻。中美不能打架，我说的打架不是打仗，而是笔头上和口头上打架，不要提倡这些。我多次讲过，美国的制度中国不能搬，美国制度究竟好不好，美国人自己说，我们不干预。两国相处，要彼此尊重对方，尽可能照顾对方，这样来解决纠葛。只照顾一方是不行的。双方都让点步，总能找到好的都可以接受的办法。恢复中美关系要双方努力，不要拖久了，拖久了对双方都不利。①

在这段谈话中，邓小平充分显示了他的外交口才，晓之以理、动之以情，详尽阐述了中国一贯奉行的和平共处五项基本外交原则。同时又从反面阐明中国如果发生动乱，对各方面都不利，强调“这不是中国之福，也不是美国之福”。因为中国在国际上有特殊的重要性。接着，邓小平旗帜鲜明地指出：美国不应该把中国当成威胁自己的对手，因为中国没有做任何一件伤害美国的事。然后讲明中美关系对稳定世界局势的重要作风，并得出“中美不能打架”的结论。最后，邓小平又明确表示“美国的制度中国不能搬，美国制度究竟好不好，美国人自己说，我们不干预”。这既明确表示了我国在对外交往中所一贯奉行的和平共处原则，又在善意地批评了美国政府的霸权主义和强权政治，可谓一语双关。

邓小平的这番话说得肯定而严重，柔中带刚，字里行间所表现出来的是坚定的原则，积极的态度，合理的办法，直说得斯考克罗夫特心服口服。

最后，邓小平不失幽默地说：

“请特使转告布什总统，在东方的中国有一位退休老人，关心着中美关系的改善和发展。”②

---

① 《邓小平文选》，第3卷，第350～351页，人民出版社，1993年第1版。

② 《邓小平文选》，第3卷，第351页，人民出版社，1993年第1版。

1978年12月，邓小平访美。图为美国总统卡特夫妇在白宫前欢迎邓小平夫妇。

此话虽然简短，看似平常，却意味深长。

邓小平说自己是东方的中国的一位退休老人，不仅富有诗意，谦逊纯朴，同时也充满了对改善中美关系的深切关注。因为正是这样一位非凡的但又具有平常心的老人，在关注着中美两国的关系。从中，我们可以感受到邓小平博大的胸怀以及对中美关系的殷切期望。

这番讲话，充分展现了邓小平语言艺术所具有的原则性与灵活性的高度统一，令人久久不能忘怀。

退休后的邓小平在北戴河与孩子们游泳

1921年3月留法勤工俭学时的邓小平

第五章

言简意赅——邓小平谈科教

“一个石头打的乌龟有那么大的本事，我不信”

邓小平无疑是20世纪最伟大的政治家之一，因为他设计了中国改革开放的宏伟蓝图，成功地塑造了一个时代、一个国家。这个时代，这个国家因为邓小平而熠熠生辉。

作为一个伟大的政治家，其成功的奥秘，将是人们永远探求的丰富矿藏。他的起点在哪里？

诚如鲁迅所说，天才诞生后的第一声啼哭绝不会是一首诗。所以1904

邓小平故居

年7月12日出生于四川广安的邓小平，也如其女儿邓榕说的，只是那年诞生的千千万万个婴儿中的一个，并没有什么特别之处。因为邓小平后来成了一代伟人，所以一些亲戚和乡邻便传说他出生时曾经出现过什么吉兆，不过都是一些无稽的编造。

邓榕说他的父亲在青少年时代也过得十分平常。这确实是一句体现邓小平风格的大实话。然而，在诸多传说中仍然可以看出邓小平既平常又不平常的成就大业的一些蛛丝马迹。所谓平常，这样的故事，在许多少年人身上并不难看到；所谓不平常，我们以历史的眼光透视邓小平，可以看到邓小平一辈子一以贯之的东西，在少年时代便初露端倪。这些故事的出现看似偶然，其实并非偶然。

1909年，5岁的邓小平入私塾接受启蒙教育，开始了他的学生生活。

邓小平原名邓先圣，因私塾先生对“先圣”这个名字极为不满，认为只有孔子才能称为“先圣”，便自作主张为他改名叫邓希贤。

私塾发蒙，读的是《三字经》、《百家姓》、《千字文》之类的册子，这些都是以认字为主的启蒙读物。当时的教学方法主要是背诵，由塾师逐句教读，然后要求学生死记硬背。聪明伶俐的邓小平在先生教读后便能马上记住，而且能流畅背诵，颇得老师喜欢。

蒙童的主要作业是写毛笔字，邓小平对毛笔字很感兴趣，每天读过书后就练习写字。他很用功，进步很快。经过私塾写字课的严格训练，邓小平的书法有了良好的基础，直到晚年他的字依然刚劲有力。

邓小平不但学习勤奋，而且还是一个热爱劳动、热心助人的孩子。他出身当地名门大户，但从小就和周围农家孩子在一起玩耍，到溪中捉鱼虾、打水仗或者在石坝中打泥巴仗，相处得十分友善、和睦。而农家孩子也喜欢跟他一起玩，他说玩什么游戏大家就立即响应。他平常在外面经常帮助一些贫苦孩子割草放牛，在学校热心帮助同学学习，在家里则尽力帮母亲干一些力所能及的家务，深得父母喜爱。

邓小平一生尊重科学知识，这一美德是人人皆知的。然而有一点恐怕许多人不知道，那就是邓小平从童年时代就很有科学的头脑了。

家乡人都还记得这么一个故事。

有一次，邓小平同几个小伙伴到离他家只有半里之遥的石坝玩耍。

说起这个石坝还颇有一番来历。石坝的路旁有两块神道碑，是清朝嘉庆年间朝廷为表彰两名广安籍高官邓时敏和郑人庆的功绩而赐造的。石碑高3米，宽1米多，镶立在两个巨大的石乌龟背上。乡民传说邓时敏是神仙下凡来人间主持正义、惩恶扬善的。因此，当地百姓对这两位先人十分尊崇，流传着一些十分敬畏他们的神话，甚至说这两块神道碑碰不得，也攀不得。受大人的影响，小孩子都不敢在碑上玩耍。

这天，邓小平和几个小伙伴正好在石坝玩耍。他看着这硕大的石乌龟，忽发奇想，对小伙伴们说：

"我们爬到乌龟背上去耍，好不好？"

小伙伴一听全都吓住了，纷纷搬出大人的话说：

"爬石乌龟会肚子痛！"

"听大人们讲，得罪了神碑家里要招灾的！"

在邓小平幼小的心灵里是不相信有神灵存在的。于是，他壮起胆子沉着地说：

"一个石头打的乌龟有那么大的本事？我就不信。你们不敢爬，我去试一试！"

说完，邓小平小心翼翼地爬到石乌龟伸出的脑袋上，坐在上面，手舞足蹈，踢打着两条腿，向其他同伴喊道：

"快来哟！好耍！好耍！"

其他小伙伴见了都大惊失色，跑过来在下面喊道：

"贤娃子，快下来，你要惹祸的！"

"你惹了祸我们也跑不脱！"

邓小平还是悠闲自在地玩着，扭转身来又向龟背上爬了过去，边爬边说：

"惹祸就惹祸，看它怎么奈何我！"

最后，邓小平爬到神道碑上坐定下来。

邓时敏墓碑

小伙伴们又惊怕又羡慕地注视着邓小平。

从此，邓小平经常爬到石龟及神道碑上去玩耍。久而久之，孩子们看到邓小平并未遭上难、惹上祸，也就都爬上乌龟背上去玩了。

邓小平随着年龄稍长，知识也扩充了，对周围事物的认识也愈发爱动脑筋，愈发讲究科学了。

11岁时，邓小平到广安县立高等小学读书。不久，班上发生了一桩震动全校的奇事。

事情是这样的，和邓小平要好的同班同学李再标一天突然表示要割肝救母。

李再标出身广安一个富商家庭，从小深受母亲宠爱，对母亲十分孝顺。不久前他母亲得了重病卧床不起，李再标见此情形内心十分焦急，急切寻求救治之法。由于他读过不少旧书，受传统封建礼教的毒害比较深，一些孝子离奇古怪的行孝故事启发了他。于是，他就仿效二十四孝图中割股疗亲，要“割肝救母”。幸好被及时发现而阻止，刀子只在肚子上划了一个口子。

邓小平对李再标的事颇为关切，立即前去探望。问明了事情的来龙去脉后，邓小平严肃而认真地说：

“你是一个有点科学知识的学生，肝子是药物吗？能治好你母亲的病？你割了肝子后还能活命吗？你母亲很爱你，现在又重病在身，你母亲一定会为你的死而伤心，以致命归西天，这样的结果你想过没有？”

别看当时邓小平的年纪不大，但讲出来的话却入情入理。他继续开导李再标：

“你也是读新学的学生，要相信科学，今后再也不要做这样不讲科学的蠢事了。”

邓小平这番话讲得既直率又合情合理，李再标听后猛然醒情悟过来，不觉面带羞愧之色。

接着，邓小平话锋一转，又给李再标出了一个好主意：

“你要尽孝心，不如请几天假，回家请大夫给母亲治病，好好照顾母亲几天，这才是你做儿子的真正孝心。”

邓小平相信科学、能言善辩，用他早已超出同龄孩子的口才开导李再标这件事立即受到了全校老师的广泛称赞，并且一直被县立高等小学堂传为佳话。

我们现在不必深究邓小平在高等小学读的新学是些什么内容，但作为一个年龄尚小的学生，能够以科学的精神开导、启发人，不能不说是颇见少年邓小平风采的一则佳话。

试想，在20世纪之初的一个僻远的小县城，多少成人，乃至包括读书人为封建迷信或封建伦理道德所蒙昧和毒害，而邓小平却能超越同龄人，标举科学，其见识确有不凡之处。

“一个石头打的乌龟有那么大的本事，我不信”。这是哲人思想的结晶。这种语言，使人明显地感到，在它的真理性面前、在它的说服力面前，不能不思考、不能不信服。

邓家老井

“‘老九’并不坏”

众所周知，在“文化大革命”期间，“四人帮”把知识分子排在地、富、反、坏、右、叛徒、特务、“走资派”之后，诬蔑为“臭老九”。

1984年9月，邓小平会见美籍物理学家吴健雄和她的丈夫袁家骝教授。

1975年5月3日，毛泽东召集在北京的中共中央政治局委员谈话时借用了京剧《智取威虎山》中的一句台词“老九不能走”，以此批评“四人帮”对知识分子的诬蔑，说明革命和建设事业是需要知识分子的。

1977年8月8日，刚刚复出不久的邓小平在科学和教育工作座谈会上作了题为《关于科学和教育工作的几点意见》的发言：

这次召开科学和教育工作座谈会，主要是想听听大家的意见，向大家学习。外行管内行，总得要学才行。我自告奋勇管科教方面的工作，中央也同意了。[①]

讲话一开始，邓小平就非常谦虚地把自己说成是“外行”。

“外行管内行，总得要学才行”，这句话出自一位青年时代就出国留学、为缔造新中国披肝沥胆、正带领全国人民建设社会主义现代化国家的领袖之口，不仅仅反映出他的谦虚、坦诚、平易近人的风度，更重要的是揭示了一位领袖心胸之宽广，气魄之雄伟，眼光之远大。全场顿时爆发出热烈的掌声，掌声中饱含着钦佩与希望。

接着，邓小平用自问自答的形式，点明了这次会议的主题：

我们国家要赶上世界先进水平，从何着手呢？我想，要从科学和教育着手。科学当然包括社会科学，虽然这次会议因为时间匆促没有邀请社会科学家。通过这次座谈会，我了解了一些情况，也开始了解了当前应该首先解决的一些问题。有些问题大家可能没有全讲出来，或者没有时间完全讲清楚，好在以后还有机会讲。[②]

随后，邓小平以他一贯的干脆利落的语言一口气讲了六个问题。

第一个问题是“关于对十七年的估计问题”，也就是说对1949年新中国成立以来我国科技和教育战线的估计问题。

第二个问题是“关于调动积极性问题”。在此，邓小平大展口才，以摆事实讲道理的方法使知识分子放下包袱，重新摆正自己的位置。

邓小平是这样说的：

要特别注意调动教育工作者的积极性，要强调尊重教师。我国科学研究的希望，在于它的队伍有来源。科研是靠教育输送

---

① 《邓小平文选》，第2卷，第48页，人民出版社，1994年第2版。

② 同上。

人才的，一定要把教育办好。我们要把从事教育工作的与从事科研工作的放到同等重要的地位，使他们受到同样的尊重、同样的重视。一个小学教师，把全部精力放到教育事业上，就是很可贵的。要当好一个小学教师，付出的劳动并不比一个大学教师少，因此小学教师同大学教师一样光荣。对于终生为教育事业服务的人，应当鼓励。我建议，明年开个全国教育大会，总结交流办学经验，奖励有成就的大学、中学、小学教师。这样的会多年没有开了。[①]

在谈到“劳动”及“尊重劳动”时，邓小平尤其谈到了知识分子的重要性，强调指出：

邓小平接见美籍物理学家杨振宁夫妇

① 《邓小平文选》，第2卷，第49～50页，人民出版社，1994年第2版。

无论是从事科研工作的，还是从事教育工作的，都是劳动者。不是讲脑力劳动、体力劳动吗？科研工作、教育工作是脑力劳动，脑力劳动也是劳动嘛。有位科学家反映，现在在农业科学院种庄稼不算劳动，要到农村种庄稼才算劳动。这真是怪事。好多农业院校自己培育品种，自己种田，怎么不是劳动？科学实验也是劳动。一定要用锄头才算劳动？一定要开车床才算劳动？自动化的生产，就是整天站在那里看仪表。这也是劳动。这种劳动同样是费力的，而且不能出一点差错。要把这类问题讲清楚，因为它同调动知识分子的积极性有关。①

在这里，邓小平一连使用了四个反问句，层层设问，一方面使谈话形象生动，另一方面可以启发人们的联想。这种语言，使人明显地感到，在它的真理性面前，在它的说服力面前，不能不思考，不能不信服。

要尊重劳动，尊重人才。毛泽东同志不赞成“天才论”，但不是反对尊重人才。他对我评价时就讲过“人才难得”。扪心自问，这个评价过高。但这句话也说明人才是重要的，毛泽东同志是尊重人才的。你们讲科研机构要出成果、出人才，教育战线也应该这样。中小学教师中也有人才，好的教师就是人才。要珍视劳动，珍视人才，人才难得呀！要发挥知识分子的专长，用非所学不好。有人建议，对改了行的，如果有水平，有培养前途，可以设法收一批回来。这个意见是好的。“四人帮”创造了一个名词叫“臭老九”。“老九”并不坏，《智取威虎山》里的“老九”杨子荣是好人嘛！错就错在那个“臭”字上。毛泽东同志说，“老九”不能走。这就对了。知识分子的名誉要恢复。②

邓小平的这段谈话十分精彩，充分运用了语言技巧，以“臭老九”来指知识分子，是典型的反话正说，既生动又幽默，起到了对知识分子的赞

① 《邓小平文选》，第2卷，第50页，人民出版社，1994年第2版。

② 同上，第50～51页。

1986年8月，邓小平视察天津经济技术开发区，观看引进外国设备生产的摩托车，鼓励科技人员要开拓创新。

美作用。

随后，邓小平侃侃而谈，又讲了四个社会关注的问题："关于体制、机构问题"、"关于教育制度和教育质量问题"、"关于后勤工作问题"、"关于学风问题"。

邓小平的讲话一向务实，这次也不例外。在谈到如何保障科研人员的工作时间时，他说：

> 要保证科研时间，使科研工作者能把最大的精力放到科研上去。会上提出一周要有六分之五的时间搞科研，我加了"至少"两个字，你们又加上"必须"两个字。好！科学院文件下发时就加上这四个字。我看，有人一头钻到科研里面，应当允许。有人七天七夜搞科研，为什么不可以？[①]

细细品味这段话，从中不难看出邓小平对加强科研工作的决心，对科研人员的鼓励和期望。会场上立即爆发出了雷鸣般的掌声，经久不息。

① 《邓小平文选》，第2卷，第53～54页，人民出版社，1994年第2版。

“科技人员不要灰溜溜的”

1977年，邓小平刚刚复出，就自告奋勇地向中共中央表示，愿意分管科技和教育工作。他下决心要把国家的科技教育事业搞上去，在党内和全社会树立尊重知识、尊重人才的良好风气。这样，拨乱反正就首先从科教战线拉开了序幕。

8月3日，邓小平在国防工业重点企业会议上讲话时诙谐地说：要发挥科技人员的积极性，要搞三结合，科技人员不要灰溜溜的。不是把科技人员叫“老九”吗？毛主席说，“老九不能走”。这就是说，科技人员应当受到重视。

8月4日至8日，在经历了“文化大革命”的十年浩劫后，我国科教工作拨正航向的重要时刻，中共中央召开了科学和教育工作座谈会，33名著名科学家和教育家参加了会议。

在座谈会的前四天，邓小平除了发表一个简短的开场白外，就是用心地听，不插话，更不作指示。每天上午8点半按时到场，中午稍微休息一下，傍晚时分散会才离开。这种表现，本身就是对知识人才的一个极大尊重。毕竟在当时，高层领导很少有人能做到这一点，能耐心听一两个小时意见的领导，就被视为好领导。更何况“文化大革命”期间，专家教授是专政、改造的对象，是“臭老九”，一个十几岁的“红卫兵小将”就可以把他们喊去训上半天话。中共中央组织这个座谈会和邓小平如此专心致志地倾听意见，在当时更是有如春风，温暖和鼓舞了很多的人。大家畅所欲言，会议开得生动活泼。

8月8日，在大会闭幕时，邓小平发表了《关于科学和教育工作的几点意见》，即著名的“八八讲话”。

在这篇讲话中，邓小平全面阐述了科教战线拨乱反正、进行体制改革的一系列方针、政策。

邓小平首先肯定了新中国成立后的17年，科技、教育战线“主导方面是红线”，广大科技工作者、教育工作者辛勤劳动，努力工作，取得了很大的成绩。

随后，他提出了调动广大知识分子积极性的问题：无论是从事科研工作的，还是从事教育工作的，都是劳动者。要把这类问题讲清楚，因为它同调动知识分子的积极性有关。要尊重劳动，尊重人才。毛泽东同志不赞成“天才论”，但不是反对尊重人才。他对我评价时就讲过“人才难得”。扪心自问，这个评价过高。但这句话也说明人才是重要的。要珍视劳动，珍视人才，人才难得呀！要发挥知识分子的专长，用非所学不好。

这几句朴素而实在的话语，在几分幽默中，道出了一个无可辩驳的事实，就是要“尊重知识，尊重人才”。让人听后无不感到：他伟大，却不高高在上；他英明，却又平易近人。求实的精神，诚恳的态度，动人的感情，越发赢得了人们对他的尊敬与爱戴。

邓小平在要求科研人员努力工作的同时，念念不忘改善他们的生活、工作环境，指出：

> 后勤工作的任务，就是要为科研工作、教育工作服务，要为科研工作者和教育工作者创造条件，使他们能够专心致志地从事科研、教育工作。后勤工作包括提供资料，搞好图书馆，购置和供应器材、实验设备，建设中间工厂，也包括办好食堂、托儿所等等。搞后勤的要学会管家，学会少花钱多办事。有些问题的解决本来是轻而易举的，但是“四人帮”横行时一直无人去解决。一些科研人员到处去跑器材，耽误事情，浪费时间，是一种很大的损失。现在一定要有一批人搞后勤工作。这些人要甘当无名英雄，勤勤恳恳，热心为大家服务。后勤工作也是一门学问，也需要学习，也能出人才，不钻进去是搞不好的。
>
> 要调动科学和教育工作者的积极性，光空讲不行，还要给他们创造条件，切切实实地帮助他们解决一些具体问题。当然，一谈到这方面，就会遇到许多困难。对于这些困难，要分别轻重缓急，逐步加以解决。比如说，在科研队伍中，可以先解决一些比较有成就、有培养前途的人的困难。这些人不限于是老同志，还有中年、

邓小平接见诺贝尔奖获得者、美籍物理学家丁肇中。

青年同志。“长江后浪推前浪”，在科学研究上，也往往是青年人赶过老年人，我们的老同志应当高兴地帮助青年人赶上来。对于那些与爱人分居两地的业务骨干，要优先把他们的家搬来。当然，不是说所有两地分居的人都能马上解决，这要修建许多宿舍，还得分别轻重缓急。

外交部反映，有一批华裔学者要求回国。周恩来同志过去就考虑过这个问题。我们要创造条件，盖些房子，做好安置他们回国的准备工作。他们回国总要有个家，总要有必要的工作条件吧！接受华裔学者回国是我们发展科学技术的一项具体措施，派人出国留学也是一项具体措施。我们还要请外国著名学者来我国讲学。同中国友好的学者中著名的学者多得很，请人家来讲学，这是一种很好的办法，为什么不干？

现在国家还有困难，有些实际问题一下子还解决不了。我个人认为，科研、教育经费应该增加。但不能希望马上增加很多。要在困难条件下，尽力把工作做好。原来条件比较好的，要充分利用现有的条件，尽快把工作搞上去；原来条件比较差的，要逐步改善。那些必须解决而且也能够解决的困难，要抓紧解决。①

这段讲话如同阵阵暖流温暖了在场每个人特别是科研工作者的心，会场上再度爆发出了雷鸣般的掌声。

① 《邓小平文选》，第2卷，第56～57页，人民出版社，1994年第2版。

“我愿意当大家的后勤部长”

1978年3月，邓小平在全国科学大会上讲话。

1978年3月18日，全国科学大会在北京人民大会堂正式开幕。这是中国科学史上一次规模空前的盛会，同时也是号召全社会尊重知识、尊重人才的誓师会和动员会。

邓小平在开幕式上发表了重要讲话，强调指出：科学技术正在成为越来越重要的生产力，那么，从事科学技术工作的人是不是劳动者呢？

在讲话中，邓小平抨击了林彪、“四人帮”用“脱离政治”的罪名来打击科技人员，给努力钻研业务的科技人员扣上“白专”帽子的行径，从理论与实践上充分论证了我国的知识分子是工人阶级的一部分，是我们工人阶级自己的“又红又专”的科学技术队伍，提出要真正尊重知识、尊重人才，就必须努力造就一支庞大的掌握现代科学技术的知识分子队伍，要把这个问题提到国家战略的高度上去认识。

邓小平发自内心地说：

“我愿意当大家的后勤部长，愿意同各级党委的领导同志一起，做好这方面的工作。”[①]

这饱含深情的话，并非邓小平一时兴起，冲口而出。这句话是人民领袖为社会主义建设而尊重知识、尊重人才的真实感情流露。

邓小平在谈到改革问题时，常常是从总体指导原则和政治大局的高度看问题，而对于科技和教育改革则不然，从科技和教育改革的大原则到具体措施，他都提出了十分具体的改革建议。这表明，在那段艰难曲折的岁月里，邓小平对“文化大革命”这场浩劫对我国科技和教育事业的破坏，有着深刻的思索。他的这些真知灼见，成为新时期我国科教工作拨乱反正的重要指导思想。

聆听着邓小平感人肺腑的话语，望着他那坚毅而慈祥的面容，参加大会的代表们无不为之动容，心情难以平静，从中感受到了邓小平爱惜人才的无私情结和像大海一样的宽阔胸怀。

科学大会结束后不久，邓小平提议召开的全国教育工作会议于4月22日在北京召开。这两次大会的相继举行，使全国科技、教育战线的形势为之一变。

1978年的春天也因此成为了“科学的春天”、“教育的春天”。由此，全党和全社会开始形成尊重知识、尊重人才的良好风气，中国开始了科技、教育现代化的新的征程。

---

① 《邓小平文选》，第2卷，第98页，人民出版社，1994年第2版。

“思想战线上的战士，都应当是人类灵魂工程师”

1983年10月12日，邓小平在中国共产党第十二届中央委员会第二次全体会议上作了一篇《党在组织战线和思想战线上的迫切任务》的重要讲话。

在这次讲话中，邓小平着重谈了两个问题：一是“整党”，二是“精神污染”。在论述第二个问题时，邓小平严肃地指出：思想战线不能搞精神污染。

邓小平在肯定了近年来理论和文艺战线所取得的重大成就后，一针见血地指出：

“但是，理论界文艺界还有不少的问题，还存在相当严重的混乱，特

1979年7月，邓小平在黄山与女大学生在一起。

别是存在精神污染的现象。今天想着重谈谈这方面的问题。”①

传统上，人们习惯把教师称为灵魂工程师。邓小平在这里，提出了“思想战线上的战士，都应当是人类灵魂工程师”的著名论断，并赋予了他们神圣的使命。

邓小平纵横捭阖，侃侃道来：

> 作为灵魂工程师，应当高举马克思主义的、社会主义的旗帜，用自己的文章、作品、教学、讲演、表演，教育和引导人民正确地对待历史，认识现实，坚信社会主义和党的领导，鼓舞人民奋发努力，积极向上，真正做到有理想、有道德、有文化、守纪律，为伟大壮丽的社会主义现代化建设事业而英勇奋斗。大多数人正是在不同程度上这样做的。但是，一些人却同时代和人民对他们的要求背道而驰，用他们的不健康思想、不健康作品、不健康表演，来污染人们的灵魂。精神污染的实质是散布形形色色的资产阶级和其他剥削阶级腐朽没落的思想，散布对于社会主义、共产主义事业和对于共产党领导的不信任情绪。前年党中央召开了思想战线问题的座谈会，批评了某些资产阶级自由化倾向和领导上的软弱涣散现象，那个会收到了一些效果，但没有完全解决问题。领导上的软弱涣散状态仍然存在；资产阶级自由化倾向有的有所克服，有的没有克服，有的发展得更严重了。②

众所周知，人类灵魂工程师是塑造人类美好心灵的，这是一个多么纯洁崇高的称号，同时又意味着肩负多么重大、庄严而神圣的使命。思想战线上的战士在新的历史时期，就是要用科学理论武装人，用正确舆论引导人，用高尚精神塑造人，用优秀作品鼓舞人，培养出一代又一代四有新人。

邓小平用“人类灵魂工程师”这样闪闪发光的语言来称呼思想战线的战士，意义极其深远，作用不可估量。

---

① 《邓小平文选》，第3卷，第39页，人民出版社，1993年第1版。

② 同上，第40页。

在严肃指出了当前理论界文艺界存在的问题后，邓小平并没有泛泛而谈，进一步分析出现这种错误现象的原因：

有相当一部分理论工作者，对于社会主义现代化建设实践中提出的种种重大的理论问题缺乏兴趣，不愿意对现实问题进行调查和研究，表示要同现实保持距离，免得犯错误，或者认为没有学术价值。在对现实问题的研究中，也确实产生一些离开马克思主义方向的情况。有一些同志热衷于谈论人的价值、人道主义和所谓异化，他们的兴趣不在批评资本主义而在批评社会主义……

文艺方面，近年来反映社会主义建设新生活的文学作品多了一些，这是值得欢迎的。但是，能够振奋人民和青年的革命精神，推动他们勇敢献身于祖国各个领域的建设和斗争，具有强大鼓舞力量的作品，除了报告文学方面比较多以外，其他方面也有，可是不能说多。一些人对党中央提出的文艺为人民服务，为社会主义服务的口号表示淡漠，对文艺的社会主义方向表示淡漠，对党和人民的革命历史和他们为社会主义现代化而奋斗的英

邓小平接见文艺工作者

雄业绩，缺少加以表现和歌颂的热忱，对社会主义事业中需要解决的问题，很少站在党的积极的革命的立场上提高群众的认识，激发他们的热情，坚定他们的信心。相反，他们却热心于写阴暗的、灰色的，以至胡编乱造、歪曲革命的历史和现实的东西。有些人大肆鼓吹西方的所谓“现代派”思潮，公开宣扬文学艺术的最高目的就是“表现自我”，或者宣传抽象的人性论、人道主义，认为所谓社会主义条件下人的异化应当成为创作的主题，个别的作品还宣传色情。这类作品虽然也不多，但是它们在一部分青年中产生的影响却不容忽视。许多文艺工作者忽视学习马克思主义，不深入群众建设新生活的斗争，有的党员也不积极参加党的生活，这是产生上述各种消极现象的重要原因。

“一切向钱看”的歪风，在文艺界也传播开来了，从基层到中央一级的表演团体，都有些演员到处乱跑乱演，不少人竟用一些庸俗低级的内容和形式去捞钱。很可惜，有些名演员、有些解放军的文艺战士，也被卷到里边去了。对于那些只顾迎合一部分观众的低级趣味，而不惜败坏社会主义文艺工作者光荣称号的人，广大群众表示愤慨是理所当然的。这种“一切向钱看”、把精神产品商品化的倾向，在精神生产的其他方面也有表现。有些混迹于艺术界、出版界、文物界的人简直成了唯利是图的商人。

对于现代西方资产阶级文化，我们究竟应当采取什么态度呢？经济上实行对外开放的方针，是正确的，要长期坚持。对外文化交流也要长期发展。经济方面我们采取两手政策，既要开放，又不能盲目地无计划无选择地引进，更不能不对资本主义的腐蚀性影响进行坚决的抵制和斗争。为什么在文化范围的交流，反倒可以让资本主义文化中对我们有害的东西畅行无阻呢？我们要向资本主义发达国家学习先进的科学、技术、经营管理方法以及其他一切对我们有益的知识和文化，闭关自守、故步自封是愚蠢的。但是，属于文化领域的东西，一定要用马克思主义对它们的思想内容和表现方法进行分析、鉴别和批判。西方如今仍然有不少正直进步的学者、作家、艺术家在进行各种严肃的有价值的著作和创作，他们的作品我们当然要着重介绍。但是，现在有些同志对于西方各种哲学的、经济学的、社会政治的和文学艺术的思潮，不分析、不鉴别、不批判，而是一窝蜂地盲目推崇。对于西方学术文化的介绍如此混乱，以致连一些在西方国家也认为低级庸俗或有害的书籍、电影、音乐、舞蹈以及录像、录音，这几年也输入不少。这种用西方资产阶级没落文化来腐蚀青年的状况，再也不能容忍了。

必须指出，无论在理论界或文艺界，主流还是好的或比较好的，搞精神污染的人只是少数。问题是对这少数人的错误言行缺乏有力的批评和必要的制止措施。精神污染的危害很大，足以祸国误民。它在人民中混淆是非界限，造成消极涣散、离心离德的情绪，腐蚀人们的灵魂和意志，助长形形色色的个人主义思想泛滥，助长一部分人当中怀疑以至否定社会主义和党的领导的思潮。四项基本原则的核心，就是社会主义制度和党的领导，这是我们立国和团结全国人民奋斗的根本。目前社会上的种种消极现象、歪风邪气、犯罪行为，以及一些人反社会主义的敌对活动，它们的产生有多方面的原因，当然不能都归咎于思想战线的混乱。但是，确实不能低估思想战线混乱造成的影响。不是都拥护实践是检验真理的唯一标准吗？一些同志应当看看他们的错误言论、有害作品、低级表演在人民、在青年中间产生了什么影响、什么后果嘛。一些正直的、友好的外国人士为此而替我们担心。当然也有人叫好。在大陆有人叫好，在台湾、香港和某些外国也有人叫好。奉劝这些同志在有人叫好的时候想一想：究竟是什么人站在什么立场上叫好，为了什么目的叫好，也用实践检验一下嘛。不要以为有一点精神污染不算什么，值不得大惊小怪。有的现象可能短期内看不出多大坏处，但是如果我们不及时注意和采取坚定的措施加以制止，而任其自由泛滥，就会影响更多的人走上邪路，后果就可能非常严重。从长远来看，这个问题关系到我们的事业将由什么样的一代人来接班，关系到党和国家的命运和前途。[①]

① 《邓小平文选》，第3卷，第40～45页，人民出版社，1993年第1版。

从这段讲话中，我们可以很好地体味到邓小平语言的魅力：既有分析又有研究，针对性、逻辑性、严谨性极强，说理重于说教，令人叹服。结论的得出是顺理成章、水到渠成的，即言之有物、言之有据、言之有理。

必须大力加强党对思想战线的领导。党的十一届三中全会以来，特别是“十二大”，对于思想战线的指导方针是正确的、鲜明的，问题在于贯彻执行不力。从中央到地方，各级党委的主要负责人一定要重视理论界文艺界以及整个思想战线的情况、问题和工作。首先要认识目前问题的严重性，认识改变思想战线的领导软弱涣散状况的迫切必要性。有些同志对精神污染不闻不问，采取自由主义的态度，甚至认为是生动活泼，是“双百”方针的体现。有些同志明知不对，但是不愿或不敢进行批评，怕伤了和气。这样下去不行。如同在整党中对于错误倾向和坏人坏事，必须采取坚决严肃认真的态度一样，对于造成思想混乱和精神污染的各种严重问题，也必须采取坚决严肃认真的态度，而且要一抓到底。解决思想战线混乱问题的主要方法，仍然是开展批评和自我批评。我们应当承认，在理论界和文艺界对一些错误倾向是进行了一些马克思主义的批评的，只是效果不够显著。一则批评本身的质量和分量不够，二则抵抗批评的气势很盛。批评不多，却常被称为“围攻”，被说成是“打棍子”。其实倒是批评者被围攻，而被批评者却往往受到同情和保护。一定要彻底扭转这种不正常的局面，使马克思主义的和社会主义、共产主义的宣传，特别是在一切重大理论性、原则性问题上的正确观点，在思想界真正发挥主导作用。现在有些错误观点自称是马克思主义的，有的则公然向马克思主义挑战。对此，马克思主义者应当站出来讲话。思想战线的共产党员，特别是这方面担负领导责任的和有影响的共产党员，必须站在斗争的前列。如果自己有错误，就要进行认真的自我批评，并且切实改正。谁要是坚持错误不肯改正，就不能担负思想工作的领导责任。所有共产党员都要增强党性，遵守党的章程和纪律。不管是什么专家、学者、作家、艺术家，只要是党员，都不允许自视特殊，认为自己在政治上比党高明，

邓小平接见广州地区军民联欢晚会的演员

可以自行其是。解决这些问题，是这次整党对思想战线的党组织和党员的最重要要求。只要我们党真正加强马克思主义的领导，坚决克服软弱涣散的状态和自由主义态度，认真开展积极的思想斗争，思想战线的上述种种问题都可以解决，也不难解决。

我们这样做，有人会说，党的方针是不是变了，还要不要百花齐放、百家争鸣？党的方针没有变，“双百”方针还是要。但是把开展批评同“双百”方针对立起来，却是一种严重的误解或曲解。“双百”方针的目的是促进社会主义文化的繁荣。毛泽东同志说过：“真理是在同谬误作斗争中间发展起来的。马克思主义就是这样发展起来的。”有些人把“双百”方针理解为鸣放绝对自由，甚至只让错误的东西放，不让马克思主义争。这还叫什么百家争鸣？这就把“双百”方针这个无产阶级的马克思主义的方针，歪曲为资产阶级的自由主义的方针了。毛泽东同志的《反对自由主义》，是一篇马克思主义的好文章。建议各级领导同志，特别是思想战线的同志认真学习一下，并且按照文章的精神办事。[1]

这番谈话，是有感染力的，因它是实事求是的真心话。设问的成功运

① 《邓小平文选》，第3卷，第45～47页，人民出版社，1993年第1版。

用是这篇演讲的最大特点。几乎在每个段落，每讲一个问题，邓小平都使用设问，以吸引听众，有时用一组设问构成一个表现力很强的句群，使整个演讲设问迭出，环环相扣，一气呵成，大大加强了演讲的逻辑性、鼓动性和说服力。如：

“对于现代西方资产阶级文化，我们究竟应当采取什么态度呢？”

“为什么在文化范围的交流，反倒可以让资本主义文化中对我们有害的东西畅行无阻呢？”

“不是都拥护实践是检验真理的唯一标准吗？”

“我们这样做，有人会说，党的方针是不是变了，还要不要百花齐放、百家争鸣？”

“有些人把‘双百’方针理解为鸣放绝对自由，甚至只让错误的东西放，不让马克思主义争。这还叫什么百家争鸣？”

“尊重知识，尊重人才”

知识和人才问题，是关系到国家的盛衰、民族的强弱、现代化建设成败的大问题。邓小平大声疾呼“尊重知识，尊重人才”，不仅在于知识和人才的重要，也在于长期以来我们在知识和知识分子问题上认识的偏差和工作的失误。

新中国的成立，“中国人民从此站起来了”的宣告声，同样也极大地振奋了具有强烈忧患意识的知识分子的精神，激发了他们的民族自豪感，唤起了他们“报国有门”的意识。他们以极大的热情投身于祖国的社会主义建设事业，众多的海外学子毅然放弃优越的生活、工作条件，克服重重阻力，远渡重洋回到祖国施展才能，奠定了新中国科技、教育事业的基础。

“文化大革命”中，盛行知识无用论。图为军民高诵《毛主席语录》。

然而，在很长时间内，知识和人才并没有得到应有的礼遇。尤其是在“文化大革命”期间，林彪、“四人帮”一伙发起了对知识和人才的大“围剿”，造成了知识被蔑视、人才被摧残的历史悲剧。在那段昏暗的日子里，“知识越多越反动”，知识分子成为被人瞧不起的“臭老九”。

中国有幸，中国的科技、教育事业有幸，中国的知识分子有幸。经过十年磨难和浩劫之后，历史和人民再次选择了邓小平。

要拨乱反正，搞现代化建设，赶上世界先进水平，从何处着手呢？经过反复而又深刻的思索后，邓小平坚定而有力地说：要从科学和教育着手。

1975年9月26日，邓小平在听取了中国科学院负责同志的汇报后，说了一席非常富有启示性的话。

一上来，邓小平就开宗明义：科学研究是一件大事，要好好议一下。接着，他继续说：

> 我们还要把那些比较好的、有培养前途的科技人员记下来，建立科技人员档案，帮助他们创造条件，不管他们资格老不老。一九五七年我去苏联，尤金说，苏联的原子弹，是三个三四十岁的年轻人搞出来的。这样的人我们就没有啊？总之，要给有培养前途的科技人员创造条件，关心他们，支持他们，包括一些有怪脾气的人。首先要解决这些人的房子问题，家庭有困难的也要帮助解决。
>
> 要后继有人，这是对教育部门提出的问题。大学究竟起什么作用？培养什么人？有些大学只是中等技术学校水平，何必办成大学？科学院要把科技大学办好，选数理化好的高中毕业生入学，不照顾干部子弟。这样做要是犯错误，我首先检讨。这不是复旧！一点外语知识、数理化知识也没有，还攀什么高峰？中峰也不行，低峰还有问题。我们有个危机，可能发生在教育部门，把整个现代化水平拖住了。比如我们提高工厂自动化水平，要增加科技人员，这就要靠教育。提高自动化水平，减少体力劳动，世界上发达国家不管是什么社会制度都是走这个道路。科技人员是不是劳动者？科学技术叫生产力，科技人员就是劳动者！
>
> 要解决教师地位问题。几百万教员，只是挨骂，怎么调动他们的积极性？毛主席讲消极因素还要转化为积极因素嘛！教育战线也要调动人的积极性。①

① 《邓小平文选》，第2卷，第33～34页，人民出版社，1994年第2版。

1984年2月，邓小平和王震在上海视察宝山钢铁总厂

在这里，邓小平对科技人员给予了应有的尊重，而且说得句句入理，让人心服口服。我们都知道邓小平是一个敢字当头的人，他的语言自然也有一股朝气。

1977年5月24日，邓小平在同王震、邓力群谈话时，说出了句非常有名的话——“尊重知识，尊重人才”，在科技界和教育界引起了热烈的反响。

在这次著名的谈话中，邓小平抓住了一个国家或民族要发展的本质，侃侃而谈：

> 我们要实现现代化，关键是科学技术要能上去。发展科学技术，不抓教育不行。靠空讲不能实现现代化，必须有知识，有人才。没有知识，没有人才，怎么上得去？科学技术这么落后怎么行？要承认落后，承认落后就有希望了。现在看来，同发达国家相比，我们的科学技术和教育整整落后了二十年。科研人员美国有一百二十万，苏联九十万，我们只有二十多万，还包括老弱病

残，真正顶用的不很多。日本人从明治维新就开始注意科技，注意教育，花了很大力量。明治维新是新兴资产阶级干的现代化，我们是无产阶级，应该也可能干得比他们好。

抓科技必须同时抓教育。从小学抓起，一直到中学、大学。我希望从现在开始做起，五年小见成效，十年中见成效，十五年二十年大见成效。办教育要两条腿走路，既注意普及，又注意提高。要办重点小学、重点中学、重点大学。要经过严格考试，把最优秀的人集中在重点中学和大学。

要从科技系统中挑选出几千名尖子人才。这些人挑选出来之后，就为他们创造条件，让他们专心致志地做研究工作。生活有困难的，可以给津贴补助。现在有的人家里有老人孩子，一个月工资几十元，很多时间用于料理生活，晚上找个安静地方读书都办不到，这怎么行呢？对这些人的政治要求要适当。他们在政治上要爱国，爱社会主义，接受党的领导。他们做好研究工作，出了成果，就对政治有利，对中华人民共和国有好处。

一定要在党内造成一种空气：尊重知识，尊重人才。要反对不尊重知识分子的错误思想。不论脑力劳动，体力劳动，都是劳动。从事脑力劳动的人也是劳动者。将来，脑力劳动和体力劳动更分不开来。发达的资本主义国家有许多工人的工作就是按电钮，一站好几小时，这既是紧张的、聚精会神的脑力劳动，也是辛苦的体力劳动。要重视知识，重视从事脑力劳动的人，要承认这些人是劳动者。

在军队中，科研和教育也要一起抓，进行现代战争没有现代战争知识怎么行？要使军队领导干部自己有知识而且尊重知识。要办各级学校，经过训练，使军队领导干部掌握现代科学文化知识和现代战争知识；同时使我们的部队干部年轻化。六十岁的人当军长是不行的。

科技和教育，各行各业都要抓。大的企业都要有科学技术研究机构，有科学技术研究人员。每个部门都要进行科学研究。[①]

① 《邓小平文选》，第2卷，第40～41页，人民出版社，1994年第2版。

邓小平提出军队干部要年轻化。图为邓小平会见中国人民解放军出席中国共产党第十三次全国代表大会代表。

在这里，邓小平从科技谈到教育，谈到科技工作者的工作。然后，推而广之，谈到全党、全军以及各行各业都要大抓科技的重要性。邓小平解决了科教战线上拨乱反正的重大方针、政策问题，表现出一个无产阶级革命家大无畏的气魄。

说真话，讲实事，是语言成功的重要条件。邓小平对知识分子的抚慰和评价，之所以感人至深，正是具备了这一特点。在他看来，尊重知识，尊重人才，就必须创造使知识分子能够施展才干的环境；必须造就一支掌握现代科学技术的庞大的知识分子队伍；必须善于发现人才，使用人才；必须提高知识分子的政治地位和生活待遇。在领导、设计改革开放和现代化建设的过程中，邓小平考虑最多、最关心的是破除束缚、压制人才的旧体制，培养和造就人才，调动广大知识分子的积极性，提高我国的科学技术水平，加速经济的发展。

1984年10月22日，在中央顾问委员会第三次会议上，邓小平对《中共中央关于经济体制改革的决定》给予了高度评价，称其为马克思主义基本原理和中国社会主义实践相结合的政治经济学，并特别指出：

“这个文件一共十条，最重要的是第九条，当然其他各条也都是非常重要的。第九条，概括地说就是‘尊重知识，尊重人才’八个字，事情成败的关键就是能不能发现人才，能不能用人才。”①

1985年3月7日，在全国科技工作会议上，邓小平再次指出：

“改革经济体制，最重要的、我最关心的，是人才。改革科技体制，我最关心的，还是人才。人才问题，别的不说了，今天就讲两点。第一，能不能每年给知识分子解决一点问题，要切切实实解决，要真见效。第二，要创造一种环境，使拔尖人才能够脱颖而出。改革就是要创造这种环境。人才是有的。不要因为他们不是全才，不是党员，没有学历，没有资历，就把人家埋没了。善于发现人才，团结人才，使用人才，是领导者成熟的主要标志之一。”②

邓小平曾反复强调，要为广大知识分子创造良好的工作和生活环境，要解决好知识分子，特别是杰出知识分子的待遇问题，以调动他们的积极性，使他们能够专心致志地做研究和教学工作。他要求各级组织和干部少讲空话，多干实事。

1988年9月12日，邓小平在听取关于价格和工资改革初步方案汇报时指出：

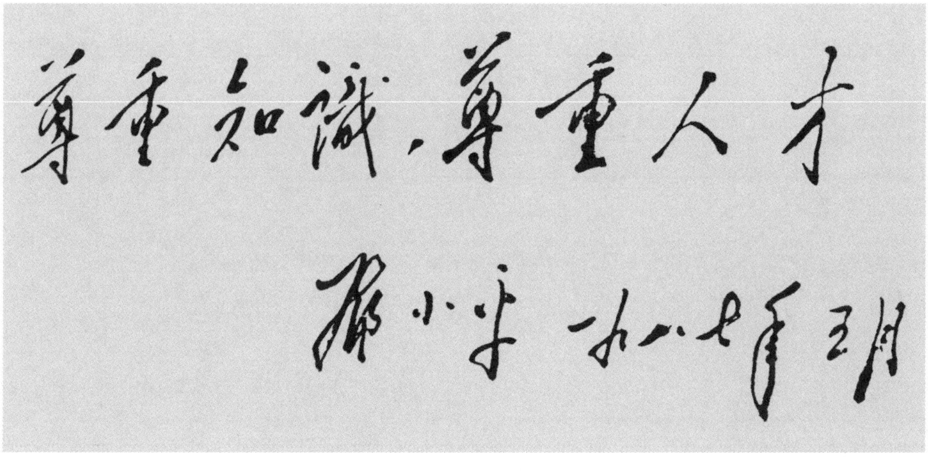

邓小平题词：“尊重知识，尊重人才”

---

① 《邓小平文选》，第3卷，第91～92页，人民出版社，1993年第1版。
② 同上，第108～109页。

要注意解决好少数高级知识分子的待遇问题。调动他们的积极性，尊重他们，会有一批人做出更多的贡献。……知识分子待遇问题要分几年解决，使他们感到有希望。北京大学一位老教授说："我的工资从建国时候开始就是这么多，但是现在物价涨了，我的生活水平降了三分之二。"我们不论怎么困难，也要提高教师的待遇。这个事情，在国际上都有影响。我们的留学生有几万人，如何创造他们回来工作的条件，很重要。……否则，这些人不回来，实在可惜啊。科教投资的使用要改进，这也是改革的重要内容。要把"文化大革命"时的"老九"提到第一，科学技术是第一生产力嘛，知识分子是工人阶级一部分嘛。[①]

这些语言质朴、感情真挚的话语，充分体现了作为一代杰出政治家的邓小平尊重知识、尊重人才，依靠科学技术的进步和调动广大知识分子的积极性来实现社会主义现代化宏伟事业的真知灼见，闪耀着马克思主义的光辉。

① 《邓小平文选》，第3卷，第275页，人民出版社，1993年第1版。

“科学技术是第一生产力”

当今世界，充满了各种矛盾和竞争。

在激烈的竞争中，科学技术已成为显示一个国家地位和综合国力的标志。从某种程度上说，现在国际上的竞争，实际上是科学技术发展水平间的较量。

在中国改革开放和现代化建设的实践中，邓小平对科学技术在社会发展中的作用和地位进行了科学界定和理论概括，提出了“科学技术是第一生产力”的论断。

“科学技术是第一生产力”的思想，是邓小平一系列思想观点中最体现时代特点、最富有创新精神的思想观点之一，是对马克思主义相关学说的突破性发展。

早在100多年前，马克思和恩格斯在运用历史唯物主义的观点，考察大机器生产的发展，解剖资本主义社会时，就敏锐地发现，自然科学的新成就，特别是18世纪、19世纪科学技术的进步及其应用，是资本主义生产大发展的重要因素。在《政治经济学批判》中，马克思指出：

“同价值转化资本时的情形一样，在资本的进一步发展中，我们看到：一方面，资本是以生产力的一定的现有的历史发展为前提的——在这些生产力中也包括科学。”

马克思、恩格斯关于科学技术是生产力的观点，为不断演进的社会实践所证实。特别是第二次世界大战以来科学技术日新月异的进步，使其在社会经济发展中的地位空前提高，在社会生产力诸要素中所起的决定性作用日益明显。“二战”后，一些国家利用相对和平的环境，开放的经济、技术、市场和领先的科技实力，把发展科学技术作为重大战略之一，顺应科技革命和国际分工的要求，调整自己的经济政策和产业结构，进入了社会经济迅速发展的时期，对整个国际关系和世界战略格局产生了重大影响。

对此，邓小平曾总结道：社会生产力有这样巨大的发展，劳动生产率有这样大幅度的提高，靠的是什么？最主要的是靠科学的力量、技术的力量。

然而，对科学技术的认识，我们曾走过不少的弯路。

虽说早在1963年12月，毛泽东在听取聂荣臻等人汇报科技工作时，曾说过“科学技术是生产力”这句话，但在很长一段时间里，我们对科学技术是生产力这一马克思主义的基本观点没有予以应有的重视。“文化大革命”以前的许多教科书和研究著述中，科学都是被列入社会意识形态和上层建筑之内。在长期“左”的思想影响下，特别是在“文化大革命”期间，在自然科学中找“阶级性”，科学技术和知识分子在社会主义建设中的地位和作用问题，被搞得混乱不堪，作为生产力的科学技术的发展，受到了严重的束缚。

1975年，邓小平主持领导的全面整顿，其最主要的目的，就是要把被林彪、“四人帮”弄颠倒的是非再颠倒过来，恢复马克思主义的本来面

1959年，邓小平视察第一重型机器厂。

目。科学技术是生产力这一马克思主义的基本观点，当在恢复之列。

根据邓小平的指示精神，胡耀邦等人主持起草的中国科学院“汇报提纲”，对科学技术在指导和促进生产上的作用进行了详细的论述，并用当时标明是“最高指示”的黑体字写上了“科学技术是生产力”的字句。

9月26日，邓小平在听取胡耀邦等人关于“汇报提纲”的汇报时，对写上“科学技术是生产力”给予了充分肯定，强调科研工作要走在前面，并明确指出，科学技术叫生产力。

但是，“汇报提纲”因为毛泽东没有批准而未能下发。随后，在“批邓、反击右倾翻案风”中，这句话被“四人帮”当做攻击邓小平“唯生产力论”的借口。“汇报提纲”也成为所谓“三株大毒草”之一，横遭批判。

粉碎“四人帮”后，邓小平把科技、教育作为拨乱反正的重要突破口，并全面地丰富和发展了他关于科学技术的学说。

“我们要实现现代化，关键是科学技术要能上去！”

1978年3月18日，邓小平代表党中央在全国科学大会上明确指出“科学技术是生产力”，提出全党高度重视和深刻领会这一马克思主义的基本观点。

> 在这个问题上，“四人帮”曾经喧嚣一时，颠倒是非，搞乱了人们的思想。科学技术是生产力，这是马克思主义历来的观点。早在一百多年以前，马克思就说过：机器生产的发展要求自觉地应用自然科学。并且指出：“生产力中也包括科学”。现代科学技术的发展，使科学与生产的关系越来越密切了。科学技术作为生产力，越来越显示出巨大的作用。[①]

此言既出，振聋发聩，令人耳目一新。随后，邓小平创造性地阐述了科学技术是生产力的观点：

> 大家知道，生产力的基本因素是生产资料和劳动力。科学技

① 《邓小平文选》，第2卷，第86～87页，人民出版社，1994年第2版。

术同生产资料和劳动力是什么关系呢？历史上的生产资料，都是同一定的科学技术相结合的；同样，历史上的劳动力，也都是掌握了一定的科学技术知识的劳动力。我们常说，人是生产力中最活跃的因素。这里讲的人，是指有一定的科学知识、生产经验和劳动技能来使用生产工具、实现物质资料生产的人。石器时代，青铜器时代，铁器时代，十七世纪，十八世纪，十九世纪，人们使用的生产工具，掌握的科学知识、生产经验和劳动技能，都大不相同。今天，由于现代科学技术的日新月异，生产设备的更新，生产工艺的变革，都非常迅速。许多产品，往往不要几年的时间就有新一代的产品来代替。劳动者只有具备较高的科学文化水平，丰富的生产经验，先进的劳动技能，才能在现代化的生产中发挥更大的作用。①

在这次讲话中，邓小平还向人们揭示了正在世界范围内兴起的新科技革命：

现代科学技术正在经历着一场伟大的革命。近三十年来，现代科学技术不只是在个别的科学理论上、个别的生产技术上获得了发展，也不只是有了一般意义上的进步和改革，而是几乎各门科学技术领域都发生了深刻的变化，出现了新的飞跃，产生了并且正在继续产生一系列新兴科学技术。现代科学为生产技术的进步开辟道路，决定它的发展方向。许多新的生产工具，新的工艺，首先在科学实验室里被创造出来。一系列新兴的工业，如高分子合成工业、原子能工业、电子计算机工业、半导体工业、宇航工业、激光工业等，都是建立在新兴科学基础上的。当然，不论是现在或者今后，还会有许多理论研究，暂时人们还看不到它的应用前景。但是，大量的历史事实已经说明：理论研究一旦获得重大突破，迟早会给生产和技术带来极其巨大的进步。当代的自然科学正以空前的规模和速度，应用于生产，使社会物质

① 《邓小平文选》，第2卷，第88页，人民出版社，1994年第2版。

生产的各个领域面貌一新。特别是由于电子计算机、控制论和自动化技术的发展，正在迅速提高生产自动化的程度。同样数量的劳动力，在同样的劳动时间里，可以生产出比过去多几十倍几百倍的产品。社会生产力有这样巨大的发展，劳动生产率有这样大幅度的提高，靠的是什么？最主要的是靠科学的力量、技术的力量。[①]

邓小平关于科学技术是生产力的论述，为我们认识国际、国内发展的最新趋势，为党的工作重心转移到经济建设上来，提供了重要的理论依据。改革开放以来，全党抓科技、全民学科学已蔚然成风。科学技术是生产力的思想深入人心。

1984年10月7日，邓小平与李政道教授一起参观北京正负电子对撞机工程模型。

1985年3月7日，邓小平在全国科技工作会议上高兴地讲道：

七年前，也是三月份，开过一次科学大会，我讲过一篇话。主要讲了两个意思，两句话。一句叫做科学技术是生产力；一句叫做中国的知识分子已经成为工人阶级的一部分。当时，之所以要讲这

① 《邓小平文选》，第2卷，第87页，人民出版社，1994年第2版。

两条，是因为有争论。七年过去了，争论已经解决了。结论是谁做的？是实践做的，群众做的。[1]

“结论是谁做的？”这是一个典型的设问句。设问作为一种修辞手段，实质上是无疑而问，其目的是增强讲话的表现力。

在这里，“谁”的答案是“群众”，但用两句，说明“实践”和“群众”。细细想来，二者是一回事，即“群众的实践”，这才是真正的答案。邓小平的语风一贯是简洁质朴，为什么在这里要分成两句来表述呢？

细细品味，不难发现：“实践”在前，是为了突出“实践是检验真理的唯一标准”，而在后一句，邓小平惜字如金，又很自然地省略了“是”字，使整个句子达到高度精练，通俗生动，深刻有力。平凡中蕴涵着精妙，这就是邓小平语言的风格。

我很高兴，现在连山沟里的农民都知道科学技术是生产力。他们未必读过我的讲话。他们从亲身的实践中，懂得了科学技术能够使生产发展起来，使生活富裕起来。农民把科技人员看成是帮助自己摆脱贫困的亲兄弟，称他们是“财神爷”。“财神爷”这个词，不是我的用语，是农民的发明。但是，他们的意思，同我在科学大会上讲的话是一样的。

我也很高兴，科技界的同志这几年做了很多工作。我们国家的经济搞得不错，光景一年比一年好。人民是满意的，全世界是公认的。这里面，有你们的一份功劳。中央要求科技界面向经济建设。你们是出了大力的。同志们不仅出了很多科技成果，而且以主人翁的态度，为国家出了许多很好的主意。我们的科学家、教授、工程师，走到工厂，走到地方，到处都受欢迎，到处都请你们谈战略、谈远景、谈规划。科学技术专家这样广泛地参加经济、社会决策活动，是我国几千年历史上从来没有过的。科技专家在我们国家里的政治地位社会地位已经同过去大大不同了。你们的工作做得越好，越有成绩，就会使全国人民越加懂得知识的

---

① 《邓小平文选》，第3卷，第107页，人民出版社，1993年第1版。

可贵，推动大家都来尊重知识，学习知识，掌握知识。人们正在通过你们的工作，来评价科学技术在现代化建设中的地位，评价科学技术人员的作用。[①]

在这里，邓小平用了“我很高兴……”、“我也很高兴……”两个排比式的段落，一方面阐述了连山沟里的农民都懂得“科学技术是生产力”的道理，一方面又表扬了科技人员在近年来国家经济建设中的贡献。层次清楚，语气加强，反复强调了“科学技术是生产力”的观点，意义重大，影响深远。

随着改革开放实践的发展，随着科学技术在生产发展中日益显示出

1984年4月，邓小平与胡乔木、方毅会见中国科学院学部委员。

的巨大力量，邓小平又以其深邃的战略目光和卓越的科学胆识，用全新的视角，对科学技术在当代生产力和社会经济发展中的第一位变革作用，及时、果断地作出了理论概括。

1988年9月5日，邓小平会见了来访的捷克斯洛伐克总统胡萨克。会见结束后，邓小平宴请胡萨克。

① 《邓小平文选》，第3卷，第107～108页，人民出版社，1993年第1版。

席间，两位老人谈兴甚浓。邓小平的思维也随之活跃起来，就“科学技术是第一生产力”进行了精彩的阐述：

世界在变化，我们的思想和行动也要随之而变。过去把自己封闭起来，自我孤立，这对社会主义有什么好处呢？历史在前进，我们却停滞不前，就落后了。①

邓小平话锋一转，接着说：

马克思说过，科学技术是生产力，事实证明这话讲得很对。依我看，科学技术是第一生产力。我们的根本问题就是要坚持社会主义的信念和原则，发展生产力，改善人民生活，为此就必须开放。否则，不可能很好地坚持社会主义。拿中国来说，五十年代在技术方面与日本差距也不是那么大。但是我们封闭了二十年，没有把国际市场竞争摆在议事日程上，而日本却在这个期间变成了经济大国。②

仅仅过了一个星期，即9月12日，邓小平在听取关于价格和工资改革初步方案汇报时再次提出了“科学技术是第一生产力”这一当今世界的重大科学命题。

从长远看，要注意教育和科学技术。否则，我们已经耽误了二十年，影响了发展，还要再耽误二十年，后果不堪设想。最近，我见胡萨克时谈到，马克思讲过科学技术是生产力，这是非常正确的，现在看来这样说可能不够，恐怕是第一生产力。将来农业问题的出路，最终要由生物工程来解决，要靠尖端技术。对科学技术的重要性要充分认识。科学技术方面的投入、农业方面的投入要注意，再一个就是教育方面。我们要千方百计，在别的

---

① 《邓小平文选》，第3卷，第274页，人民出版社，1993年第1版。

② 同上。

方面忍耐一些，甚至于牺牲一点速度，把教育问题解决好。[①]

“科学技术是第一生产力”具有极其深刻的理论含义和对实践的指导意义。社会主义的根本任务是发展生产力，改革是解放和发展生产力的根本途径。那么，通过改革，解放和发展科学技术这个第一生产力，解决科技和经济结合的问题，造成人才脱颖而出的环境，则是我们改革和建设中应首先考虑的大问题。这也是我党制定“科技兴国”战略决策的根本原因所在。

此后，邓小平又多次重申和阐述了科学技术是第一生产力的思想。

1992年年初，在我国改革和建设的关键时刻，邓小平视察了南方并作了重要讲话。人们发现，邓小平这次视察的企业都是高科技企业。“科学技术是第一生产力”能不能站得住脚，他要到实际中和科技人员中去寻求答案。

1月25日，对高科技企业——珠海亚洲仿真控制系统工程有限公司的员工们来说，实在是一个难忘的日子。

这一天，邓小平来到了他们中间。在公司大厅里，邓小平坐在一张长桌前听公司总经理游景玉介绍情况。

当听到亚仿公司走的是科技、生产、效益相结合的道路时，邓小平问：科学技术是第一生产力的论断，你认为站得住脚吗？

游景玉回答：我认为完全站得住脚，因为我们是用实践回答这个问题的。我们过去的实践，现在的实践和未来的实践，都会说明这个问题。

邓小平十分高兴：就是要靠你们回答这个问题，我相信它是正确的。

大厅里响起一片热烈的掌声。

在这次视察南方的过程中，邓小平一再强调：

经济发展得快一点，必须依靠科技和教育。我说科学技术是第一生产力。近一二十年来，世界科学技术发展得多快啊！高科技领域的一个突破，带动一批产业的发展。我们自己这几年，离开科学技术能增长得这么快吗？要提倡科学，靠科学才有希望。

① 《邓小平文选》，第3卷，第273～274页，人民出版社，1993年第1版。

邓小平在珠海亚洲仿真控制系统工程公司参观，受到年轻科技人员的热烈欢迎。

近十几年来我国科技进步不小，希望在九十年代，进步得更快。每一行都树立一个明确的战略目标，一定要打赢。高科技领域，中国也要在世界占有一席之地。①

这是总设计师对我们的殷切希望。

“科学技术是第一生产力”具有极其深刻的理论含义和对实践的指导意义，如今已成为全党、全社会的共识。走“科教兴国”之路，推动经济发展和腾飞，已成为21世纪中华民族和平振兴的历史性抉择和中国实现现代化的希望所在。

① 《邓小平文选》，第3卷，第377～378页，人民出版社，1993年第1版。

“教育要面向现代化，面向世界，面向未来”

1983年10月1日，已是79岁高龄的邓小平为北京景山学校欣然题词：教育要面向现代化，面向世界，面向未来。

消息传来，不仅极大地鼓舞了北京景山学校的全体师生，也鼓舞了全国所有的教育工作者。

“三个面向”，这是邓小平面对世界新科技革命浪潮的冲击，确立的新时期中国教育事业改革和发展的根本方向。

作为一个伟大的战略家和新时代的开拓者，邓小平对中国现代化发展前景的设计，首先是从科教开始。因为他认为，教育是现代化建设的战略基础，抓科技必须同时抓教育。如果不抓好教育，就会误大事，就要负历

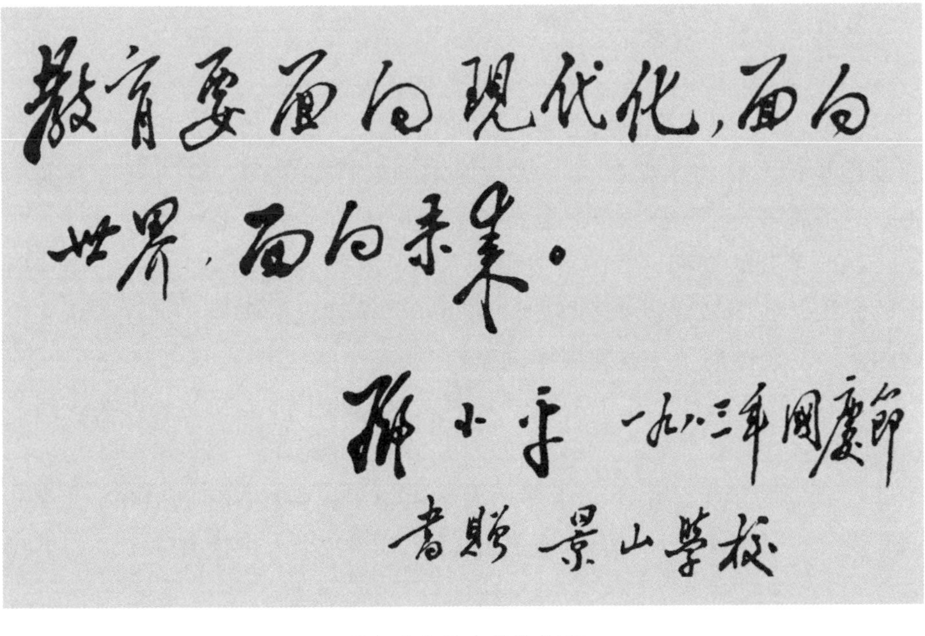

邓小平给景山学校题词

史的责任。

早在1978年3月18日，邓小平在全国科学大会开幕式上的讲话中就明确指出：我们要全面地正确地执行党的教育方针，端正方向，真正搞好教育改革，使教育事业有一个大的发展、大的提高。

这一年4月22日，全国教育工作会议在北京隆重召开。下午3时，邓小平笑容满面健步登上人民大会堂主席台，在热烈的掌声中，发表了热情洋溢的讲话，提出了教育改革的战略设想：

> 国家计委、教育部和各部门，要共同努力，使教育事业的计划成为国民经济计划的一个重要组成部分。这个计划，应该考虑各级各类学校发展的比例，特别是扩大农业中学、各种中等专业学校、技工学校的比例；要研究发展什么样的高等学校，怎样调整专业设置、安排基础理论课程和进行教材改革。要制订加速发展电视、广播等现代化教育手段的措施，这是多快好省发展教育事业的重要途径，必须引起充分的重视。……今后国家将努力开辟新的途径，增加新的行业，以便更有效地为四个现代化服务。我们制订教育规划应该与国家的劳动计划结合起来，切实考虑劳动就业发展的需要。①

6月23日，邓小平在同清华大学的负责人谈话时指出：重点学校规模应该逐步扩大，将来要扩大一倍。像中国这样的大国，有三五百万大学生，绝不算多。不搞好大学，就提不高全民族的科学文化水平。

在改革开放初期，我国首先出现了科技和教育的春天。但是，由于历史的原因，我国教育事业发展仍然滞后于经济建设的需要，远远落后于发达国家，甚至落后于一些发展中国家。

1980年1月16日，邓小平在中共中央召集的干部会议上，再次谈到了这个问题：

“我们的学生，中小学生多；大学生很少，在校的不过100万。拿美国来说，在校大学生1000万，它是2.2亿人口，22个人中就有一个。如果我

① 《邓小平文选》，第2卷，第108页，人民出版社，1994年第2版。

们有200万到300万在校大学生，我们培养的专门人才就会比较多。”[①]

但是，增加在校学生需要花钱，需要追加教育经费，这对当时并不发达的中国来说，的确不是一件易事。

据1978年联合国教科文组织统计，中国教育投资在国民生产总值的比例排在有统计数字的149个国家的第130位，1976年排在倒数第2位！

新中国成立30多年来，中国教师队伍增加了35倍，大学毕业生增加了16倍，但1979年的教育投资仅比1952年增加7.8倍，如此悬殊的差距，显然与现代化建设不相适应。

面对这种情况，邓小平对我国教育事业发展的前途产生了深深的忧虑，曾满含忧伤地说：

“教科文卫的费用太少，不成比例。甚至有些第三世界的国家，在这方面也比我们重视得多。印度在教育方面花的钱就比我们多。像埃及这样的国家，人口只有4000万，按人口平均计算，他们在教育方面花的钱，也比我们多几倍。总之，我们非要大力增加教科文卫的费用不可。今年因为财政困难，只能首先照顾到重点，但是，从明年、至迟从后年开始，无论如何要逐年加重这方面，否则现代化就实现不了。”[②]

然而，增加的幅度仍然不能令人满意。1979年，中国的教育经费是70.11亿元；1981年，增长至101亿元；1982年，增至114亿元，人均刚刚超过10元。

20世纪80年代，新技术革命再次席卷全球，澎湃汹涌的势头给世界各地的教育事业提出了更高的要求。各国政府都把眼光投向了21世纪，投向了未来，因而更加重视作为智力开发重要手段和社会发展基础工程的教育事业。

面对这一世界发展的大潮，是因循守旧，还是顺应潮流，主动迎接新的挑战？作为中国改革开放的总设计师，邓小平进行了冷静的思索，最终提出了“三个面向”作为我国新时期教育发展的方向。

1983年春节前夕，心系着中国社会主义建设事业的邓小平，风尘仆仆地南下江、浙、沪等地，视察了一些高等学校，对加速发展我国高等教育

---

① 《邓小平文选》，第2卷，第263页，人民出版社，1994年第2版。

② 同上，第250页。

1988年11月，邓小平同出席第五次全国文代会的代表夏衍亲切握手。

的问题有了更深切的体会。

3月2日，邓小平回到北京，同胡耀邦等几位中央负责同志一起认真讨论了我国教育发展的问题。他感慨万千地说：

“智力开发是很重要的。我说的是包括职工教育在内的智力开发，要更好地注意这个问题。大专院校要发展，近期不说发展一倍，也可发展半倍。现在我们是有这个能力的。重点院校增加一倍学生没有多少问题，师资不缺，主要是房子不够。再拿出一点钱建校舍和宿舍，我看也可以拿得出来。这方面用多少钱，要算个账。”①

中共中央书记处和国务院根据邓小平的讲话精神很快作出部署。4月28日，国务院正式批准并向全国转发了教育部和国家计委联合颁布的《关于加速发展高等教育的报告》。

这个报告明确规定：在1983年到1987年的5年内，全日制高等学校招生人数，将由1982年的31.5万人增加到1987年的55万人，在校学生人数，1987年将达到176万人，比1982年增长53%。另外，将大力发展广播电视大

① 《邓小平文选》，第3卷，第26页，人民出版社，1993年第1版。

学、函授大学、夜大、厂办职业大学、县办农民大学、管理干部学院、教师进修学院等。在重视质量的原则下，招生人数也将由1982年的29万人增加到1987年的110万人，比1982年增长2.8倍。

为了保证这一规划的实现，国务院还特别批准国家计委在原定计划的基础上，为“六五”计划的后三年（即1983年至1985年），再追加高等教育事业经费3亿元，高等教育基建投资6亿元。

随后，根据邓小平5月24日对匡亚明等4位著名教育家《关于将五十所左右高等学校列为国家重大建设项目的建议》的批示，再拨款5亿元，用于加强第一批列入国家重点建设项目的高等学校。

在关注高等教育发展的同时，邓小平也极为关心培养科技、管理人才基础的中小学教育。

早在1977年5月24日，尚未恢复职务的邓小平就提出了抓教育要“从小学抓起，一直到中学、大学”，“要办重点小学、重点中学、重点大学”这一富有远见卓识的战略口号。

在1978年的教育工作会议上，邓小平再次强调：

“我们要在科学技术上赶超世界先进水平，不但要提高高等教育的质量，而且首先要提高中小学教育的质量，按照中小学生所能接受的程度，用先进的科学知识来充实中小学的教育内容。”①

1984年2月，邓小平在上海观看小学生操作简易电子计算机。

1984年2月16日上午，

① 《邓小平文选》，第2卷，第104页，人民出版社，1994年第2版。

邓小平在参观上海市微电子技术及其应用汇报展览后，指出：计算机的普及要从娃娃做起。

在邓小平的积极倡导和推动之下，一系列加强中小学教育的政策和法规相继出台。

1980年，中共中央和国务院作出《关于普及小学教育若干问题的决定》，提出在80年代全国基本实行普及小学教育的历史任务。

1982年，第一套吸收了世界最新科学知识，种类齐全的中、小学教材正式出版，总计发行数十亿册，这是一件了不起的、关系到中华民族千秋万代的大事，是面向现代化、面向世界、面向未来的重要步骤。

1985年，中共中央作出《关于教育体制改革的决定》，提出要实行中小学九年制义务教育，这是教育"三个面向"的一项重大战略决策。

1986年，第六届全国人大四次会议审议通过了《中华人民共和国义务教育法》，正式以立法的形式对九年制义务教育作出规定。

邓小平还积极关心教师的工作和生活，多次强调要提高人民教师的政

1984年4月，邓小平会见厦门大学师生。

治地位和社会地位。不但学生应该尊重教师，整个社会都应该尊重教师。

邓小平尊师重教的呼吁，逐渐引起了社会的共鸣。1985年，国家正式宣布每年9月10日为教师节。

教师的生活受到了党和政府的关注。城市中小学教师的住房，从1982年的人均3.8平方米增加到1988年的人均5.09平方米，使住房难的问题，开始有所缓解；教师的工资待遇有所提高。广大的人民教师沐浴着党的温暖，鞠躬尽瘁，辛勤耕耘，使教育战线取得了一系列可喜的成绩。

1988年夏天，党和国家领导人在北戴河看望了全国优秀教师代表。

也就在这一年，全国绝大多数大中城市普及了9年义务教育，有67%的县普及了初等教育。全国共有小学793261所，在校学生1.2亿多名；普通中学91492所，在校学生4761万名；高等教育事业也获得了前所未有的发展。

1986年至1989年，我国中学生在参加国际数学、物理、化学三项奥林匹克竞赛中，共获金牌19枚，银牌21枚，铜牌14枚。

成人教育的发展更是引人注目。1988年各类职大、电大、函大、夜大的在学人数172万多人。有1700多万青壮年农民在农业中等技术学校里，接受了各类技术的培训。

出国留学人员不断增多。从1978年至1988年，我国向76个国家和地区派遣了4万多名留学生，并有3万多人学成归国，成为我国现代化建设的得力人才。

在“三个面向”的指引下，社会主义的教育事业取得了引人注目的成就。

“希望所有出国学习的人回来”

粉碎“四人帮”后，邓小平在确立对外开放的战略决策的同时，开始运筹、寻找对外开放的突破口。这位当年曾经走出国门、寻求马克思主义的热血青年，如今在放眼看世界、打开长期封闭的国门时，毫不犹豫地首先选择了科技和教育。

1977年8月，邓小平在全国科教工作座谈会上指出：派人出国留学也是一项具体措施。

这是邓小平第一次提到派遣留学生。

1978年6月，邓小平来到位于北京西郊清华大学视察工作。在这所闻名世界的高等学府里，邓小平就派遣留学生问题指示：增大派遣留学生的数量，派出去主要学习自然科学。要成千上万地派，不是只派十个八个。在这方面花些钱是值得的。这是五年内快见成效，提高我国科教水平的重要方法之一。

1979年1月31日，邓小平与美国总统卡特在白宫签订中美科技合作协定和文化协定。

这就是闻名教育界的邓小平关于扩大派遣留学生的讲话。但它的影响远不只是在教育界。邓小平的讲话，首先打开了中美科技文化交流的大门，揭开了中国对外开放的新的篇章。

同年7月6日，美国科技代表团飞越太平洋，抵达北京访问。第二天，中国国家科委主任方毅和美国总统的科技政策顾问、科技政策办公室主任弗兰克·普雷斯博士就科技交流进行了会谈。在美方看来，此次访问最大的意外收获就是双方顺利达成了向美国派遣中国留学生的协议。

10日上午，就在美国科技代表团即将离京回国前，邓小平会见了普雷斯一行。在会谈中，邓小平和普雷斯都同意“信息的交换将有助于促进两国的贸易”。

此时，中美的建交谈判正在紧锣密鼓地进行之中，邓小平作出的向美国派遣留学生的决策无疑向美方传递了一个重要的信息：中国将向世界敞开大门，中美建交不仅仅是双方政治上的互相需要，在经济、文化方面也有着巨大的相互需求。

年底，首批50名中国留学人员在中美正式建交前离京赴美。

仅在这一年，我国先后向28个国家和地区派遣了480多名留学人员，揭开了中国文化领域对外开放的新的一页。

1992年1月下旬，邓小平到珠海视察。

邓小平历来关注我国科技事业的发展。在珠海，他参观了一些高科技的厂家和公司。当看到我国科技工作取得的成就时十分兴奋，邓小平滔滔不绝的话语也不知不觉地涌了出来。

在珠海生化制药厂参观时，厂长向邓小平介绍了他们生产的一流产品“凝血酶”。该药品已打入了国际市场，创利颇丰。

邓小平听完介绍后，颇为赞赏地鼓励他们：应该有自己的拳头产品，创出我们中国自己的名牌，否则就要受人欺负。这就要靠我们的科学工作者出把力，这样才能摆脱被人欺负的局面。

众所周知，国弱了要受人欺负，人穷了要受人欺负，产品不好也是要被人看不起的。邓小平的这番话讲得十分有分量，让人们充分意识到创名牌，出精品的迫切。同时，一种自强不息、不甘示弱的可贵精神也从这些话里透了出来。

接着，邓小平进一步强调：在科学技术方面，中国应有一席之地，你们这个厂的发展就是一席之地的一部分。中国应该每一年都有新东西，每一天都有新东西，这样才能占领阵地。尽管我岁数大了，但我感到有希望，很有希望。这十年进步很快，但今后会比这十年更快。全国各行各业都要通力合作，集中力量打歼灭战。每一行业，都要树立明确的战略目标，我们过去打仗就是用这个办法。

这是一番朝气蓬勃的谈话，也是一番雄心勃勃、充满活力的谈话。

“尽管我岁数大了，但我感到有希望，很有希望。”这是多么令人感动又催人奋发的肺腑之言啊！

1月25日上午，邓小平来到珠海市高新技术企业亚洲仿真控制系统工程有限公司参观。

一下车，邓小平看到公司门口站立着那么多年轻的科技工作者，便十分高兴地向大家招手示意：祝贺你们，祝贺你们年轻啊！

在公司大厅里，总经理游景玉向邓小平详细介绍了公司的科研、生产和科技队伍等情况。

邓小平亲切地问游景玉：你是留美学生吗？

游景玉回答：我曾经去美国接受培训，负责引进仿真技术。我们这里有一批人在美国学习过。他们每天工作10多个小时，决心把祖国的高科技事业发展起来。

邓小平沉思片刻，深情地说：你们带头，希望所有出国学习的人回来。不管他们过去的政治态度怎样，都可以回来；回来我们妥善安排，起码国内相信他们。告诉他们，要做出贡献，还是回国好。

接着，邓小平饶有兴趣地参观了公司的计算机房。

参观中，游景玉汇报：我们公司投产第一年，人均产值达20多万元。

邓小平马上接口道：

“经济发展得快一点，必须依靠科技和教育。我说科学技术是第一生产力。近一二十年来，世界科学技术发展得多快啊！高科技领域的一个突破，带动一批产业的发展。我们自己这几年，离开科学技术能增长得这么快吗？要提倡科学，靠科学才有希望。近十几年来我国科技进步不小，希望在90年代，进步得更快。每一行都树立一个明确的战略目标，一定要打赢。高科技领域，中国也要在世界占有一席之地。”①

游景玉继续汇报：公司195人中80%以上是博士、硕士和高中级科技人员。

① 《邓小平文选》，第3卷，第377～378页，人民出版社，1993年第1版。

邓小平听后，看着机房内先进的技术设备和良好的工作条件，感慨地说：

“大家要记住那个年代，钱学森、李四光、钱三强那一批老科学家，在那么困难的条件下，把两弹一星和好多高科技项目搞起来。应该说，现在的科学家更幸福，因此对他们的要求会更多。”①

在计算机房内，邓小平与一位正在操作计算机的复旦大学毕业的年轻人交谈起来。邓小平高兴地握着这位年轻人的手：要握一握年轻人的手，科技的希望在年轻人。

接着，邓小平语重心长地对大家说：

“老科学家、中年科学家很重要，青年科学家也很重要。希望所有出国学习的人回来。不管他们过去的政治态度怎么样，都可以回来，回来后妥善安排。这个政策不能变。告诉他们，要做出贡献，还是回国好。希望大家能协力合作，为加快发展我国科技和教育事业多做实事。搞科技，越高越好，越新越好。越高越新，我们也就越高兴。不只我们高兴，人民高兴，国家高兴。对我们的国家要爱，要让我们的国家发达起来。”②

话语虽短，却意味深长。

---

① 《邓小平文选》，第3卷，第378页，人民出版社，1993年第1版。

② 同上。

"中国要发展，离不开科学"

1989年9月，邓小平会见美国哥伦比亚大学教授李政道。

1986年10月18日，邓小平会见了美籍华裔学者李政道教授夫妇和意大利学者齐吉基教授夫妇。

面对世界著名的科学家，邓小平首先非常谦虚地说：

"对于科学我是外行，但我是热心科学的。"[①]

此话听似平淡，却蕴涵着邓小平平易近人的作风，一下子拉进了谈话者之间的距离，使李政道、齐吉基倍感亲切。

然后，邓小平，这位中国改革开放的总设计师话锋一转，高屋建瓴地提出了"中国要发展，离开科学不行"的论点。

邓小平侃侃而谈：

中国要发展，离开科学不行。在这方面，我们还比较落后。你们成立国际科学文化中心——世界实验室，是一个重要的创举，特别是可以使第三世界国家得到益处。中国是第三世界国家，中国的科学技术人员要积极参加这个世界实验室的工作。

① 《邓小平文选》，第3卷，第183页，人民出版社，1993年第1版。

中国的现代化建设刚起步，也许本世纪末可以看到比较显著的进步，真正的进步要到下个世纪的三十至五十年。中国的特点是又大又落后，办起事情来不容易。对于你们的帮助，我非常感激。当然还要靠我们自己的努力。从现在的状况看，是有希望的。

在发展科学技术方面，我们要共同努力。①

邓小平这段谈话，既亲切又中肯，既有鼓励又有期望。在座的两位科学家如沐春风。特别是李政道，这位获得过诺贝尔物理学奖、为亿万炎黄子孙赢得荣誉的华裔科学家更是备受鼓舞，连连点头。

邓小平进而从人类发展的层面，高度评价了科学技术的重要性，指出：实现人类的希望离不开科学，第三世界摆脱贫困离不开科学，维护世界和平也离不开科学。

最后，邓小平向两位科学家表明了中国加速发展科学技术的决心：

发展高科技，我们还是要花点钱，该花的就要花。前几年有的外国科学家问我，你们在不富裕的情况下为什么要搞加速器？我说，我们是从长远考虑。现在看来搞对了，决心下对了，起码争取了几年时间。在高科技方面，我们要开步走，不然就赶不上，越到后来越赶不上，而且要花更多的钱，所以从现在起就要开始搞。②

在这里，邓小平说出了亿万中国人民的心声，同时也向世界宣告了中国要大力发展科技、振兴中华的决心。话虽简短，却意味深长。从中，我们可以深深体味到：邓小平对我国在科学技术水平上的落后忧心忡忡，以及发展科学技术时不我待的迫切心情。

这句句语重心长的话语如声声号角，催人奋进！

---

① 《邓小平文选》，第3卷，第183页，人民出版社，1993年第1版。

② 同上。

1979年，邓小平登上黄山，显示出顽强的意志和坦荡的襟怀。

第六章

博大精深——邓小平谈人生

“伯承同志有无缺点呢？”

《邓小平文选》三卷，500多篇文章，其中有关个人的专文只有2篇，都是写刘伯承的。一篇是《庆祝刘伯承同志五十寿辰》，一篇是《悼伯承》。由此可见，刘邓二人的关系的确不同凡响。

刘伯承，生于四川开县（今属重庆市）赵家场。早年参加响应辛亥革命的学生军和护国战争、护法战争。1926年加入中国共产党。1927年参加领导八一南昌起义。同年年底赴苏联学习，开始入苏联高级步兵学校，后转入伏龙芝军事学院。1930年回国后，历任中共中央军事委员会委员、中共中央长江局军委书记、中央军事政治学校校长兼政治委员、红军总参谋长等职。1934年10月参加长征，任红军总参谋长兼中央纵队司令员。抗日战争全面爆发后，任八路军第129师师长，领导创建了太行、太岳、冀南抗日根据地，连同冀鲁豫抗日根据地，后统称晋冀鲁豫抗日根据地。1945年6月，当选为中共七届中央委员。解放战争时期，历任晋冀鲁豫军区、中原军区、第二野战军司令员，与政治委员邓小平一起指挥了上党、邯郸、陇海、定陶、巨野、滑县、巨金鱼许多重大战役。1947年6月30日，根据中共中央和中央军委的战略部署，发起鲁西南战役，揭开了战略进攻的序幕。随即远离根据地，千里跃进大别山。1948年11月，根据中央军委决定，与邓小平、陈毅、粟裕、谭震林组成总前委，统一指挥华东、中原部队进行规模巨大的淮海战役，同徐蚌地区国民党军主力进行战略决战，取得了歼敌55万余人的重大胜利。1949年4月，参与总前委筹划渡江战役。中华人民共和国成立后，与邓小平指挥第二野战军和第一、第四野战军各一部，向西南进军。12月，出任西南军政委员会主席、中共中央西南局第二书记，和邓小平、贺龙一起，领导军民肃清匪患，恢复经济，进行土地改革，筹划和平解放西藏的工作。1950年冬，受命组建中国人民解放军军事学院，任院长兼政治委员。1954年起先后任中央人民政府人民革

刘伯承元帅

命军事委员会副主席、国防委员会副主席、中国人民解放军训练总监部部长等职。1955年被授予中华人民共和国元帅军衔和一级八一勋章、一级独立自由勋章、一级解放勋章。1958年曾因所谓教条主义受到错误的批评。1966年起任中共中央军委副主席。1986年10月7日在北京逝世。

常言道：物以类聚，人以群分。交友莫不如此。邓小平和刘伯承的友谊，相知甚深，友情甚笃，长期共事，堪称楷模。

邓小平是1931年在中央苏区与刘伯承相识的。说来也巧，两人有着许多相似之处。

其一，两人都生于天府之国，是四川老乡。刘伯承生于开县，邓小平生于广安。

其二，两人同属龙。邓小平生于1904年，比刘伯承整整小12岁。

其三，两人都曾留学苏联，探索革命真理。刘伯承毕业于伏龙芝军事学院。邓小平于1920年赴法国勤工俭学，1926年赴苏联入中山大学学习。

两人一见如故，结为至交，由此开始了长达半个多世纪的友谊。

1938年1月，邓小平由八路军政治部副主任调任第一二九师政治委员，与刘伯承一起共事。

从此，两位四川老乡开始了长达13年的戎马生涯。二人相互配合，相互支持，同舟共济，亲密无间，携手并进，共创大业，可谓珠联璧合，相得益彰。一个师长，一个政委，一个司令员，一个政治委员，驰骋中原，征战南北，挥师杀敌，历尽艰险，从太行山山麓、晋冀鲁豫边区、中原大地到西南边陲，一直并肩战斗，转战了大半个中国，共同导演了许多惊天动地的战争活剧，并联合缔造了一支以两人姓氏为代表的、享有盛誉和名扬天下的铁军——刘邓大军。

邓小平与刘伯承长期共事，在艰难困苦的战争年月里，思想上认识一致，感情上异常融洽，工作上配合默契，使两个结下了一往情深、牢不可破的战斗情谊。

在军事上，他们共同指挥，尤以刘伯承为主；在政治上，他们密切配合，多以邓小平为主。在司令员与政治委员的关系上，他们一直是既分工明确，又协调一致，配合默契，成为他们指挥艺术的一个共同特点。“刘邓不可分”早已在八路军第一二九师和晋冀鲁豫野战军中传为佳话。

的确如此，在抗日战争和解放战争长达十几年的革命战争时期，刘伯承、邓小平曾先后共同领导和指挥八路军第一二九师和第二野战军，共同经历晋冀鲁豫、中原和西南三大战略区，亲密无间。从这个意义上来说，刘伯承、邓小平是军事指挥上的并肩者。

而在一个战役接连一个战役，一个战场转到另一个战场这种漫长而又频繁的战争过程中，在这种极度耗费脑力和体力的战场生活中，刘伯承、邓小平互相把挑在对方肩头上的重担换到自己肩头上来，分成两副担子来分担。在这个意义上来说，刘伯承、邓小平又是军事指挥上的换肩者和分担者。

即使在大别山因为斗争的需要而分成两个指挥所，部队接到的战略战术指示，仍然是出自一个刘邓司令部。

曾在第二野战军担任新华社分社社长、新华社前线特派记者的李普感

八路军第一二九师师长刘伯承（右）与政委邓小平在前线

慨地说：

“在刘邓之间是难以放进一个‘顿号’的。”

1942年12月4日，恰逢刘伯承五十大寿。邓小平一向敬重这位老大哥，于是便欣然提笔，以饱满的热情写下了《庆祝刘伯承同志五十寿辰》这篇文章。15日，《新华日报》华北版（特刊）全文刊载。文章一开头，邓小平就称颂起刘伯承身上所具有的优良品质：

> 热爱国家，热爱人民，热爱自己的党，是一个共产党员必须具备的优良品质。我们的伯承同志不但具备了这些品质，而且把他的全部精力献给了国家、人民和自己的党。在三十年的革命生活中，他忘记了个人的生死荣辱和健康，没有一天停止过自己的工作。他常常担任着最艰苦最危险的革命工作，而每次都是排除万难，完成自己的任务。他为国家和人民的解放事业负伤达九处之多。他除了国家和人民的福利，除了为党的事业而努力，简直忘记了一切。在整个革命过程中，他树立了不可磨灭的功绩。[1]

长征到达陕北后的刘伯承（前排右二）

接着，邓小平又深情地回忆起他与刘伯承相识、相知与共事的过程：

> 五年来，我们生活在一块，工作在一块。

① 《邓小平文选》，第1卷，第30页，人民出版社，1994年第2版。

我们之间感情是很融洽的，工作关系是非常协调的。我们偶然也有争论，但从来没有哪个固执己见，哪个意见比较对，就一致地做去。[①]

寥寥数语，便为读者展现了这两位无产阶级革命家之间的崇高友谊。

随后，邓小平又将刘伯承同志忠于党、热爱人民、关心同志、善于学习的优良品德一一展现给读者：

伯承同志对于自己的使命，是兢兢业业以求实现的。……他对于上级命令和指示，从未粗枝大叶，总是读了又读，研究了又研究，力求适应于自己的工作环境而加以实现，在实行中，且时时注意着检查，务使贯彻到底。“深入海底”,差不多是他日常教导同志的口语。

伯承同志热爱我们的同胞，每闻敌人奸掳烧杀的罪行，必愤慨形于颜色；听到敌人拉壮丁，便马上写出保护壮丁的指示；听到敌人抢粮食，马上就考虑保护民食的办法；听到敌人烧房子，马上提倡挖窑洞，解决人民居住问题；听到了有同志不关心群众的利益，便马上打电话或电报加以责备。……这类的事情，在他身上是太多了。他不仅率领着自己的部队，从大小数千次的血战中，来保护我们国家的土地和人民的生命财产，而且在日常的生活中，处处体现着共产党员热爱国家和人民的本色。

伯承同志热爱自己的同志，对干部总是循循善诱，谆谆教诲，期其进步。他同同志谈话的时间很多，甚至发现同志写了一个错字，也要帮助改正。在他感召下得到转变和发展的干部，何止千万。

伯承同志是勤读不厌的模范。他不特重视理论的研究，尤重视理论与实际的结合。他常常指导同志向下层向群众去学习，他自己也是这样做的。[②]

---

① 《邓小平文选》，第1卷，第30页，人民出版社，1994年第2版

② 同上，第31～32页。

在这里，我们可以看出邓小平语言艺术的一大特点——笔墨不多，但厚实、稳重，言简意赅，生动传神。

最后，邓小平笔锋一转，谈起了这位老搭档的“缺点”。

“假如有人问，伯承同志有无缺点呢？”

邓小平提出一个问题，令读者心中产生了疑问和联想。紧接着，他给了一个肯定的回答：我想只有一个。

这更令读者大吃一惊。对事物特有肯定的态度和情感，而不用肯定性语句反用否定性语句来表达，让对方借助具体语境来体味说话人的真实思想，耐人寻味，这在邓小平的谈话中不乏其例。

邓小平的语言逻辑性很强，在摆出问题后，从容道来：

“就是他除了读书工作之外，没有一点娱乐的生活。他没有烟酒等不良嗜好，他不会下棋打球，闲时只有散散步，谈谈天。他常常批评自己，对于时间太‘势利’了。”[①]

1945年9月，刘伯承在新兵入伍大会上鼓励战士奋勇作战，保卫解放区。

① 《邓小平文选》，第1卷，第32页，人民出版社，1994年第2版。

看到这里，读者恍然大悟，心头的疑虑顿然散去。

邓小平接着写道：难道这真是他的缺点吗？

这一句反问才道出了邓小平的真正答案。“这只能说是同志们对他的健康的关怀罢了”，亲密的战友情跃然纸上。

在这里，邓小平以自问自答的形式，先提出一个问题，紧接着提出一个故意使人容易产生误会的结论，然后再层层展开，作出一个出人意料的分析和解释，最后阐明了自己的观点，这就是人们常说的“卖关子”。从中，让我们领略到邓小平口才的另一个特点：生动、幽默，往往给人留下极其深刻的印象。

听听邓小平上面的这些谈话，我们会有这样的感觉：听其言而知其人。对刘伯承的友情，邓小平从不掩饰、不隐讳，怎么看，怎么说，旗帜鲜明。真诚坦荡的态度，光明磊落的胸怀，全面袒露给读者，具有难以估量的说服力和感召力。

邓小平与刘伯承有长达半个世纪的交往，他们共同经历了战争年代、新中国成立后的建设时期，其间既有出生入死的斗争考验，又有亲密无间、齐心协力的合作，不管环境怎样变化，他们之间友谊始终是牢不可破的，他们的革命情操，给后人留下了一座不朽的丰碑。

“脱裤子”的精神

抗日战争全面爆发后，正确的路线、方针和政策使中国共产党有了极大的发展。但历史上遗留下来的，特别是王明“左”倾错误遗留下来的一些不正确的思想作风在党内严重存在。同时，大批非无产阶级出身的新党员思想上的不稳定性，也从一定程度上助长了这些不良思想作风的蔓延。

据此，1942年春从延安开始逐步开展了全党全军的整风运动。

这次整风运动是有领导、有准备、有计划、有步骤地开展起来的，任务是：反对主观主义以整顿学风，反对宗派主义以整顿党风，反对党八股以整顿文风。

晋冀鲁豫边区和八路军第一二九师的整风运动，是从1942年4月开始的，邓小平担任中共太行分局总整风委员会主任和第一二九师整风检查委员会主任，主持领导边区的整风运动。

八路军第一二九师某部举行战前干部动员大会

1943年2月22日，邓小平在太行分局高级干部会议上就半年多的整风工作做了结论。他阐述了整风的意义、重点，并就今后整风运动的开展在时间、进度、方法上提出了严格要求。

同年10月，中共中央决定，八路军总部机关与第129师师部合并，保留第129师番号；太行分局和北方局合并，太行分局撤销。太行、太岳、冀南、冀鲁豫四区直属北方局和总部领导。

邓小平担任中共北方局代理书记。这时，彭德怀、刘伯承等一批高级将领在党中央的安排下前往延安参加整风学习。太行山上，留下39岁的邓小平独立主持党政军的全面工作。

11月10日，邓小平在中共中央北方局党校第八期开学时作了整风动员的讲话。

邓小平首先阐述了整风运动的伟大意义。通过分析冀南、太行、太岳区工作中的大量具体事例，生动地说明了“三风”不正对党的事业所造成的危害，论证了整风的必要性。

整风运动，作为党内一次意义重大的思想作风的整顿，的确为党和军队的进一步发展壮大起了积极的作用。但其中也产生了诸如“抢救运动”之类的错误。

掌握正确的方法是保证整风顺利进行的必要条件，邓小平一口气讲了五个方面的内容，提出要运用批评和自我批评以及理论联系实际的方法。

> 第一，每个同志都要下定决心把自己的思想作风整好。首先好好地认识一下自己，看看自己的思想意识有无毛病，毛病在什么地方，然后才会决心改造自己。过去有些同志到党校，目的只是想听听报告，这种想法是错误的。要知道整风主要靠自己下苦功夫。要自己抱有高度的革命热情和对党负责的精神，才会胸怀坦白，才会有“脱裤子”的精神，也才会把思想作风整好。没有这种决心的人，或者只是企图“秘密”地改正错误，不肯露出“尾巴”的人，是绝对整不好的。上期党校有些同志就吃了这个亏，于党于个人都是无益有害的。
>
> 第二，每个同志还要具有帮助别人整风的勇气，这是我们对党、对同志应有的态度。我们不但要有自我批评的精神，还要有

批评的精神，要反对那种庸俗的小资产阶级的自由主义态度。上期党校的整风经验证明：冀南区有些同志毛病不少，但是由于他们有坦率的自我批评和批评的精神，所以收到很好的成绩；太行区有些同志就因为缺乏这种精神，收效不如冀南同志大。当然，我们批评的目的是为了帮助同志，治病救人；对于别人的批评尤应虚心采纳，作为自己反省的参考，即使是别人对自己的一点感想，也是可贵的。

第三，整风要与检查工作联系，这是理论与实践联系的方法。这里所说的检查工作，不是专门的总结工作，那是要在整风完成之后才能做的。现在整风中联系检查工作的目的，是为了更容易打通自己的思想。上期有些同志在开始时，专力于泛泛地检查工作，结果变成了躲风的幌子，这种毛病也是要预防的。

第四，整风中思想上是会感到有压力的。当着一个同志把真理与个人利害对立起来的时候，没有胸怀坦白“脱裤子”精神的时候，特别在别人的帮助与批评之下，自己总是畏首畏尾的时候，一定会苦闷的。这时，我们就要好好地帮助他，使他认识整风不是对人而是对事，在真理面前屈服是可贵的精神，绝不是耻辱。要鼓励他把心中的一切讲出来，以便大家帮助。就是对于那种“两条心”的失足分子，也应好好地鼓励他向党坦白，使他懂得对党说了，党是一定对他宽大的。过去的整风经验证明：当着一个同志经过一番内心的斗争和别人帮助，最后讲出了一切之后，他的精神会马上愉快起来，自己整风更会积极，帮助别人也更会努力。对于这种同志，我们应给予热情的鼓励和欢迎。

第五，要提倡知无不言言无不尽的态度，对同志、对自己、对上级都应抱有这种态度。在整风期间，如果对北方局、对分局、对区党委有什么意见，都应该坦率提出。虽然在工作岗位上有上下级之分，但不应顾忌这种区别，无论上级对下级，下级对上级，都要坦白直率，互相帮助。我们整风的小组长、学委负责人，都要从整风的积极分子中去选择，而不应拘泥于平时工作岗位的高低。[①]

① 《邓小平文选》，第1卷，第91～93页，人民出版社，1994年第2版。

整风运动中，八路军某部官兵进行马克思主义理论学习讨论。

整风运动历时很长，工作开展的规模很大、范围很广，涉及每一个人。如何使每个人从思想上正确认识整风运动的重要性，积极投身到整风运动中，就显得尤为关键了。

在这里，邓小平没有过多的讲大道理，而是巧妙地用“脱裤子”这个俗语来打比方，似乎与严肃的整风运动有些“不伦不类”，但细细分析起来，却见其匠心独运之处。只有“脱裤子”，才能露出“尾巴”，才能暴露出自己在思想上的不足，进而通过积极开展批评与自我批评，来认真纠正自身和同志的缺点。

在这次讲话中，邓小平本着“譬理以说理”这一原则，运用浅显的比喻来说明深刻的道理。他或者以日常生活中的简单事物打比方，或者以日常生活中大家所熟悉的小事例作比喻，浅显易懂，更容易为人民群众所接受，且寓意深远，耐人寻味。

“人民是一切的母亲”

在革命战争年代，邓小平随时随地注意保护人民利益。凡是对人民有利的事，他就积极地倡导和支持；凡是有损于人民利益的事，他就予以批评和纠正，连一点一滴的小事也不放过。

抗日战争时期，邓小平与刘伯承率领八路军第129师战斗在太行山区。在这里，他已经把为人民服务看作是对自己的最大要求，经常教育部队全心全意为人民服务，一切为人民的利益着想，努力发展生产，减轻人民负担。

1943年1月25日，中共中央太行分局在太行山涉县温村召开了高级干部会议，该分局所属的太行、太岳、冀鲁豫、冀南，以及所属根据地抗日民主政权的各军政首长参加了会议。26日，邓小平在会上作《五年来对敌斗争的概略总结与今后对敌斗争的方针》报告。

邓小平开宗明义地指出：敌我斗争的胜负，决定于人民，首先是敌占区人民的态度。

抗日战争时期，八路军某部向官兵宣传拥政爱民公约。

接着，邓小平用一正一反两个论据进行了论证：

人民即使反对敌人而对我中立，也只是便利了敌人。所以我们要有正确的政策，不仅根据地的政策要正确，

> 尤应在敌占区、游击区要有一套明确的政策，否则发生错误，易为敌所乘，而敌人则恰恰善于利用我们的弱点以弥补其在中日矛盾中的基本弱点。[①]

然后，邓小平用一组排比句式，连续使用了“经验证明”、“经验又证明”、“经验还证明”、“经验尤其证明”四句话，语气层层加重，进一步展开论证：

> 经验证明：过去有一时期因为我们政策错误，敌占区人民对我采取中立乃至反对态度，给了敌人以很大发展。经验又证明：敌占区工作不开展，根据地也要退缩；游击区不能坚持，不仅根据地要退缩，而且失去了向敌占区前进的有利阵地。经验还证明：在敌占区、游击区采取简单生硬的办法，是必然失败的，而必须照顾那里的环境，一切为保护人民利益打算，提出恰当的对敌斗争方法，才会得到人民拥护，也才能取得胜利。经验尤其证明：谁关心人民的问题，谁能帮助人民想办法去和敌人斗争，保护人民利益，谁就是群众爱戴的领袖。[②]

在这里，我们可以充分感受到邓小平语言艺术的魅力：言之有据，滴水不漏。由此，邓小平得出一句名言：人民是一切的母亲，是对敌斗争一切力量的源泉。

这一警句成为邓小平在太行山的名言，表达了他对人民的真挚热爱和关怀。邓小平是这么说的，也是这么做的。

1938年春，邓小平率八路军第129师插入敌后，途中正遇上日伪军的疯狂“扫荡”，部队行动遇到很大困难。

部队断粮了，邓小平就和大家一起挖野菜充饥，一起度过了七个难忘的日日夜夜。

一天，一名新战士不忍心看着邓政委和大家一起挨饿，就想方设法搞

---

① 《邓小平文选》，第1卷，第40页，人民出版社，1994年第2版。

② 同上，第40～41页。

到了一点儿玉米，高高兴兴地送给邓小平。

邓小平笑着问：为了它，你费了不少劲儿吧？

能够得到邓政委的夸奖，小战士自然是高兴得合不拢嘴，立即回答道：那当然，我好不容易找到一个藏粮食的洞。

邓小平连忙询问：拿群众的东西，给群众留钱了吗？

当然留了，还写了一张条子呢。

邓小平点点头，表扬了这位战士，然后严肃地说：你要立即把它送回去，这玉米是老百姓留的种子。

事后，邓小平把全体战士召集到一起，问大家：毛主席讲，我们的八路军、新四军同老百姓是什么关系？

大家异口同声地回答：是鱼和水的关系。

邓小平点点头，启发大家：鱼离开了水会怎样呢？

只有死路一条。

邓小平满怀信心地鼓励道：大家说得很对。革命是艰苦的，但只有通过我们的艰苦奋斗，才能使人民群众过上好日子，同志们，这一天已经为

八路军官兵帮助群众修复被日军毁坏的房屋

时不远了。

为了人民群众的利益，邓小平不仅对部队经常进行为人民服务的教育，而且对自己身边的工作人员也同样严格要求，教育他们热爱人民。

有一次，邓小平的马夫王兴芳骑着邓小平的马上了街。原来，邓小平即将赴延安开会。为使邓政委顺利赶路，王兴芳特意到马店给这匹战马挂新掌。

街上的群众见王兴芳是八路军战士，纷纷让路，还微笑着向他致意。王兴芳一时兴起，便在县城的街道上信马奔驰起来。

突然，王兴芳听到“叭”的一声，似乎有什么东西掀倒在地，但他并没有在意，继续纵马前行。

当王兴芳挂好马掌，兴冲冲地赶回驻地时，迎接他的却是邓小平十分严厉的批评：你干的好事，骑马儿过街，损坏了老百姓，知道吗？

王兴芳大吃一惊。

原来，王兴芳骑马掀倒了一位老大娘。满街的老百姓议论纷纷，消息很快传到了邓小平的耳朵里。

王兴芳心想，这有啥了不起，我这是为快点儿完成任务，不耽误首长奔赴延安开会，值得您大动肝火吗？

见王兴芳嘟着嘴，既不回答，也不申辩，邓小平知道他心里不服气，就缓和了一下口气，说：现在是团结抗战的时候，人民一心向往的是共产党。你是共产党领导的一个八路军战士，这样对待群众，影响不好！我们来自人民，是人民的军队。人民是水，我们是鱼，八路军离不开人民，正像鱼离不开水一样。小伙子，要爱护人民啊，如果我们不爱人民，人民就不会拥护我们，我们也就会变成无源之水、无本之木的山间草寇。到了那一步，不要说打日本，恐怕自身都难保哇，这些严重后果，你想过吗？

听着邓政委的话，王兴芳茅塞顿开，心里自责起来，流着眼泪请求组织给他处分。

邓小平从口袋里掏出钱来，说道：你应当到当地公安部门去，由他们处理。还应该给群众赔礼道歉。我这有几元钱，你也带上，给老大娘作医药费。

王兴芳知道这是邓政委去延安的路费，自然不肯接钱。

邓小平一把将钱塞进王兴芳手里，口气坚决说：快去给大娘治伤。

说完，邓小平纵身跨上战马奔赴延安开会去了。

王兴芳久久地望着邓小平离去的身影，眼泪止不住地流了下来。从邓小平的教诲中，他受到了一次生动而深刻的爱民教育。

1946年2月，晋冀鲁豫军区机关进驻河北邯郸，邓小平为军区政治部办的机关报——《人民的军队》题词：人民军队的责任是随时随地为人民服务，一切为人民的利益着想。今天我们必须亲自动手，努力生产，克服困难，以减轻人民的负担，使人民经济向上，逐渐恢复八年战争的创伤，走向丰衣足食的道路。

中华人民共和国成立后，邓小平的爱民情一直在发扬光大，不仅体现在处处维护和保卫人民的利益上，更重要的还体现在为党制定符合人民需要、受人民拥护的方针政策上。

邓小平认为，作为高级干部，要真正向人民负责，真正贯彻党的宗旨，必须使党的方针政策符合人民的利益，都要由人民来检验。一旦发现不符合人民群众利益的方针政策，就应该加以修正或改正。他经常深入农村、工厂、学校，去了解下情，体察人民群众的疾苦，倾听人民群众的呼

邓小平与大庆油田采油女工在一起

声，征求人民群众对党的政策的意见。

进入社会主义建设新时期，邓小平一切从人民需要出发的思想更为明确。

1992年春，邓小平南行时在讲到路线政策对不对、会不会改变、应不应改变、变不变得了的时候，总是从人民是不是得到利益、人民是不是高兴、人民是不是满意、人民是不是拥护、人民是不是赞成、人民是不是答应、人民的心情是不是平静，这样的人民立场、人民感情来观察问题和处理问题。

“不坚持社会主义，不改革开放，不发展经济，不改善人民生活，只能是死路一条。”[①]

“只有坚持这条路线，人民才会相信你，拥护你。谁要改变三中全会以来的路线、方针、政策，老百姓不答应，谁就会被打倒。”[②]

“人民，是看实践。人民一看，还是社会主义好，还是改革开放好，我们的事业就会万古长青！”[③]

这就是邓小平的爱民之情，这就是邓小平的人民观，正如他所说的：我是中国人民的儿子，我深情地爱着我的祖国和人民。

在几十年的战斗生涯和革命建设中，邓小平始终保持了艰苦朴素的作风，质朴的人格。人如其言，言如其人，质朴隽永是他语言艺术的一个重要特色。他的语言或庄或谐，或用浅显的事物来说明深奥的道理，或引用俗人俗语，无不生动活泼，情真意切。尤其是他身为中国共产党的第二代领导核心，改革开放的总设计师，这种朴实的语言，自然地缩短了伟人与凡人之间的心理距离，在人际关系中架起了一座相互沟通的桥梁。

---

① 《邓小平文选》，第3卷，第370页，人民出版社，1993年第1版。

② 同上，第371页。

③ 同上，第381页。

“两种态度”

1976年，是中国历史上充满了不幸的一年，也是最令人兴奋的一年。

共和国的领航人周恩来、朱德、毛泽东相继撒手尘寰，令人悲痛不已；邓小平第三次被罢黜政坛，使人黯然失神；河北唐山大地震给共和国雪上加霜；而粉碎“四人帮”的喜讯又着实令国人狂欢了一把。

全国人民在悲喜交加中度过了这个天人失衡的阴历龙年，也走出了那令人如痴如醉的毛泽东时代！

是该走出悲剧的时候了！

在经历了空前的灾祸以后，中国大地百废待兴，各方面的工作需要有全新的面貌来展开。是继续坚持“左”的以阶级斗争为纲，还是真正地、认真地总结历史教训，开创新的局面？

围绕着怎样揭批“四人帮”和怎样处理“反击右倾翻案风”运动的问题，两种截然对立的主张展开了一场较量，并由此引发了一场严重的斗争。

当时揭批“四人帮”的斗争被牢牢地限制在一定的范围内：不准揭“文革”的“左”倾错误，集中批“四人帮”要连带批邓，天安门事件要避开不谈。但请邓小平重新出来工作，为天安门事件平反，却又是人心所向，大势所趋。

粉碎“四人帮”以后，叶剑英、胡耀邦、李先念等中央领导人都多次提出应让邓小平尽快出来工作，恢复他原来的职务。但时任中共中央主席的华国锋就是不表态。

为了借重毛泽东的旗帜和威望来巩固自己的地位，1977年2月，经《人民日报》社论，华国锋公开提出了“两个凡是”的指导方针。无疑，华国锋也想以此强化毛泽东的权威，阻碍邓小平复出。但事实证明，“两个凡是”的出笼，也就同时宣告了华国锋政治生命终结的必然性。

同年3月，在中央工作会议上，叶剑英、陈云、王震等多次提出：天安门事件是冤案，要平反；应让邓小平重新参加中央领导工作。

他们的发言，虽然受到华国锋等人的压制，不让登会议简报。不过，华国锋在会议结束前也表示：要在适当的时机让邓小平出来工作。

当然，华国锋所谓的让邓小平出来工作是有条件的。他派人找邓小平谈话，明确提出让邓小平先写个文件，特别要写明“天安门事件是反革命事件”。

这自然遭到了邓小平的严词拒绝：我出不出来没有关系，但天安门事件是革命行动。

7月，中国共产党十届三中全会在北京召开。经过广大干部群众长达九个月的斗争，终于在这次全会上一致通过恢复邓小平中共中央委员，中共中央政治局委员、常委，中共中央副主席，中央军委副主席，国务院副总理，中国人民解放军总参谋长的职务。

21日，邓小平在中共十届三中全会发表讲话：作为一名老的共产党员，还能在不多的余年里为党为国家为人民做一点力所能及的事情，在我个人来说是高兴的。我出来工作，可以有两种态度，一个是做官，一个是做点工作。我想，谁叫你当共产党人呢，既然当了，就不能够做官，不能够有私心杂念，不能够有别的选择。

多么朴素的作风，多么质朴的语言。真是人如其言，言亦如其人，质朴隽永是邓小平语言的一个重要特色。这一番话充分展示了邓小平作为一名老共产党员的无私情怀和铮铮风骨。

“来这里劳动，先作第一个5年计划，不行再加5年”

1969年，中苏关系进一步恶化。出于安全考虑，中央决定把在京的老同志疏散到外地。邓小平被安排疏散到江西。

为了保护邓小平，周恩来亲自给江西省革委会打电话作了具体指示：毛主席在九大说过，邓小平的问题和别人不同。邓小平同志是去农村锻炼，当然，不能把这些老同志当全劳力。他已经是65岁的人了，身体也不太好。收房费也要适当地照顾一下。在选择住处上，要尽可能地好一些。

将军楼

一下从北京到南方，气候上和生活上，他也许不习惯，你们要尽可能地给予方便。

根据周恩来的指示，江西省革委会最后安排：邓小平夫妇住在南昌市郊区的望城岗原南昌步兵学校。

10月20日，邓小平夫妇和他的继母夏伯根乘飞机到江西南昌。几天后，他们就被送到了南昌步兵学校，驻在原校长的住宅（又称“将军楼”），他们在这里一住竟是三年多！

从1969年11月9日起，邓小平夫妇每天上午都到附近的新建县拖拉机修造厂劳动近4个小时。他要在这里待多久，工人们不知道，管制他的人不知道，连邓小平自己也不知道。

邓小平集沉稳忍耐与果敢决断于一身。他深深懂得一个成功的领袖必须知道什么时候应该强硬，什么时候需要妥协，什么时候必须畅所欲言，什么时候需要缄默不语。

面对骨肉分离、吉凶未卜，以及这似乎是不知所终的“无期徒刑”，邓小平从不发牢骚，从不唉声叹气，而是泰然处之，加紧锻炼，保持身心健康。

邓小平喜欢游泳，但这时已没有条件了，只好从实际出发，选择了走路散步这个简单而有效的锻炼方法。因为走路可以全身运动，增加血液循环和新陈代谢，而且走路的运动量也可以自我掌握，不会导致疲劳受伤。于是，邓小平每天都要走上一万步，星期天也要走七八千步。这对于一个65岁的老人来说，并不是一件非常轻松的事。

邓小平夫妇每天早晨7点45分，准时从步校驻地出发，沿着山坡田间小路步行一公里到工厂劳动。在拖拉机修造厂里，邓小平像45年前在法国勤工俭学时一样干的是钳工，卓琳则做拆洗线圈的工作。中午11点30分下班，他们沿着原路返回。日复一日，月复一月，年复一年，不管刮风还是下雨，也不管是数九寒天还是夏日炎炎，他们从不间断地走在这条小路上。

每次走路，邓小平便在心中默默计数。从住地出发，走出校门，向左拐进新开辟的小路，爬上一个不高的山坡，直达工厂的后门，再进入车间。这条路约3华里路长，来回差不多5000多步。人们大概是受了越南“胡志明小道”的启发，贴切地给这条小路冠以“邓小平小道”的美称。

“文化大革命”期间的邓小平夫妇

其实许多人不知道还有一条“邓小平小道”。它就在步校将军楼的院子里。每天晚饭后，邓小平便下楼来到院子里，围绕着“将军楼”走上三四十圈，每圈以140步左右计，那么一天就是1万多步，一个月就是30万步，一年就是360万步。如果以千步为一里计，一天走10里，一年就是3600里，三年下来就是1万多里，又是一个小长征。天长日久，那条红色的砂石路上，竟被他走出了一条白色的小路。这便是第二条“邓小平小道”。

邓小平散步很有特点，总是微低着头，好像在沉思着什么问题，迈着轻快的步子。他习惯把左手插在裤子口袋，右手做前后摆动，动作十分有力。有时，他又把双手插入裤子口袋，挺着胸大步流星地走着。这种迈步的姿势，使人感到一种信念和力量。就在这一步一步之中，他的思想、他的信念、他的意志，随着前进的每一步而更加明确，更加坚定起来，为日后更加激烈的斗争做好了充分的准备。

就是在这两条“邓小平小道”上，邓小平在为过去，也为将来思考着，在为中国的前途和命运沉思着，对“什么是社会主义？怎么建设社会主义？”进行着深刻的反思。

身处逆境而不消沉。反思过去、直面现实、放眼未来，这就是邓小平这位伟大的政治家所具有的优秀品质。

看着邓小平那永远认真、永远沉静的神情，那快速而稳健的步伐，不能不使人深思。在一步一步之中，他的思想、他的信念、他的意志，随着前进的每一步而更加明确，更加坚定。他的许多思想在孕育，在成熟，而这对未来中国的意义将在不久以后体现出来。

斗转星移，日月如梭。邓小平一家早已离开了南昌，但那两条“邓小平小道”至今仍依稀可辨，给人们留下了许多启示。

除了散步、走路以外，邓小平在南方湿冷的冬天，坚持每天用冷水擦身来增强体魄。

当春天到来的时候，邓小平夫妇和继母夏伯根又在院中开辟一块菜地，种上各色菜蔬。虽然挖土、施肥、浇水、锄草等简单劳作对这三位加起来已超过两百岁的老人来说，并不轻松，但他们还是精心耕耘，细致维护。功夫不负苦心人，这块菜地的收获总是很丰厚的。看着累累果实，邓小平一家感到了许多欣慰。

除了劳动、锻炼以外，邓小平把余下的大部分时间都用来学习。他坚持每天读报、听广播新闻。离开北京时，他们经过批准，把藏书的大部分托运到了南昌。在这谪居的日子里，邓小平阅读了大量马列著作。

邓家的生活也是艰难、节俭的。“文化大革命”前，邓小平和卓琳的工资合计有579元。从1970年起，工资由中央办公厅代管，只发给生活费，三位老人合计205元。但他们的5个子女生活上都需要父母的帮助。大女儿没有分配工作，大儿子瘫痪后住在福利院，家里必须寄生活费。其余的3个孩子在贫瘠的乡村插队，经济上也难以完全自理。总共就这么些收入，就只能在支出上节俭了。他们利用星期天和闲余时间自己开荒种菜，

邓小平夫妇和夏伯根在江西

还喂养了几只鸡。

日子是漫长而又寂寞的。在这里，邓小平究竟要待多久，是一个当时谁也回答不了的问题。

工人们从内心里敬佩邓小平，关心邓小平，希望他能早日结束这种浪费时间的生活。邓小平自己则保持着沉默，每天都在兢兢业业地做好钳工活，没有牢骚，没有唉声叹气，就如那条小道一样，虽然沉默，但一天天更加坚实，在无言中积蓄着力量。

有一天，监管人员闲聊似的问邓小平：老邓，你来劳动三四个月了，身体坚持得了吗？

邓小平风趣地回答：来这里劳动，先作第一个5年计划，不行再加5年。

说罢，邓小平做了一个扩胸动作，接着说：估计我这个身体坚持10年还是可以的，绝不是下乡镀金论。

说完，邓小平大笑起来。这爽朗的笑声，体现了一个具有钢铁般意志的伟人的乐观主义精神和战胜一切困难的英雄气概。

就这样，邓小平在南昌乐观地过了一天又一天，直到再次复出。

“我是聋子不怕响雷打，死猪不怕滚水烫”

生动性是邓小平语言艺术的重要特性之一。除了运用俗语、笑话来增强谈话的生动性外，运用比喻也是其中的一种主要方法。

言谈话语中，邓小平继承了“举他物而明之”的传统修辞手法——比喻。无论是在日常生活中，还是在正式的外交场合，邓小平都喜欢运用一些比喻来形象地说明问题。他总是善于选取恰切的比喻，或即景生“比”，以比喻的生动性来放大打比方的事物与所要表现的事物之间的相似性；或以古喻今，使所要表现的事物更加形象化，赋予其动感和可触性。

综观邓小平的比喻，无不突出一个“巧”字。无论是用比喻来抒情，还是去说理，无不似随口道来，信手拈来，生动形象，栩栩如生，却无斧凿之痕，又不落入俗套。这些比喻，不仅以其生动形象性而被赋予了鲜活的生命力，以其幽默风趣令人忍俊不禁，而且以其通俗性，深入浅出地说明了许多深奥的道理。

1976年春，一位省委领导同志在参加中共中央召开的“批邓”打招呼会议后，去看望邓小平。

这位领导同志好心好意地向邓小平说：这次打招呼会议把“批邓”运动升了温。张春桥在会上明确讲反击右倾翻案风的斗争不仅在文教界进行，厂矿、农村、部队都要开展。他还说，对你也可以在内部点名批判，看来他们这次是不达目的绝不罢休了。

邓小平听后淡然一笑，说：那就点名好了，我早就说过，我是聋子不怕响雷打，死猪不怕滚水烫。

“聋子不怕响雷打，死猪不怕滚水烫”是一句广为人知的俗语，邓小平用它来说明自己的为人真是生动、形象、风趣、诙谐。它准确地道出了邓小平乐观、豁达的胸怀，坚定、沉着的个性以及钢铁般的意志。

邓小平夫妇在一起

邓小平的一生经历过无数的波折和磨难。既有战争年代的惊险搏杀，血雨腥风；也有和平年代的党内斗争，政治风浪。几十年来他坎坷不断，命运多艰。然而，无论多么大的风浪，多么大的波折，邓小平始终能够做到镇定自若、泰然处之，始终能够沉着、冷静、坚忍不拔。这种罕见的坚定性是令世人钦佩的，这正是一个伟人的力量所在。而“聋子不怕响雷打，死猪不怕滚水烫”则是这种品质的最准确、最生动的说法。

可以说，巧比妙喻，使邓小平这位伟人的语言更加生动机智，灵活圆润，具有经久不衰的艺术魅力。

“如果天天发愁，日子怎么过”

俗话说：人生在世，不如意事常八九。

凡人如此，何况一个有理想、有事业的政治家。但对待事业的挫折、人生的磨难，每个人却有着完全不同的态度。在挫折、磨难面前，有的人唉声叹气，有的人怨天尤人，还有的人就此一蹶不振。而真正的革命者，不论面对怎样的艰难困苦，碰到怎样的挫折遭遇，始终对自己的理想信念不动摇，始终有着坚定的乐观主义精神。他们敢于直面人生，敢于直面眼前的任何风暴雷霆，毫不退缩地迎接暴风雨的到来。如果说信仰是革命者前进的动力，那么，乐观主义就是革命者度过困难挫折之海的一叶方舟。

1984年3月，邓小平会见来访的日本首相中曾根康弘。

1984年3月25日，邓小平在北京会见了来访的日本首相中曾根康弘。

会谈中，邓小平向中曾根首相表明了“发展中日关系要看得远些”的观点，展现出一个大政治家与大外交家的风范。

接着，邓小平转了一个话头，以平常心的大境界回答了中曾根提出的一个十分精彩的问题。

中曾根问：你最高兴的是什么？最痛苦的是什么？

邓小平娓娓道出了他心中的欢乐和痛苦。这是一件很不简单的事。因为邓小平为人性格内向，沉默寡言。50多年的革命生涯，又使他养成了临危不惧、悲喜不亢的作风，特别在对待个人命运上，更是相当达观。而这一次，邓小平却对中曾根敞开了心扉，由此可见他的真诚以及他对中日友好的殷切期望。

谈到我个人的经历，你在毛主席纪念堂的展览室里看到的那张有我在里面的照片是在巴黎照的，那时只有十九岁。我自从十八岁加入革命队伍，就是想把革命干成功，没有任何别的考虑，经历也是艰难的就是了。我一九二七年从苏联回国，年底就当中共中央秘书长，二十三岁，谈不上能力，谈不上知识，但也可以干下去。二十五岁领导了广西百色起义，建立了红七军。从那时开始干军事这一行，一直到解放战争结束。建国以后我的情况你们就清楚了，也做了大官，也住了“牛棚”。你问我觉得最高兴的是什么？最痛苦的是什么？在我一生中，最高兴的是解放战争的三年。那时我们的装备很差，却都在打胜仗，这些胜利是在以弱对强、以少对多的情况下取得的。建国以后，成功的地方我都高兴。有些失误，我也有责任，因为我不是下级干部，而是领导干部，从一九五六年起我就当总书记。那时候我们中国挂七个人的像，我算是一个。所以，在“文化大革命”前，工作搞对的有我的份，搞错的也有我的份，不能把那时候的失误都归于毛主席。至于“文化大革命”，那是另外一回事。我一生最痛苦的当然是“文化大革命”的时候。其实即使在那个处境，也总相信问题是能够解决的。前几年外国朋友问我为什么能度过那个时期，我说没有别的，就是乐观主义。所以，我现在身体还可以。

如果天天发愁，日子怎么过？[①]

这次谈话距今已整整过去28年了，现在听起来，仍倍感亲切感人。从中，我们可以清楚地感觉到邓小平乐观主义的人生观已达到一个相当高的境界。不以物喜，不以己悲，心中装着祖国和人民，一心为天下苍生谋幸福，从不计较个人的得失。正是因为这种乐观主义精神，才使他度过各种艰难险阻，相信问题总能解决，坚信历史会作出正确结论。

1985年7月15日，邓小平在人民大会堂会见特立尼达和多巴哥总理钱伯斯时也谈到了这个话题。

钱伯斯对81岁的邓小平身体如此硬朗、精神如此饱满感到惊奇，问道：我想请教一下，您保持身体健康的秘诀是什么？

听到这里，邓小平笑了，说：许多客人问过我，我的回答是四个字："乐观主义"，天塌下来不要紧，有人顶着。……我是三下三上的人，对什么问题都持乐观的态度，相信自己的信念总会实现，如果没有这样的信念，我是活不到今天的。

相信问题总能解决，相信自己的信念总会实现，是建立在一种自信上面的，即自己做的和说的是正确的，而正确的东西总要战胜错误的东西，总会被人所认识，被历史所证明。

邓小平始终坚信这一点。1988年9月5日，他在会见捷克斯洛伐克总统胡萨克时，曾说：

"人们都知道我曾经'三下三上'，坦率地说，'下'并不是由于做了错事，而是由于办了好事却被误认为错事。"[②]

相信问题总能解决，正是建立在这样一个基点上。所以当实践证明邓小平是正确的并被大多数同志所认识之后，邓小平就会奇迹般地"东山再起"。

同时，正是由于这种乐观主义精神，才使邓小平总能保持乐观豁达，保持身体健康。邓小平喜欢这句格言：天塌下来有高个子顶着。

1933年，在博古等人发动的反"罗明路线"的斗争中，邓小平第一次

① 《邓小平文选》，第3卷，第54～55页，人民出版社，1993年第1版。

② 同上，第271页。

土地革命战争时期的邓小平

被打倒后，被贬到中央苏区乐安县南村当巡视员。

中共乐安县委书记胡嘉宾和少共县委书记李书斌特地去看望他。邓小平虽然被免去了职务，但他们还是把他当首长看待，一见面就关心地问：首长身体可好？

邓小平操着浓重的四川口音幽默地说：啥子首长啰，同志们好，大家都好。

这里条件很差，请首长……

不等他们说完，邓小平便毫不介意地挥挥手说：南村区的6月，风和日丽，这里是个好地方喽，我在这里一切很好。

充满豪爽、乐观向上的精神，一点儿也看不出他是一个刚刚受过打击、被贬斥的人。当谈到自己受“左”倾领导者打击一事时，邓小平只是淡淡地说了一句：革命哪能一帆风顺呢？

依然是那么坦荡、乐观。

“我从来不赞成给我写传”

1986年9月2日，邓小平接受了美国哥伦比亚广播公司“六十分钟”节目记者迈克·华莱士的电视采访。

面对华莱士提出的各种敏感问题，邓小平从容道来，展现出一代伟大政治家和外交家的风度与口才。那些生动风趣的谈话，时时放射着哲理的光彩，像春天原野上风姿各异的花朵，都反映出太阳的光辉一样。聆听这样的谈话，可以启迪智慧，可以学习机智，可以提高思辨能力，可以想得更深、看得更远。

邓小平的语言，具有一种不可抗拒的魅力，这就是原因之一。

1994年5月，中国人民解放军海军舰艇编队友好访问俄罗斯符拉迪沃斯托克(海参崴)海军基地。

下面就让我们欣赏一下邓小平与华莱士的对话。

迈克·华莱士（以下简称华）问：您对戈尔巴乔夫最近在海参崴的讲话有何看法？

邓小平（以下简称邓）**答**：戈尔巴乔夫在海参崴的讲话有点新东西，所以我们对他的新的带积极性的东西表示了谨慎的欢迎。但戈尔巴乔夫讲话也表明，他的步子迈得并不大。在戈尔巴乔夫发表讲话后不久，苏联外交部官员也讲了一篇话，调子同戈尔巴乔夫的不一样。这就说明，苏联对中国政策究竟怎么样，我们还要观察。[①]

华问：您以前有没有见过戈尔巴乔夫？

邓答：没有。

华问：您是否想见见他？因为他说过，他愿意同你们在任何时候、任何级别上谈任何问题。你愿意同他进行最高级会晤吗？

邓答：如果戈尔巴乔夫在消除中苏间三大障碍，特别是在促使越南停止侵略柬埔寨和从柬埔寨撤军问题上走出扎扎实实的一步，我本人愿意跟他见面。

华问：越南人今天发表讲话，表示愿意和中国谈判，以便结束中越之间的困难局面。

邓答：越南这种表示至少有100次了。我们也明确告诉他们，前提是越南从柬埔寨撤出全部军队。柬埔寨问题由柬埔寨四方商量解决。

华问：所以，就邓小平和戈尔巴乔夫举行最高级会晤来说，球在戈尔巴乔夫一边。

邓答：要越南从柬埔寨全部撤军。对这个问题，苏联是能够有所作为的。因为如果苏联不帮助越南，越南一天仗都打不了。戈尔巴乔夫在海参崴讲话一直回避这个问题。所以我说，苏联在消除中苏关系三大障碍上迈的步子并不大。

华问：看来，中国同资本主义的美国的关系比同苏联共产党人的关系更好一些，这是为什么？

邓答：中国观察国家关系问题不是看社会制度。中美关系是看中国和美国关系的具体情况来决定。中苏关系是看中国和苏联关系的具体情况来

① 《邓小平文选》，第3卷，第167～175页，人民出版社，1993年第1版。

决定。

华问：刚才我的节目制作人要我再问一下邓主任是否愿意会见戈尔巴乔夫。

邓答：我刚才说了，如果苏联能够帮助越南从柬埔寨撤军，这就消除了中苏关系的主要障碍。我再说一次，越南入侵柬埔寨问题是中苏关系的主要障碍。越南在柬埔寨驻军也是中苏关系实际上处于热点的问题。只要这个问题消除了，我愿意跟戈尔巴乔夫见面。我可以告诉你，我现在年龄不小了，过了82了，我早已经完成了出国访问的历史任务。我是决心不出国的了。但如果消除了这个障碍，我愿意破例地到苏联任何地方同戈尔巴乔夫见面。我相信这样的见面对改善中苏关系，实现中苏国家关系正常化很有意义。

华问：具体地说，哪一件事应该放在第一位做呢?

邓答：三大障碍主要是越南侵柬，因为中苏实际上处于热点和对峙，不过方式是通过越南军队同中国对峙。

华问：是指越南在柬埔寨的军队吗?

邓答：是的。

华问：里根总统和夫人对我的节目很有兴趣，差不多每个星期天都看

冷战时期，苏军进行的军事演习。

这个节目，在我的采访节目播出时，他们一定会观看。不知你有什么话对里根总统说？

邓答：在里根总统和夫人访问中国时，我们认识了。我们相互间的谈话是融洽的和坦率的。我愿意通过你们的电视台，转达我对里根总统和夫人的良好祝愿。我希望在里根总统执政期间，中美关系能有进一步的发展。

华问：目前中美双方是否存在大的分歧问题？

邓答：有。如果说中苏关系有三大障碍，中美关系也有个障碍，就是台湾问题，就是中国的海峡两岸统一的问题。美国有一种议论说，对中国的统一问题，即台湾问题，美国采取“不介入”的态度。这个话不真实。因为美国历来是介入的。在50年代，麦克阿瑟、杜勒斯就把台湾看做是美国在亚洲和太平洋的“永不沉没的航空母舰”，所以台湾问题一直是中美建交谈判中最重要的问题。

华问：美国在处理美台关系时是否未能按照它承担的义务去做？

邓答：我认为美国应该在这个问题上采取更明智的态度。

华问：什么态度？

邓答：很遗憾地说，在卡特执政的后期，美国国会通过了《与台湾关系法》，这就变成了中美关系的一个很大的障碍。刚才我说，希望里根总统执政期间，能够使中美关系得到进一步发展，其中就包括美国在中国统

1984年4月，邓小平会见来访的美国总统里根。

一问题上能有所作为。我相信，美国特别是里根总统，在这个问题上是能有所作为的。

华问：他们在这个问题上能有哪些作为呢？

邓答：可以鼓励、劝说台湾首先跟我们搞“三通”：通商、通航、通邮。通过这种接触，能增进海峡两岸的相互了解，为双方进一步商谈统一问题创造条件。

华问：台湾有什么必要同大陆统一？

邓答：这首先是个民族问题、民族的感情问题。凡是中华民族子孙都希望中国能统一，分裂状况是违背民族意志的。其次，只要台湾不同大陆统一，台湾作为中国领土的地位是没有保障的，不知道哪一天又被别人拿去了。第三点理由是，我们采取“一国两制”的方式解决统一问题。大陆搞社会主义，台湾搞它的资本主义。这对台湾的社会制度和生活方式不会改变，台湾人民没有损失。至于比较台湾和大陆的发展程度，这个问题要客观地看。差距是暂时的。拿大陆来说，我们建国37年来，有些失误，耽误了，但根据大陆的现行政策，发展速度不会慢，距离正在缩小。我相信大陆在若干年内至少不会低于台湾的发展速度。道理很简单，台湾资源很缺乏，大陆有丰富的资源。如果说台湾已发挥了自己的潜力，大陆的潜力还没有发挥，肯定会很快发挥出来的。而且就整体力量来说，现在大陆比台湾强得多。所以单就台湾国民平均收入比大陆现在高一些这一点来比较，是不全面的。

华问：中国谈到，搞现代化，发展经济，需要西方的资金，但现在西方投资者抱怨同中国做生意太难，存在一些问题，房租太高，谈合同争吵不休，各种税收名目繁多，劳动力太贵，贪污、受贿，还存在着官僚主义。您是否了解这些情况？

邓答：我了解，是有这种现象。因为同西方做生意这对我们来说是一件新事物，有一些差错是难免的。外国投资者有这些意见，我能理解。投资不赚一点钱，那不可能，那谁愿意来？我们正在采取一些有效措施改变这种状况，相信问题可以逐步得到解决。解决了这些问题，还会有新的问题产生，还要加以解决。作为领导来说，要摸清情况，采取措施，包括教育干部。

华问：现在中国领导提出致富光荣的口号，资本主义国家很多人对此感到意外，这个口号同共产主义有什么关系？

邓答：我们经历了“文化大革命”。关于共产主义，“文化大革命”中有一种观点，宁要穷的共产主义，不要富的资本主义。我在1974年、1975年重新回到中央工作时就批驳了这种观点。正因为这样，当然还有其他原因，我又被打下去了。当时我告诉他们没有穷的共产主义，按照马克思主义观点，共产主义社会是物质极大丰富的社会。因为物质极大丰富，才能实现各尽所能、按需分配的共产主义原则。社会主义是共产主义第一阶段，当然这是一个很长很长的历史阶段。社会主义时期的主要任务是发展生产力，使社会物质财富不断增长，人民生活一天天好起来，为进入共产主义创造物质条件。不能有穷的共产主义，同样也不能有穷的社会主义。致富不是罪过。但我们讲的致富不是你们讲的致富。社会主义的原则，第一是发展生产，第二是共同致富。我们允许一部分人先好起来，一部分地区先好起来，目的是更快地实现共同富裕。正因为如此，所以我们的政策是不使社会导致两极分化，就是说，不会导致富的越富，贫的越贫。坦率地说，我们不会容许产生新的资产阶级。

华问：在广东珠江三角洲，我看到现在农民生活得很好，有摩托车、彩电，自己盖新房。你们采取措施，鼓励他们致富。他们把一部分收入交

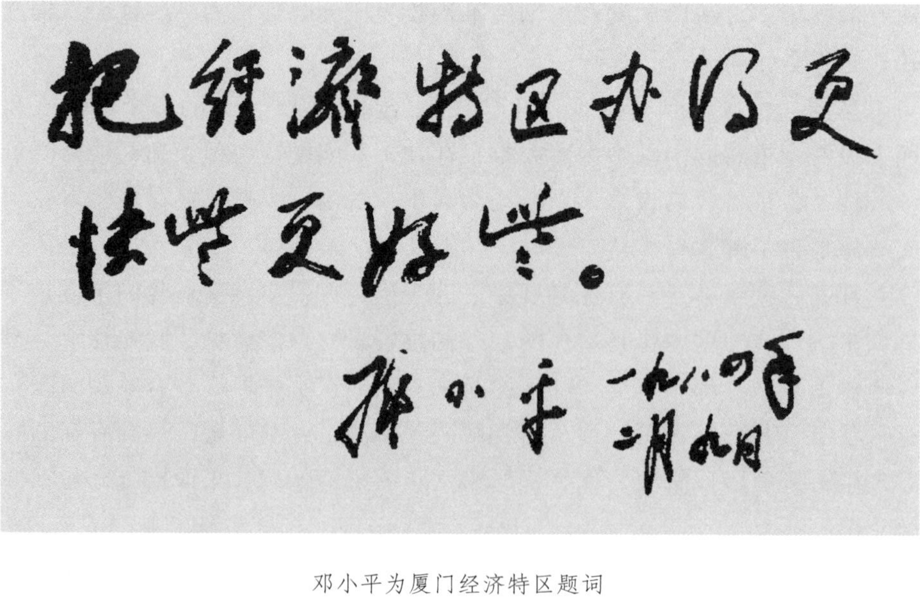

邓小平为厦门经济特区题词

给国家，其余部分归自己。这跟我们的制度差不多，我们的人交完税，其余的就归自己。

邓答：我们的制度是以公有制为主体的，还有其他经济成分。现在在农村受到赞扬的有些万元户，1万元不过二三千美元，还是一年的收入，能够算富吗？我们就算富了，那能有多少？比起发达国家来，人均国民收入还是很低的。

华问：刚才谈到“文化大革命”，在那时候您和您的家人遭遇如何？

邓答：那件事，看起来是坏事，但归根到底也是好事，促使人们思考，促使人们认识我们的弊端在哪里。毛主席经常讲坏事转化为好事。善于总结“文化大革命”的经验，提出一些改革措施，从政治上、经济上改变我们的面貌，这样坏事就变成了好事。为什么我们能在70年代末和80年代提出了现行的一系列政策，就是总结了“文化大革命”的经验和教训。

华问：到现在为止，还没有看到在中国的任何公众场合挂您的照片，这是为什么？

邓答：我们不提倡这个。个人是集体的一分子。任何事情都不是一个人做得出来了。所以就我个人来说，我从来不赞成给我写传。我这个人，多年来做了不少好事，但也做了一些错事。“文化大革命”前，我们也有一些过失，比如“大跃进”这个事情，当然我不是主要的提倡者，但我没有反对过，说明我在这个错误中有份。如果要写传，应该写自己办的好事，也应该写自己办的不好的事，甚至是错事。

华问：还有两个问题。您说过，您要活到100岁，然后可以去见马克思，到那时候，马克思旁边可能还坐着毛泽东，他们可能对您说些什么？

邓答：我是个马克思主义者。我一直遵循马克思主义的基本原则。马克思主义，另一个词叫共产主义。我们过去干革命，打天下，建立中华人民共和国，就因为有这个信念，有这个理想。我们有理想，把马克思主义的基本原则同中国实际相结合，所以我们才能取得胜利。革命胜利以后搞建设，我们也是把马克思主义的基本原则同中国实际相结合。我们搞四个现代化建设，人们常常忘记是什么样的四个现代化，是社会主义的四个现代化。这就是我们今天做的事。

华问：每个人都会问这样的问题：在过去几年中，邓小平干得不错，现代化搞得不错，经济在发展，人们不像以前那样担心害怕，但邓小平以后情况会怎样？是否会回到以前的状况？

邓答：肯定不会。因为确定现行政策会不会变化的主要根据是，现行政策对不对，对国家来说对不对，对人民来说对不对，人民的日子是不是逐步好过一些。我相信人民的眼睛是雪亮的。现行政策只要一改变，人民生活肯定会下降。如果人民认为现行政策是正确的，谁要改变现行政策，谁就要被打倒。

华问：毛泽东逝世已经十年，他对现在的一些事会怎么看？现在的领导人主张致富光荣，主张个人幸福，允许私人办企业，准备搞政治改革，人民有了言论自由，这一切同毛泽东的主张都不一样，毛泽东会怎么看？

邓答：有些不一样，但有些原则还是一样的。现在毛泽东思想还是我们的指导思想。我们有一个《关于建国以来党的若干历史问题的决议》，解答了这些问题。

华问：但我还是不清楚。邓小平领导下的中国和毛泽东领导下的中国是不一样的。看来中国现在在进行一场新的革命，至少是试图进行一场新的革命。

邓答：这个话是对的。我们也讲现在我们搞的实质上是一场革命。从另一个意义来说，我们现在做的事都是一个试验。对我们来说，都是新事物，所以要摸索前进。既然是新事物，难免要犯错误。我们的办法是不断总结经验，有错误就赶快改，小错误不要变成大错误。

退休后的邓小平

华问：最后一个问题。您是中国的第一号领导人物，您准备在主要领导人和主要顾问的位子上再留多长时间？

邓答：我提倡废除终身制，而且提倡建立退休制度。你也知道，我同意大利记者法拉奇谈话时说，我干到1985年就行了，现在超过一年了。我正在考虑什么时候退休。就我个人来说，我是希望早退休。但这个问题比较困难，在党内和人民当中很难说服。我相信，在我有生之年退休，对现行政策能继续下去比较有利，也符合我个人向来的信念。但这件事还要做更多的说服工作。最终我是一个共产党员，要服从党的决定。我是一个中华人民共和国的公民，要服从人民的意愿。我还是希望能够说服人民。

华问：您当时告诉法拉奇准备1985年退休，您准备对华莱士作什么表示呢?

邓答：坦率地告诉你，我正在说服人们，我明年在党的十三大时就退下来。但到今天为止，遇到的是一片反对声。

“人总是要死的”

邓小平是伟大的马克思主义者、无产阶级革命家，是我国各族人民公认的享有崇高威望的杰出领袖。他是中国共产党第一代领导集体的重要成员，第二代领导集体的核心，是中国改革开放的总设计师。他坚定的信仰，务实的作风，坚强的意志，卓越的领导艺术，乐观幽默的性格，以及传奇的非凡经历，无不令人敬仰、钦佩。邓小平还是一位语言大师，他的口才所表现出来的洞察的睿智、思想的深邃，同样也是惊人的。

1988年9月5日，邓小平在会见捷克斯洛伐克总统胡萨克时，谈论中国的历史、现状与未来，畅谈人生。

邓小平铜像

胡萨克总统是中国人民的老朋友，捷克斯洛伐克当时还是社会主义国家，与中国保持着较亲密的友好关系。因此，邓小平开口就说：

“我们都是国际共产主义运动的老战士，老战士见面总是愉快的。我们要把经过的好的时期记住，坏的时期忘掉，我们都是乐观主义者。”①

这句充满真情的话语，一下子拉近了宾主双方的距离，会谈气氛顿时活跃起来。

接着，邓小平非常坦诚而又客观地谈起自己几十年的革命历程：

> 我参加共产党几十年了，如果从一九二二年算起，我在共产主义旗帜下已经工作了六十多年。这期间做了不少好事，也做了一些错事。人们都知道我曾经“三下三上”，坦率地说，“下”并不是由于做了错事，而是由于办了好事却被误认为错事。从一九五四年起，我就担任党中央秘书长、军委副主席和国务院副总理等职，一九五六年起担任党的总书记，是在领导核心之中。那以后直到“文化大革命”以前我们党犯的“左”的错误，我也有份。不能把错误的责任完全推到毛泽东同志身上。毛泽东同志从一九五七年开始犯了“左”的错误，最“左”是“文化大革命”的十年。他生前自己也承认有错误，他说过，我死后如果能够得到三分错误、七分功劳的评价就满意了。从一九二一年建党到一九五七年，三十六年内他做的好事了不起，是他领导我们取得了革命胜利。我们党总结历史经验不能丢掉毛泽东，否定毛泽东就是否定中国革命大部分的历史。你看过我们十一届六中全会作的《关于建国以来党的若干历史问题的决议》没有？这个决议就是根据我刚才说的立场与观点总结我们党的历史的。如何评价党的历史这个问题，我们有，你们也有。每个党、每个国家都有自己的历史，只有采取客观的实事求是的态度来分析和总结，才有好处。②

---

① 《邓小平文选》，第3卷，第271页，人民出版社，1993年第1版。

② 同上，第271～272页。

在这段谈话中，我们可以清楚地看到邓小平作为一名久经考验的无产阶级革命家所具有的无私、乐观和豁达。有功不求，有过主动承担，这是一种多么广阔、多么磊落的胸怀！对于自己的“三下三上”，邓小平并不多言，更没有作过多的解释和计较，只是淡淡地说那是因为“由于办了好事却被误认为错事”。这充分表现了一个真正共产党人无私无畏、百折不挠的坚强意志和赤胆忠心。

最后，邓小平谈起了个人与集体、国家的关系。他说：

> 我有一个观点，如果一个党、一个国家把希望寄托在一两个人的威望上，并不很健康。那样，只要这个人一有变动，就会出现不稳定。十一届三中全会以后，大家希望我当总书记、国家主席，我都拒绝了。在党的十三大上，我和一些老同志退出了领导核心。这表明，中国的未来要靠新的领导集体。近十年来的成功也是集体搞成的。我个人做了一点事，但不能说都是我发明的。其实很多事是别人发明的，群众发明的，我只不过把它们概括起来，提出了方针政策。我们这个领导集体是坚持三中全会制定的路线、方针、政策的，我们相信，现行方针政策一定会继续下去。就我个人来说，对这一点有信心，也感到愉快。很多外国记者要来采访我，搞我的什么传，我都婉拒了。我认为，过分夸大个人作用是不对的。人总是要死的。哪一天我不在了，好像中国就丢了灵魂，这种看法不好。我在有生之年还可以做一些事，但希望自己从政治舞台上慢慢地消失。我的最大愿望是活到一九九七年，因为那时将收回香港，我还想去那里看看。我也想去台湾看看，不过，看来一九九七年以前解决这个问题不容易。[①]

“人总是要死的”，这是客观规律，是事物发展的必然。如今，邓小平已离开了我们。从他生前遗言，从他捐献角膜，遗体解剖，骨灰撒入大海，让我们又看到了一个真正的共产党员，仿佛又听到了他发自肺腑的话语：我是中国人民的儿子，我深情地爱着我的祖国和人民。

① 《邓小平文选》，第3卷，第272～273页，人民出版社，1993年第1版。

细细品味这段话，我们不禁深深为邓小平那宽广、磊落的胸襟所折服。

参考书目：

1.《邓小平文选》（第1～第2卷），人民出版社，第2版，1994年10月。

2.《邓小平文选》（第3卷），人民出版社，第1版，1993年10月。

3.《邓小平军事文集》（第1～第3卷），军事科学出版社，中央文献出版社，第1版，2004年10月。

4.《邓小平与外国首脑及记者会谈录》，台海出版社，第一版，2011年2月。

5.邢贲思：《读懂邓小平》，四川人民出版社，2001年1月。

6.陈继安、胡哲峰：《邓小平之魂》，中共中央党校出版社，1997年1月。

7.宫力、周敬青、张曙：《邓小平在重大历史关头》，中共中央党校出版社，2000年1月。

8.于越、白墨：《邓小平与外国首脑》，中共中央党校出版社，1999年1月。

9.汪太理、贺遵政：《邓小平治国艺术》，中国工人出版社，1997年4月。

10.杨克定：《邓小平的语言艺术》，山东人民出版社，1998年1月。

11.岳光：《邓小平评点古今事件》，红旗出版社，2000年4月。

12.萧诗美：《邓小平谋略》，红旗出版社，1996年3月。

13.艾沐等：《评说邓小平》，湖南人民出版社，1999年10月。

14.刘强伦等：《邓小平卓越智慧》，当代中国出版社，2001年4月。

15.吕书正：《解读邓小平》，中央文献出版社，2000年5月。

16.卫炜等：《中国改革第一人邓小平》，山西人民出版社，2000年1月。

17.陈振家：《邓小平的智源》，中国社会科学出版社，2003年1月。

18.张植荣等：《邓小平外交》，海南出版社，1996年12月。

19.任傲霜：《邓小平口才》，海南出版社，1996年11月。

20.刘学琦：《邓小平佳话三百篇》，书目文献出版社，1993年5月。

声 明

本书在编写过程中，参考引用了大量的图片资料。由于资料的来源广、头绪众多，在客观上难以逐一进行核实。特在此郑重声明：希望图片资料版权的所有者予以谅解，并向他们致以衷心的感谢。凡认定自己是本书所使用的某张图片资料的版权所有者，请提供可靠的证明材料，并请及时与作者或出版社联系，我们将根据有关规定，合理支付报酬。